视觉传达设计中的地域元素分析与实践应用研究

吉　静◎著

吉林科学技术出版社

图书在版编目（CIP）数据

视觉传达设计中的地域元素分析与实践应用研究 /
吉静著. -- 长春 ： 吉林科学技术出版社，2021.6
ISBN 978-7-5578-8119-1

Ⅰ．①视… Ⅱ．①吉… Ⅲ．①视觉设计－应用－城市
文化－文化传播－研究 Ⅳ．①J062②C912.81

中国版本图书馆 CIP 数据核字(2021)第 103042 号

视觉传达设计中的地域元素分析与实践应用研究

著　吉　静
出 版 人　宛　霞
责 任 编 辑　李永百
封 面 设 计　金熙腾达
制　版　金熙腾达
幅面尺寸　185mm×260mm　1/16
字　　数　280 千字
印　　张　15.625
印　　数　1—1500 册
版　　次　2021 年 6 月第 1 版
印　　次　2022 年 5 月第 2 次印刷

出　　版　吉林科学技术出版社
发　　行　吉林科学技术出版社
地　　址　长春市净月区福祉大路 5788 号
邮　　编　130118
发行部电话/传真　0431-81629529　81629530　81629531
　　　　　　　　　　81629532　81629533　81629534
储运部电话　0431-86059116
编辑部电话　0431-81629518
印　　刷　保定市铭泰达印刷有限公司

书　　号　ISBN 978-7-5578-8119-1
定　　价　62.00 元

前　言

　　视觉传达设计作为现代设计的一部分，注定和生产、消费密不可分，其内容涵盖广泛，涉及大众生活需要的各个层面。

　　视觉传达设计师的责任，在于用视觉形象向受众传达信息，然而，我们所处的社会生活随着时代发展有了新的变化。科技的进步为视觉传达设计提供了越来越广阔的发展空间，尤其进入信息社会以后，以计算机与网络为代表的数字媒介，给予视觉传达设计多形式表现上的自由，同时也提出了新的挑战。大众传播媒介的飞速发展，构筑了丰富多彩的视觉影像环境，使得观看者习惯于被视觉影像包围，习惯于在视觉影像的影响下消费、生活，受众的生活方式、消费需求的价值观念发生着巨大的变化。数字化媒介改变了以往消费群单纯被动接受的消费观念，网络成了设计者与受众交流的交互平台，消费者更愿意表现自我。

　　每个城市都有自己的城市文化和历史底蕴，城市文化可以彰显城市的内在魅力、展示城市品牌、推动城市发展。随着互联网的出现、科技的发展，城市文化传播的方式也越来越多样化。在所有的传播方式中，视觉传播是最直观、最有效的一种，只有不断探寻城市文化视觉传播的新蓝海，才能更好地实现城市文化传播效果的最大化。本书以城市地铁为例，探索了视觉传达设计对城市地域文化的影响。

　　伴随着地铁建设的新一轮高潮，为城市文化的视觉传播找到了新的载体。地铁，作为当今社会人们出行常用的交通工具，各国城市争相把本国的艺术文化延伸至此，让地铁成为本国公共艺术和城市文化的展示平台。建筑设计师和艺术家们绞尽脑汁地发挥想象力，从站台、站厅、墙壁、地板，到梁柱、公共艺术、公共设施，无不天马行空地展现着当地的艺术文化魅力。全球地铁建设及地铁文化传播的成功经验告诉我们，必须在设计之初对自己城市文化的性质做深入缜密的研究，立足于城市特有的人文风情、历史遗迹、民俗文化、景观建筑等资源，运用图形、符号、文字、色彩等视觉要素进行综合的视觉传达设计，形成整体而全面的对于城市形象的塑造，并最终延伸到人文景观、城市建筑以及产品设计、动漫设计等其他艺术设计形式，从而形成一条有特色的城市文化产业链，让人们在生活、出行的方方面面都能感受到浓浓的文化氛围。当人们对这座城市的历史文化、城市精神非常熟悉，并有着美好的印象，即成就了城市文化的视觉传播。

　　书中最后重新审视了视觉传达中的新媒体设计与应用存在的弊端，并展望了视觉传达中新媒体设计与应用的发展方向。鉴于知识结构的有限和时间上的仓促，书中必然会出现一些失误和纰漏，敬请广大读者批评指正。

目　录

第一章 视觉传达设计概述

第一节 视觉传达设计的相关概念

视觉传达设计是现代设计的重要组成部分，它是现代社会信息传播的主要表现形式，其构成关系、媒体形态和设计表现语言是现代传媒设计不断探索和完善的新领域。本部分将就设计形态、设计理念、环境空间创作意识以及艺术语言的表达进行深入的思考和论述，并就视觉传达设计在新的历史条件下的内涵做多角度的探讨。

一、走向多元的设计形态与理念

在现代社会中，源源不断的各类信息通过不同的媒介、不同的方式给我们营造着一个十分庞杂的"信息环境"。理论上把这种传播称为特殊的"语言传达"，即视觉传达、听觉传达和视听综合传达。而视觉传达以其信息量大、传播面积广、面向阶层多、速度快、存留时间长、重复性强和易记、易存阅等优点在诸种"传达"中独树一帜，占据着特殊位置。

"视觉传达"是近年来设计界、学术界常常引用的名词，它是一个既古老又年轻的概念，从它的行为看早已有之，从学科角度看却是比较新的一个领域。由于视觉传达设计在现代社会和生活中所发挥的巨大作用，从19世纪下半叶开始，西方国家就把它作为一门相对独立的学科来研究，并广泛付诸实践。视觉传达设计或称"视觉信息传达设计""视觉信息传播设计"，从字义上可以理解为"具有视觉传达功能的设计"。比较宽泛的解释是：视觉传达设计是将信息图像（形象、符号）作用于人的视觉，从而引发人的心理效应，产生积极的反应或联想，达到传递信息，导致一系列行为的创造性的活动。在现代商品社会中，视觉传达设计作为一门综合性的学科，其理论与实践涉及市场学、传播学、社会学、心理学、广告学、美学等诸多学科，设计语言突破了传统意义上的平面设计的局限和范围，它包括报纸杂志、书籍、广告、包装、标志、印刷、摄影、展示、电子灯箱、电视及计算机、多媒体、互联网等的设计。一般来说，视觉传达设计主要是通过大众传播媒介向社会发布信息、向受众传播信息。这种以媒介作为信息载体的传播方式与手段的多样性，不仅使传播对象具有社会的广泛性，同时也造就了多元的形态"语言"，而这种"语言"一经表达，传播行为和传播关系就发生了，其传播效果的优劣，取决于媒体的选择与应用以及设计师独具匠心的设计"独白"。视觉传达从某种意义上讲，是不同媒体的设计，其内容广泛、形式复杂，但从各种媒体形态的设计共性上讲，只分为平面和立体两大类。从视觉上划分，平面是二维空间，立体是三维空间，视觉传达设计中的图形设计，大都以平面形式进行设计。早期的视觉传播主要是通过绘画手段和印刷手段来完成的，如路牌、墙体宣传画、招贴、书刊、民间流传的印品以及之后的摄影术出现所采用的新技术、新工艺等均属此类表现形式。但也有相当一部分是将平面设计做立体的处理，或是立体设计做平面的表现，如户外广告设计中的店面招牌设计、灯箱、霓虹灯、POP广告、广告塔、广告柱、户外标志设计和展示设计就是充分吸收和利用平面设计成果向立体和空间进行了拓展和延伸。不同的信息传媒具有不同的特征与个性，这种特征所具有的不同功能、不同材料、不同的传播对象也就会产生不同的媒体形态。

20世纪80年代初我国引入了西方现代设计，这对我国的艺术设计发展具有特别重要的意义，在学习、借鉴和吸收的过程中，我国的艺术设计领域有了很大的进展，迈入了一个崭新的发展阶段。在商品社会中，随着经济的发展和产品的日益丰富，视觉传达设计为促进商品生产、加速商品流通与销售发挥了重要作用。反过来，这种与经济和商品相结合的运作形式极大地影响和推动着我国的现代设计不断走向成熟与完善。新的时代使设计理念、制作手段无论是在内涵上还是在形式上都发生了巨大的变化；同时由于现代设计吸收了现代科学技术研究成果，以往简单、落后的传播方式和手段，逐步被先进的新兴媒介以及富有时代特征和创新意识的设计所取代，视觉传达设计的理念和思维方式发生了根本性的转变，即从传统的平面视觉设计为主的表达，发展成为多角度、全方位的视觉形态语言；表现手法上，由以往偏重于美术形态的表现，到重视商业营销，关注消费心理和产品个性的设计表达；设计范围与传播形态上，由原来比较单调的几种媒介，发展到今天综合化、多元化的媒体时代，视觉语言从"静态"延伸扩展到"动态"，从平面走向"三维"乃至"四维"的空间。视觉传达设计不再只满足于基本功能和属性的需求，而是使设计触角更多地关注新科技、新材料、新手段的应用，以及探索更富于时代特征的个性化"语言"表述，并由此创造了比以往任何时候更丰富的设计语汇。从这个意义上来说，视觉传达已不是单纯意义上的设计活动，而是集科学、艺术、文化于一身的社会创造活动，它营造的是多元信息形态的视觉新世界。

二、视觉传达设计与信息环境的创造

传统的视觉传达设计基本是平面化视觉传递形式，很少考虑环境的因素及信息传播与环境的关系。环境是人类生存与活动的空间，也是视觉信息的大载体，在人们的视域空间中存在着许多种环境因素，如自然的、人工的（建筑、雕塑及其他公共设施）以及人文的多种形态等。这些都是"围绕着人周围的物理、化学、生物和文化的因素"，是"对建筑物内部或外部所产生的生理、心理和社会意识的总和"，这就是环境的含义。

视觉传达设计创造的是信息环境，在现代商业与贸易中，营销环境就成为传播特定的商业信息、商品功能信息的特殊空间，它是一个非常庞杂的信息场，由多元的群体构成。因此，研究其特征规律，还须从建筑布局和商品营销之间的场合效应综合角度去考虑。视觉传达设计就空间结构而言，没有一个确切规范的模式，因为其表现往往是由许多松散的媒体进行客体的表述，内容和形式都存在许多差异。尽管如此，当它们处在同一特定空间环境之中，彼此就产生了一定的关系，即实体形态（积极形态）和空间形态（消极形态），这是两个相互依存的关系，缺一不可，否则就不能构成完美的空间环境。无论是实体的建筑还是不同形态的信息媒介，都对整体的空间起着限定作用，前者着眼于实在，后者着眼于空隙。例如，我国古代长城以其独特的造型给人一种震撼的美感冲击力，其原始的御敌功能和传递信息的作用，在今天看来仍然折射着两千多年前设计者的智慧与才能。然而，它只有在蜿蜒曲折的崇山峻岭和苍茫无垠的戈壁之中才能释放出永恒的魅力，甚至产生一种恒定感。这种利用自然与人工造物传播信息的办法，就是人类早期视觉传达设计对信息环境的创造。信息环境的组构要体现以人为本的指导思想，设计者首先要考虑人、空间环境与信息融洽、协调关系以及在此基础上的传播方式和艺术效果。就空间形态而言，研究的对象涉及两个方面的问题，即：环境与信息传播媒体的关系——点、线、面、体的空间组成形式和造型特征；不同媒体间的区别与融合——个性风格的展现和多元媒介群体的调和，这种既强调个性情感，又协调个性与环境的和谐，正是视觉传达设计的一个难点。信息环境的核心是协调人、媒体、空间三方面的相互关系，它兼有实用与审美的双重功能。而城市规划设计部门在总体设计时，却很少考虑这些因素，这在某种程度上极大地限制了信息媒体的个性表述，同时也局限了传播媒体对环境空间的选择，相当多的设计只能依附城市建筑物、街道及公共环境周围去考虑媒体的位置，设计媒体的形状。也还由于特定的信息环境（如商业街区的环境），本来就有其建筑构成的综合美，自然会产生出强烈的节奏感，而这些因素一旦与信息媒体和信息符号发生共鸣、呼应，就会产生视觉上的形象效果，增强信息的传播力。所以，视觉信息必须充分强调设计中的环境意识，从环境的实际出发，进行综合而非单体的设计创意。具体设计时要依据它们所处环境建筑、街道的空间面积、色彩及交通和人流量等方面的特点，从整体的布局上研究把握设计的构思进行可行性设计，如：信息媒体的大小及其空间位置，建筑墙体的承载能力，媒体的重心与行人的安全问题，不同媒体的造型个性、传播特征和空间风格，视觉设计平面和立面效果等问题。从设计学的角度来讲，采用几何直线构成的平面流线，能带给人一种理性和有序的空间效果；采用有机形成弧线的流线则可以使空间显得活泼；另外，还可以合理利用环境空间的高低错落变化，营造出有节奏、韵律动感的媒体形态。例如，南京夫子庙、上海豫园的商业建筑群落，设计者抓住环境特点，运用传统美学法则，采用古典建筑符号，突出东方式的院落组合的空间布局，把商业建筑群与秦淮河及民俗、民间传统联系起来；其户外广告多采用古式灯笼、幌子及商店牌匾作为信息媒介，文化意蕴、建筑风格达到了高度的统一、和谐，是典型的人文环境与自然特色完美结合的优秀杰作。这种多角度、全方位、大空间、多媒介的传播形式正是现代信息社会视觉传达设计的新的显著特点——创造具有"立体"功能和效果的环境传播空间以及良好的商业信息氛围的新的艺术语言。

三、信息设计的多种表现形式

视觉传达设计是经济和文化一体化时代信息传播的有效手段和途径，也是一种目的性很强的审美创造活动，在商品社会中主要为商品流通和消费者服务。因此，设计必须服从于信息内容的表达，即：强调作用先于审美，功能信息决定审美表达方式，审美寓于功能之中，它是一种从属和制约的关系，是实用与审美的统一。在设计中，信息传达是第一位的，着眼点要突出信息及其内涵，其次才是艺术表现手法。就设计过程来讲，其实就是调动和运用视觉艺术语言传播商品信息，通过塑造视觉化的信息"形象"，使人与商品、环境融为一体，建立和产生需求关系，进而引导、诱发人们对发布的信息产生兴趣，给予关注，使受众对信息的内容、形貌、性能、特征有一个直观、深刻的印象。优秀的视觉传达设计应该具备以下几个方面的特点：

（一）强烈的视觉冲击力

视觉传达设计的目的不在于传达深刻的销售理念，而在于使人产生一种注目的效果，看到并记住信息"形象"，而且形象要鲜明、醒目，并能够产生一种强烈的视觉冲击力，使受众能获得一种瞬间的视觉刺激，用很短的时间了解信息形象，并且留下深刻的记忆。正如澳大利亚广告制作公司总裁兰·格德斯所指出的那样："一瞬间，就是户外广告所占有的时间，也就是你能拥有的全部时间，因此，文字词句与形象都必须具有强烈的戏剧性效果，容不得什么细腻，瞬间刺激是它的宗旨。"

（二）单纯简洁的信息内容

现代生活的快节奏，使受众阅读信息的时间极为短暂并且分散，过于复杂的内容使人难以理解和把握。因此，视觉设计应该是一种简洁的艺术，具备简短、易读、易记、图形生动的效果，任何过多的信息都会破坏传递效果，文案、标题、标语应简短、单纯，要删去一切与主题无关的文字和图形，突出主要的诉求点。无论图形、文字、色彩都要高度概括，用直观简约的方法将信息转化为典型、理想的艺术形象，从而增加关注度。

（三）新颖独特的艺术形式

运用多种艺术造型手段，把形、色、声、光等不同的设计元素进行有序的组合，采用独具匠心的设计，新颖的艺术表现形式，运用简洁、易记、易辨的图形和文字符号，丰富的色彩与生动的形象，特别是形象"塑造"要个性鲜明、别具一格。不同的媒体应有不同形式与风格，应该具有过目难忘、引人入胜的强烈视觉表现力和识别力。另外，设计要体现和反映视觉形象的整体性、一贯性；图形和文字符号的设计与应用要有延续性和稳定性，做到艺术特色丰富而不杂乱、多样而又统一，给人以视觉上的舒适感与美感。

（四）真实、准确的信息传达

视觉传达设计是一项面对社会公众的艺术行为和创造活动，任何信息一经表达就具有广泛的传播力和诱导力，就能成为对社会与公众的一种信誉和承诺。因此，它必须遵循真实性准则——它是视觉传达设计的生命和本质。作为一种有责任的信息传达，内容、形象感情必须真实，讲求实事求是。任何过誉之词、夸大诱导的行为都会使受众的消费心理产生厌恶情绪，包括形象的艺术塑造也要适度，否则也容易引起反感。相反，真实准确的传达和推荐却会在受众心里树立一个良好的"形象"和品牌效应，这是视觉传达设计能够产生社会效益和经济效益的根本保证。

现代信息传播与设计，是建立在高度繁荣的商品经济和发达的科学技术成果基础上的一种文化现象与艺术形式。近年来，随着社会的发展和进步，新工艺、新技术、新材料及新观念的广泛应用与实践，视觉传达设计的整体水平有了很大的提高，以现代设计为媒介的商业运作与社会消费群体之间所产生的良性互动效应，其内涵已经远远超出了设计艺术的本身。视觉传达已不是传统设计意义的"语言"，而是全方位的综合性的文化现象——

对社会文明与进步的一种全新表达。

在现代设计中，视觉传达设计的主要功能是调动所有平面的因素，达到视觉传达准确的目的，同时给观众以视觉心理满足。当今，视觉传达的方式变得越来越复杂和发达，设计师在视觉传达设计中，应充分考虑受众群体的视觉心理，清醒地认识到信息接受者不是机械的、被动的受纳器，而是一个具有积极主动的内驱力的主体，只有在充分理解和掌握有关视觉心理的知识之后，才能更好地在更大的范围内发挥各种现代制作技术的优势。其中，观者的视觉经验对视觉信息的准确传达起着重要的作用。设计者应根据观者的视觉经验充分调动观者视觉心理的能动反应，使其"所看"与"所知"同时发生感觉，从而积极主动地参与到设计作品的理解和感悟之中，让观者通过欣赏与设计者的审美体验相沟通，以此来达到信息传达的目的。

四、视知觉与视觉经验

视知觉有时会受到视觉生理机能和生活文化经验积淀的同时作用。人的感觉并非先天固有的功能，没有体验过的东西可能无法感受到，而丰富的生活经验又有可能使某种感觉功能格外发达。视觉所感受到的不仅是眼前所见的信息，过去积累的信息也会参与影响。而且，由于生活环境、视觉经验、生活体验及专业知识的不同，对同一形式的认知也会出现差异，这种差异来自生活和社会，与先天的个性差异有所不同。正如阿恩海姆在《艺术与视知觉》一书中指出："眼前所得到的经验，从来都不是凭空出现的，它是从一个人毕生所获取的无数经验当中发展出来的最新经验。因此，新的经验图式，总是与过去所知觉到的各种形状的记忆痕迹相联系。"

（一）生理机能上的视觉体验

英国著名的视觉心理学家格利高里告诉我们："对物体的视觉包含了许多信息来源。这些信息来源超出了我们注视一个物体时眼睛所接受的信息。它通常包括由过去经验所产生的对物体的认识。这种经验不限于视觉，可能还包括其他感觉，例如触觉、味觉、嗅觉，或者还有温度觉和痛觉。"由于生活经验的参与，视知觉还具有一种能动作用，"知觉不是简单地被刺激模式觉得的，而是对有效的资料能动地寻找最好的解释"。我们能从倒立的金字塔形上"看出"不稳定感，是来自对实物的印象。我们有了在斜面上的物体会滑落的生活经验，才能在看斜线时感觉到动感。在色彩构成中，白色分量"轻"，黑色分量"重"，红色使人兴奋、刺激，蓝色给人以沉静感，这些感觉同生活中对实物的感受经验也是大致吻合的。再如，我们能从以频闪式样制造的霓虹灯广告牌上看到字母、图案、花边等不停地移动，但实际上仅仅是灯光的时亮时灭，它们自身并没有运动。由于灯光迅速地相继在相距不太远的位置上出现时，会在人们的大脑皮层中产生某种生理短路，神经兴奋就从一个点迅速传向另一个点，与这样一个生理过程相对应的心理经验就是我们看到的同一个光点的位移。正如鲁道夫·阿恩海姆所说："我们在不动的式样中感受到的'运动'，就是大脑在对知觉刺激进行组织时激起的生理活动的心理对应物。这种运动性质就是视觉经验的性质，或者说，它与视觉经验密不可分……"事实上，一切视觉现实都是视觉的活动造成的。只有视觉的活动，才能赋予视觉对象以表现性，也只有具有表现性的视觉对象，才可能成为艺术创造的媒介。因此，在视知觉的能动反应中，有着生理机能基础，虽有智性的成分，但又不同于理性判断。由于感知与经验上的相通，这种"所看"与"所知"同时发生感觉，密不可分。

（二）文化经验的视觉体验

1. 个人文化经验的视觉体验

人的感觉能力一部分是先天的功能，也有一部分来自生活的体验和积累。不同的阅历和体验会导致感觉上的差异，专业素质的差别也会影响艺术感受。人们在观看理解物体时，并不满足于把看到的东西"组织"成一种视觉意象，还要进一步把这个直接看到的形象与另一个形象联系起来，由于很多视象都是模棱两可的，可以按照各种不同的结构式样对其加以组织，所以在生活中就会出现有趣的现象：专家和外行人会看到不同的东西，不同的专家从中看到的东西也不相同。例如，美术中的三维空间感来源于生活与专业训练，没有受过美术专业训练的人，不可能在石膏像上看出诸多的"素描关系"。对于红色，观者会联想到革命或恐怖暴力，还有喜庆，这都取决于观者的阅历与体验。"只要头脑中预先形成了所观察目标的意象，不管在多么复杂变换的形状中，都能够将这些意象认出来，知觉对象能从以往的视觉经验中得到填充或补足。"同样的道理，设计中各种不同的表现形式也不可能让所有的人都有所感悟，对于同一设计作品，感受会有简单与丰富之分，体会也会有高下之别。一个人的现时观察，总会受到以往所见、所闻、所知的影响，积累越多，感受就越丰富。这种潜在的经验图式对观察的影响，在设计活动中同样无时、无处不在。熟悉几何抽象画家蒙德里安绘画的观者一眼就能从服装设计大师依夫·圣·洛朗设计的时装中看出两者之间的联系，而不了解蒙德里安画风的观者则可能只是将它看成大格子式样。过去的视知觉经验和知识修养有助于人们正确地观察面前的对象，也可以妨碍正确地观察，这取决于观者视知觉经验和知识修养的正确程度及水平高低，还有他们与观察对象的关系如何。

2. 集体文化经验的视觉体验

在人的视觉心理中具备一种推论倾向，可以使不连贯的、有缺口的图形尽可能在视觉心理上得到弥补，格式塔心理学家称之为视知觉的"完结效应"。能否在视觉的"完结效应"中正确地"填补空白"是与观者的阅历、感悟、想象有关系的。大量事实表明：对色彩、形状的把握能力会随着观看者所在的物种、文化集团和受训练的不同而不同。这就是说，一个集团能理解的，另一个集团的成员就可能无法理解、把握、比较和记住它们。观者对对象越熟悉，填补的空白就越准确。正如贡布里希所说："由于我们是生活在一个熟悉的环境中，我们见到的事物总是与我们的预期相符，所以视觉的节省也就越来越增加了。"对此，社会学家 Benedict Anderson 也提出了"想象的共同体"这一概念，他认为现代民族国家的形成，源自在地球上不同地方的人类对身为一个命运共同体的集体想象。系统的印刷语言、普及的新媒介（主要是报纸）以及共同的"受难经验"，乃促成"想象共同体"的要素。不经意间，我们的脑海中早已先入为主地为许多未曾谋面的事物定了性，想当然地认为它们理应如此。这样一种知觉，其直感性是非常强的，它不是在一件物体和它的用处之间做某种联想，也不是对于某种东西的实际用途的理解，而是对一件因未经实际使用而看不到其功能的物体在视知觉中的直接"补足"或"完结"。在视觉传达中，任何一种图形或符号的意义都会随着时间和地区的变化而变化。

五、视觉经验与视觉传达对象

好的设计作品需要"知己知彼"。所谓"知己"，就是有从视觉主体方面了解人的视觉功能、研究感知过程的真实状态；所谓"知彼"，就是从视觉的对象方面认识形式的相对关系。对设计而言，不仅仅是解决传播方式和传播速度问题，更重要的是要传播有效的信息。传播有效、准确、可靠的信息是设计信息传播的首要法则，它是设计成功的重要保证。传播的对象是人和人群结构而成的受众群体。设计元素是否能引起观者视觉经验的共鸣，取决于刺激物的结构所拥有的力量与它唤起的有关记忆痕迹的力量相互作用的结果。在视觉传达中，设计是以单一的或连续的作品形式与受众进行对话，如何选择对话的焦点是传播成功与否的关键。观者通过与设计作品的接触（视感、听感、动感等途径），接受某种信息，随即他会以自己的生活经验和审美经验、以社会公众的标准、以生活本身做参照来检验这信息，从而对它做出准确与否、可靠与否的判断，决定是否接受该设计信息，并且以自己的态度影响身边的人们对该设计信息的态度。因而，将视觉传达设计的视觉表现置于特定文化背景中来感染受众的精神世界的确是一个不错的选择：我们可以将东西方文化做一个比较，由于地域环境和人文环境不同，所以东西方形成了不同的文化价值观和不同的心理结构与审美心理，这种差异在视觉传达设计中有突出的表现。例如：中国人有对万物祈福的心理，并由此形成了特有的吉祥文化，希望事物朝着美好的方向发展，标志设计中有吉祥的寓意就容易被受众接受。

第二节　视觉传达设计的分类

视觉传达设计既包括印刷媒体的方式，也包括影像媒体的方式，还包括数字化媒体的方式。无论是二维的、三维的、四维的，只要是利用视觉语言的符号达到准确传达信息的目的就是视觉传达设计。

王受之在《世界平面设计史》中谈到："平面设计是把平面上的几个基本元素，包括图形、字体、文字、插图、色彩、标志等以符合传达目的的方式组合起来，使之成为批量生产的印刷品，使之具有进行准确的视觉传达的功能，同时给观众以设计需要达到的视觉心理满足。"从设计发展的进程来看视觉传达设计有过"商业美术设计、工艺美术设计、装潢设计、图形设计、平面设计"等不同的称谓，有些至今仍然在沿用。"视觉传达设计"这一术语流行于 1960 年在日本东京举行的世界设计大会，随着科学技术和媒体影像的进步，原来的图形设计、装潢设计、平面设计等概念已不能涵盖科技进步下的设计门类，因此一种新的称谓便诞生了。

我们看到视觉传达设计的涵盖领域相对地更广泛一些，它也包括了平面设计。平面设计的范围和对象基本都是限定在二维空间之中的，而视觉传达设计是通过视觉媒介呈现的多元化的设计。

视觉传达设计既包括印刷媒体的方式，如：标志、平面广告、包装、书籍、图形、图表等；也包括影像媒体的方式，如：摄影、电影、电视等；还包括数字化媒体的方式，如：互联网、多媒体、新媒体等。无论是二维的、三维的还是四维的，只要是利用视觉语言的符号达到准确传达信息的目的就是视觉传达设计。当然不同的视觉媒体有着不同的信息传达的途径和方式，针对不同的媒体选择不同的设计形式对于设计师来说至关重要，但无论是怎样的视觉媒体，对于设计师而言，视觉传达设计的基本要素都是一致的。设计师就是把已有的视觉符号通过对于视觉传达设计要素的把握，将视觉语言和设计语言结合起来通过相应的媒体最终成功完成视觉传达设计作品。除了上述平面设计的几个基本元素以外，其实任何可视的图形、文字、符号等表现形式，只要作用于视觉的都是视觉传达设计的要素。但是对于从事视觉传达设计的设计师而言，只有掌握了视觉传达设计中最基本的要素，才能更好地为设计服务，从而完成优秀的视觉传达设计作品。

视觉传达设计的基本要素是：文字与字体、图形（包括图案式、绘画式、摄影式、电脑制作合成式等，也包括具象形、抽象形、意象形等，还包括完整形、局部形、特写形、构成形等）、版式（也称为空间的形态和方向）、色彩、点、线、面、肌理等。这些视觉传达设计的基本要素通过设计师的加工与某种秩序的组合，就构成了视觉传达设计的设计语言。文字与字体是视觉传达最基本和第一的要素，文字应该是指不同形态下文字的表现方式，而字体则专指电脑印刷字体，其中也包含有艺术的创作和固定模式的选用。图形必须结合视觉传达设计的内容，将传达的内容转换成为图形语言，用比较简洁或直观的形态表示出图形语言，并且用图形语言传达出设计的主体与内涵。如何选取和创作符合视觉传达需要的图形，就显得至关重要。在现今复杂而发达的信息社会中，这些图形语言的实效作用和内涵越来越丰富，在视觉传达设计中发挥着越来越重要的作用。版式是设计师开始进行设计的地方也是进行设计的区域，传统的版式是限定在二维空间（只有长度和宽度的平面空间）中的，但在视觉传达设计中版式的涵盖还应当包括三维空间（具有长度、宽度和深度的立体空间）、现实空间（用具有实体性质的设计来填充的真实空间）、四维空间（具有长度、宽度、深度和实践因素的空间）。无论是怎样的空间，都要在版式中整合所有的视觉传达设计的要素，其中有来自传统意义上的美感的手段也有固定的法则和科学的形式，当然也包括设计师的直觉。

除了基本的要素以外，版式还要考虑到大小、尺寸、形式、色彩、结构，版式的美最终取决于对审美和技术的综合考虑，也是各个要素之间的协调和一致。任何设计都离不开色彩的因素，尤其在视觉传达设计中，色彩是传达意念的重要手段和途径。从最基本的色彩三要素出发，对色彩进行多方面的对比与调和，既能增强视觉上的感染力，又能加强识别记忆的功能，还能对情绪产生不可忽视的影响，最后传达出意念表达出确切的含义。由于视觉传达设计与市场紧密结合的特性，设计师在使用色彩时还应当考虑到消费群体的色彩心理、民族地区的色彩禁忌、随着时代变化的流行主题色以及在产品中个性化色彩的运用。

关于点、线、面的几何概念，我们在这里不做过多的解释，只从视觉传达设计的角度来进行阐述。在视觉传达设计中，点是最小的单位，它不仅具有位置而且具有一定的形态，就形态讲它可以分为规则的点和不规则的点，除了圆点外其他形态的点还具有方向感。作为视觉元素，点的组合可以产生方向不同、动感不同、性格不同的线的感觉；也可以由点的密集产生各种不同的面的感觉。作为视觉传达设计的元素，线必须具有一定的宽度和厚度，依靠线的长短、粗细、明暗等变化，可以获得不同的空间感觉。线有时在视觉空间中并不是客观存在的，而是依靠视知觉的作用而产生的（如点的组合）。另外，不同的线群不仅可以依靠不同的线条（直线、曲线、弧线、折线、斜线等）产生出不同形态的面，而且可以依靠线条之间的密度产生不同的明度变化，还可以依靠表现手法的不同产生不同的肌理效果。面可以有不同的形成方式，点可以根据不同的节奏、韵律集合成不同的面，线可以根据不同的节奏、韵律平行或交叉形成不同的面，点和线扩大也可以形成面，从面的种类来讲它还包括几何形、有机形、自由形。这里还涉及一个体的概念，体是面的移动轨迹，在视觉传达设计中，多个面的组合就可以形成体，体是具有长度、宽度、厚度三维空间特征的形态，它还具有位置、方向（球体除外）等特征。此外我们还应当把握面的情感特征和心理暗示从而使之更好地服务于视觉传达设计。"在视觉传达设计领域，肌理的表现手法越来越多，但总的来讲，可以分为视觉肌理和触觉肌理两类。视觉肌理指无须用手触摸，也无须用其他肌肤部分接触，仅凭眼睛观看就可感觉到的肌理。触觉肌理则是指既能用眼睛看到，也能用手触摸到的肌理。其效果近似于立体设计中的浅浮雕。任何可以粘在设计表面上的物质都可以制作出触觉肌理。"因为不同的肌理可以产生不同的视觉心理，人们通过对肌理的感觉又可以判断出各种形态物体的物质属性，包括重量、质量、质感、舒适度等。因此，在视觉传达设计中肌理也是十分重要的要素之一。

通过上述的简单分析，我们看到视觉传达设计的各种要素都有着各自的特征和性质，而视觉传达设计正是对这些要素的综合应用从而构成不同的视觉传播画面。在这个传达的过程中，设计师扮演了非常关键的角色，他负责将视觉符号通过一定的构思与形式并且结合传播目的准确地完成设计任务，其中当然包括设计师个人的见解和审美感受，也包括设计师个人的文化修养和社会环境。

第三节　视觉传达设计的价值

在现代视觉传达设计中，时时流露出传统的美学观。本部分分析了这些影响，并肯定其积极的因素，指出它将会有助于发展本民族的视觉传达艺术。从我国文化发展的历史经验来看，一个国家、一个民族文化的发展，要想立于不败之地，就要勇于吸收、敢于继承、善于交融。无论是从我国早期华夏文化的形成到两汉文化高峰的出现，还是盛唐文化受到西域、印度文化的影响而发扬光大，无不表明：只有勇于吸收，才能发展；只有敢于继承、善于交融，才能真正成为自己文化的主人。在招贴艺术方面，我们也还是应该"立足中华，面向世界"，既要尊重民族艺术的独特性，体现中华民族的审美心理，又要反映现代人的内在精神追求。在视觉传达设计中，我们也要"寻根"，寻找我们民族传统文化中为其他民族所不及的思维优势和独特风采。艺术始终要讲内在的延续，一种艺术形式的产生及被容纳，需要特定的历史文化背景，其中包括一个民族的生活方式、习俗、伦理道德、审美习惯等，它们构成了潜在的深层文化结构，深锁于民族的心理和精神之中，调节和制约着民族文化的发展和外来文化的介入。正因为这样，作为舶来品的视觉传达设计，在中国设计者的作品中，时时流露出传统美学观潜移默化的影响。分析这些影响，肯定某些积极的因素，将会有助于发展中国特色的视觉传达设计艺术。下面，就从这个角度进行一定的剖析。

艺术设计及许多人文社会科学学科的发展，表现在与其他学科的交叉交融上。艺术设计各个专业与其他学科的交叉交融发展，不应限制在学科内，这些专业的相互影响与相互促进是历史形成的。艺术设计各个专业的发展，应当也必然体现与各自相关联的其他学科专业的交叉交融，造就快速发展的各行各业对专门艺术设计所需要的人才。"服装设计与工程专业""包装工程与设计"等专业，就是为满足当今和日后细分市场需要应运而生的。但是，目前这些专业依托在工学门类，是舍本逐末之举。中国本土产业进步的根本出路在于"中国设计"，仅仅满足于"Made in China"是不够的。"设计"是有别于"制造"的，前者是对未知领域的开拓和新的物象、形态、可能的创意发现，而后者只是对这些开拓和发现结果的批量加工复制。满足"中国设计"需要的设计师，对相关产业技术的了解和熟悉固然重要，但是对设计师的创造力培养仍然是第一位的。视觉传达设计对于我国企业提高竞争能力十分重要，在与众多学科交叉交融中发展速度非常迅猛。不应当想当然地认为其还与装饰、染织差不多。艺术设计各专业的区别也是显而易见的。横向比较一下，就可以得到立体的判断。例如，但凡是个医生，对人的疾病都能大致诊断，但是医学学科门类分为二级学科的就有 7 个，本科专业，据不完全统计就分了 29 个。人类健康固然是最重要的头等大事，怎样细化研究都是有必要的，看医生都愿意找专家，肯定不会有人愿意找个"拓宽专业面，增强适应性"的医生看病。视觉传达设计的工作也是很专业化的，不仅仅是完成一张没有油画大、更没有壁画大的设计稿，而是至少涉及印制几万张几十万张之后的效果，更是直接影响到客户的产品销售甚至企业的兴衰。我们再看看同样在我国属于新兴学科的管理学类是怎样划分专业的，从中应该能够得到一些启示。管理学学科门类的二级学科倒不多，只有 4 个，但是本科的专业种数至少有 30 个，包括管理科学、信息管理与信息系统、工业工程、工程管理、工商管理、市场营销、会计学、财务管理、人力资源管理、旅游管理、行政管理、公共事业管理、劳动与社会保障、土地资源管理、农林经济管理、农村区域发展、工程造价、商品学、审计学、电子商务、物流管理、国际商务、公共关系学、公共政策学、城市管理、公共管理、信息资源管理、物流工程、海事管理、信用管理等。课程划分细致，没有人会提出质疑，如这些专业的许多课程都一样，不能称其为专业，只能是专业方向等问题。大学教育的主流到底应该是"专业教育"还是"通识教育"，一直还在争论中。其实，专业教育和通识教育并不是截然对立的：专业教育要以通识教育为基础，都是为了使学生的专业能力更出色。一些高校的视觉传达专业连"视觉传达设计史"这类课程都不开，却热衷"通识教育"，岂不是本末倒置。将上手和后劲对立起来也是不符合实际的。"企业招聘首先选快手，上手慢了肯定不行。企业招聘人才不仅要面试，而且还要有试用期。只图上手快，后劲跟不上，职业位置也坐不稳。反过来，上手慢的后劲也不会大，连位置都抢不上，也就没有机会发挥后劲了。"不断学习是追求上进者毕生的事情，不可能在有限的几年掌握一生使用的知识；大学教育的主流应该是培养学生毕业时"抢位置"的能力和追求上进的素质，也就是应当着力于培养日益细分的职场所需要的专业人才。视觉传达设计各专业都是"给人看的设计""告知的设计"。由于解决问题的差异性和解决问题的方式不同，要求具备有区别的知识结构，因而新的专业必然会出现和发展。如同同是诊病，由于解决问题的差异性，就有了临床医学与口腔医学专业的区分，又有口腔医学与口腔修复工艺学的专业细分；因方式不同，临床医学与中医学就各自都是二级学科类，也有了放射医学与临床医学的专业不同。难道艺术类的学生就都是天才，同样的学制能样样精通？中国设计业和设计教育的整体水平一直徘徊不前，不能不说与艺术类相关专业特别是从事传统工艺美术的总是只看到各专业的共性有着直接的关系，仅从表象上是理解不到视觉传达设计的发展的。视觉传达设计早已不只是以造型基础、图案或视觉形式为学科基础了，与装饰艺术或各种绘画是有本质区别的，虽然都具有可视性，但是与传达功能相比，视觉传达设计的美化毕竟是第二位的、从属性的。由于旧有学科分类的桎梏，大多数设计学研究者还无法横跨自然科学与社会科学之间的沟壑，对设计学进行立体的研究。艺术领域接近达成共识，却在其他领域又产生设计是纯科学还是纯技术的认识偏差。由初期把"设计"归于"美术"范畴的僵化，到发现了"设计"的技术性、科学性、实用性的另一面，而抛弃了同根生长的"艺术"。服装设计与纺织工程联姻，其实染织设计与纺织工程的关系算起来更近；环境艺术设计紧抱建筑学的大腿；视觉传达设计专业衍生的包装设计专业方向投入包装工程的怀抱，广告设计将由日益壮大的广告学科拉走；视觉传达设计专业，国际通称 Graphic Design（译为平面设计），因其一直与印刷有极为密切的关系，也完全有理由并入到印刷工程学科里面；书籍设计也同样有理由在出版编辑学里开设"艺术设计"，从而使这一专业将要变成一个既"新"又"老"的"横断学科"。

　　视觉传达设计的专业细分设置的前提，在于每个专业的毕业生达到每个岗位对专业设计师的基本要求，在固定的学制内完成能够而又必须掌握、了解的知识和技能，也就是知识结构的完善。我们还是发展中国家，专业细分设置还必须考虑到便于与国际对接。视觉传达设计学科目前可以包含 6 个专业：平面设计（Graphic Design）、包装设计（Package Design）、书籍设计（Book Design）、广告设计、电子视传设计（电影电视片头、影视广告等影像，电子读物、多媒体等视觉传达设计）、会展设计。会展设计，目前有的学校开设在工业设计专业。其实会展设计是以信息传达为目的的空间设计形式，是以视觉传达设计为主，兼有产品设计和环境设计因素，并与声、光、电等现代技术相结合的专业。插图专业很有独立开办的必要。字体设计专业也越来越显现出开办的可能和必要性，工学门类里的焊接专业从本科到博士后都研究不完，而中文字体作为特殊技术产品早已供不应求，却遭到学习视觉传达设计者的藐视。视觉传达设计类各专业的专业课程，可由学科平台课程和各个专业的方向设计（含史论与设计思潮等）课程组成，尤其应当注意适度加强各个专业所涉及的自然科学、社会科学和人文科学以及相关应用技术的学习，加强对传统认为是上下游专业工作的相关知识技能的了解和熟悉，使得学生毕业时在其专业领域内真正成为行家里手。职场需要能够一进去就能创造业绩与效益的专业人才，也只有具备这样能力与素质的学生才具有继续深造培养的价值。在现阶段，艺术学作为一级学科门类经过一些讨论是容易得到确认的，"设计学"能否被确认为一级学科门类还存在着争议。但是，无论结果如何，视觉传达设计作为紧随时代发展的"既有自然科学特征又有人文学科色彩的综合性的"、由多学科交叉融合而形成的多种细分专业所构成的学科类，因其特殊性和所含专业的相互关联性以及学科归属性，这种二级学科类的地位是在历史中形成的，也是不可替代的；而且只会随着社会经济和产业进步而发展，这种趋势也是不可逆转的。

第四节　视觉传达设计的发展趋势

一、视觉传达的发展趋势

　　今天，人类社会终于走向了一个更加崭新的天地，数字化生存已经不再是陌生的名词。在科技疾速发展的过程中，整个世界发生着巨大的变革，而人类的生存空间与状态也不断地面临着新的选择。经济全球一体化、地球村、个性化与数字化生存的概念一夜之间成为一种潮流，一浪接一浪地冲击着人们的思想和生活，从广义上讲，所有的传统模式在它们面前都黯然失色。在20世纪的最后十年中，人们总是喋喋不休地议论和憧憬着未来的社会形态，无论是后工业化社会也好，还是信息化社会也罢，一切的沟通和交流都已经由于其媒体速度的加快而远胜从前。人们于是乎有幸地生活在了一个数码时代，有幸地使用了数字化的视觉图像来进行文字和声音之外的交流。基于这种情形，对于视觉传达设计这个领域的界定，又一次被摆在了时代的"显微镜"之下。

21世纪以来，数字化媒体的出现使社会环境发生了质的变化，而视觉设计也渐渐地超越了其原先的范畴，走向愈来愈广阔的领域。网络技术、数码艺术设计、数字电影电视、多媒体广告短片等相继登上了历史舞台，它们制造着成千上万的、色彩纷呈的视觉信息，这无疑预示了一个新时代的到来。毋庸置疑，它们在不断地挑战着当代艺术设计形式的同时，也在充实着当代艺术设计的外延。多元化的视觉观念暗示着新的视觉传达方式就是要打破传统设计门类的界限，让艺术设计变为一种能够自如地融合多种学科的载体。人们也不断地从社会学的视点追求着新的信息，追求着一种新的知识结构的整合。同时，由于人们对于新的尖端技术的迷恋，还导致了不同于以往的心理状态、价值取向、审美意识以及时空观念等。可以说，数码媒体的介入引发了世界范围的大变革。处于变革核心位置的视觉传达设计，在寻找着自身的最佳展现方式的过程中，逐渐完成了新一轮的蜕变。视觉传达设计由以往形态上的平面化、静态化开始逐渐向动态化、综合化方向转变。随着媒体语汇的极大丰富，设计师们在视觉图像的扩展和应用方面为人们提供了无止境的可能性，他们可以通过任何一种媒体来表现设计概念，极具代表性的例子就是其在三维动态图像、多媒体、数字电影以及其他的视频领域所取得的成果。国际著名的设计公司Tomato是最先踏入这条河流的探险者，对此，他们有着自己独到的见解："创造一些人们从未见过的东西，并使它们独具审美。"他们希望改变传统观念中把品牌设计视为静态展示形象的做法，希望通过尖端技术来呈现设计概念，并创作出动态的、具有可持续发展的、与时代及世界相对应的新形象，他们认为静态的媒体时代已经不能完全满足新世纪的需求了。而其为Nike、Sony公司设计的推广短片更进一步证明了视觉传达设计的新走向。

随着经济全球一体化进程的加速，国际性的传播媒体及各种信息的大爆炸，原来一成不变的单调设计方式受到了人们多元化需求的冲击。求新、求变的新生代人群从思想上为这一时期的设计发展提供了未曾有过的选项。尤其是在对于设计责任的重视程度方面的调整，造成了在传统设计基础上的各种新设计的萌发。同时，由于物质的极大丰富，消费水平的大幅度提高，人们对于精神方面的需求也发生了转变。年青一代已经失去了往昔的理想与标准，他们摒弃传统，期望改变世界的面貌，而网络世界为他们提供了无限的可能。无处不在的商业文化，大量涌现的廉价消费品，日益刺激着消费者的购买欲望，形成了巨大的消费市场。人们对视觉传达设计的要求已经不再是基本功能、属性上的满足，而更多地希望其能够日新月异，并更加个性化，更加关注自我心理层面上的需求。

新世纪中，视觉传达设计也逐渐走出了过去年代中一味追逐功利性的阴影，关注人类的生存环境与状态成为其新的课题。当今，交通工具的发达缩小了时空的距离；医学的进步减少了疾病和死亡；土木及环境工程的扩大控制了水资源……这些都是科学技术与现代设计的辉煌成就。然而，自然却不再是可以回归的、清新的大地与森林，而已经变成了因垃圾、公害以及环境破坏所造成的日益腐败、污染之场。在历史上，视觉传达设计曾和其他门类的设计一样，是人们征服自然，完成功利性任务的重要手段，它在改造世界的光芒中，目睹了人类所饱受的苦难以及为征服所付出的惨痛代价。今天，信息化、数字化的发展是大势所趋，现代科学技术又一次成为带动新时代前进的火车头。在这个潮流中，人们正审视着开创新的文明社会的瞬间，21世纪的科技能否摆脱过去岁月所犯的错误，向人类提出新的、有利的发展方向呢？这还须努力。人们期待着新的文明社会能够充满活力，因而对绿色设计、人文设计的呼声越来越高涨。人类在自身的生存状态、自然环境与技术之间寻求着平衡。人们认识到了科技所扮演的角色，就是充当人类与自然相生相伴的工具，而设计的意念是可以驾驭它的重要元素，与此相对应的是，以生存和生命为背景的设计课题与学科也相继不断地涌现出来。

时代的发展给人们带来了进步的生活方式，也给人们带来了很多的思考与烦恼。今天，数码文化的影响日益深入世界的每个角落，究竟如何处理新时期带来的新问题——该如何对待传统文化与新文化的关系呢？对于设计行业而言，产业时代的设计是以机械化生产模仿传统的形态，现代主义设计虽然继承并树立了新的传统模式，并为生活在疾速发展的社会中的人们提供了新的文化体验的机会，但其僵化地强调功能、属性终究已经不能够适应当今社会的多元化需求。新时期的视觉传达设计有着不同以往的时代特征及表现手段，简单地学习传统，单纯模仿传统的形态已经成为不可能的现实。然而我们必须认识到一点，昨天是我们今天的传统，而今天又将是明天的传统，今天的我们不能总是活在昨天的阴影下。实际上，对于传统的创造性思维和方法的学习，这个在以往阶段所经常忽视的问题，才是在创造时代新的文化传统的过程中值得我们关注的：赋予传统形态新的时代面貌，使传统真正意义上获得生机，是当今视觉传达设计的重要研究课题。在世纪的转折期，视觉传达设计面临着种种难题。以互联网为代表的网络及数字文明的新社会，迫切地需要创新的设计观念。人们企盼视觉传达设计在新精神、新艺术、新工具、新空间、新媒体空前发展的情形下，能够展现出神奇的风貌，满足各方面的需求。对于设计师而言，文化视野以及知识结构的多元化发展已经是不可逆转的现实，这也将使整个创意产业向着更加漫无边际的空间奔去。在这个思想体系下的信息时代，视觉传达设计呼唤高素质的全方位设计师，即能够摆脱单一学科的模式，向跨学科、综合型发展的人才。视觉传达设计师所扮演的角色更加像一个导演：他具有综合各种知识、认识和感性的能力，能够将人体特性、信息空间和环境空间等之间的关系进行重构；能够发现、选择、调动一切视觉元素并通过恰当的媒体创造新形象；他决定由谁来操作，而不是一个熟悉工具的操作者；他具有感性的表现能力和超越一切领域的创造性活力。科技的进步已经缩短了人们之间的距离，模糊了国境的概念。面对着世界经济的一体化、信息数字化、媒体多样化等诸多推动社会发展的因素，被称为"影像交际工作者"的视觉传达设计师，必须对这种变化做出积极的反应，并且应走在时代的最前列。因为今后的视觉传达设计将经历更加急剧的变化即广告和信息交易技术与方式的革命性转变，以及由此连带的消费者与服务的转变，还有基于此的经济爆发性膨胀，所有这些变化，决定了视觉传达设计师将在今后的社会中扮演更加重要的角色。

二、新媒体环境下视觉传达设计发展趋势

（一）新媒体与视觉传达设计随着消费的观念正从物质消费向精神消费转化

新媒体创造了认知世界的新观念，人们迎来了以数字技术为代表的新媒体传播时代，新媒体传播的速度、数量，乃至传播信息的模式都发生了很大的变化，新媒体传播下的视觉技术发展及传播特征改变而变化，视觉作为感知最为直接因素，对新媒体传播中的视觉语言研究是极其有必要的。本文主要针对视觉传达设计的主要特点，将国内外研究现状作为新媒体环境下视觉传达的研究依据，分析视觉传达的发展趋势，并提出合理的建议及发展方向，以不断提高视觉传达的发展模式。人们对于视觉传达设计的要求已经不再是基本功能的满足，而更多地希望作品能够更加个性化与人性化，简而言之，就是调动所有元素，达到视觉传达准确的目的，给人们以视觉心理满足，这也就引出了视觉传达设计未来的发展趋势。

1. 新媒体的内涵特征

新媒体是新的技术支撑体系下出现的媒体形态，如杂志、报纸、广播、手机短信。相对于报刊、广播、户外、电视四大传统意义上的媒体，新媒体被形象地称为"第五媒体"。按技术划分，可分为两类：一是传统媒体的数字化，如数字报纸、杂志等；二是新技术下出现的媒体，如移动电视网络、数字电视、电影、触摸媒体等。新媒体在技术、传播方式、表现形态、视觉语言的呈现上均较以往有所改变和突破。由于新媒体数字技术的影

响，视觉传达设计需要得到更大的扩展，如交互娱乐设计、多媒体设计、网络结构、应用软件、界面设计及数字设备设计等，从单视角的二维空间扩展到多视角的三维空间，甚至四维空间，使得视觉传达获得了更为广阔的发展空间。

2. 视觉传达设计概念

视觉传达设计是人们为了达到某种目的而进行有计划的设计，对设计图像及其传递方式的传达。大量研究表明，人们传递信息的方式中视觉占到了三分之二，所以视觉传达设计的发展，是对人与人之间的相互交流研究方向，在感官方面，将信息传播方向看作是正确的分析思路，将平面设计的发展方式进行一定程度的转换，这种视觉传达设计方式主要靠的是视觉信号将事物要表达的内容传递给对方，"视觉传达视觉是以考虑科学为基础、技术为手段、艺术为形式的设计类型"，视觉传达设计的主要特征表现为：在整体的数字语言信息传达方面，具有速度快、模式广、传输距离远的特点。

（二）新媒体环境下，视觉传达设计发展方式和网络技术的发展变化引发了世界的变革

在网络世界里，技术始终起着先导作用，相对于在传统媒体中视觉传达设计被限定在二维空间内，在新媒体环境下视觉传达设计实现了由静到动，将固定化的图形、图像、色彩实现向动态的转变；从单一视角转变为多维度呈现。设计是随着技术的发展而发展变化，媒体的介入，使得处于变革核心位置的视觉传达设计，在寻找着自身的最佳展现方式的过程中，逐渐完成了新一轮的蜕变，设计师可以从无限的空间中去表现从宏观到微观事物之间的联系，在时间轴、动态轴上发挥自己的创意，设计师们在视觉图像的扩展和应用方面为人们提供了无限的可能。

1. 视觉传达设计的发展应用

视觉传达设计是通过媒体表现并传达给观众的设计，它体现着设计的鲜明特点，其传达的领域随着科技的进步开发应用而不断扩大，并广泛地涉及其他如美学、机械学、心理学等，逐渐形成了一个与媒介关联并相互协作的设计新领域。今天的视觉传达设计已经不是单一的平面设计了，在科技高度发达的今天，人们对于视觉传达设计的要求是"物体的真正形态——包括心理学、物理学以至哲学的形态"。这句话告诉我们视觉传达设计新的价值，视觉传达设计除了自身发展同时也应用到其他设计领域中，使视觉传达设计成为各个设计专业的基础学科。例如，在工业设计的产品设计中，将视觉传达设计的图形标志、构成要素文字应用到产品中去，同时也需要对产品的文字、色彩进行标志设计，而产品中

的标志，是推广品牌的手段之一，是加深对企业品牌的认知，因此，视觉传达设计的发展已经得到广泛应用。

2. 视觉传达设计的发展内容

任何的设计都有一定的内容。内容是构成设计的要素，是设计的基础存在，有"设计的灵魂"之称，视觉传达设计的发展内容指的是它的主题、形象、题材等要素的总和，内容里面包含着形式，如黑格尔所说："设计的美不在于要求根据实用品的外部造型、色彩、纹样去模拟事物，再现现实，而在于使其外部形式传达和表现出一定的情绪、气氛、格调、风尚、趣味，使物质经由象征变成相似于精神生活的有关环境。"这句话明确地告诉我们今天的视觉传达设计新的价值，其要求今天的设计者必须追求一种新的空间效果——即三维空间和四维空间，视觉传达设计也远远不再是只局限于二维空间的框架中了。如民间传统图案是视觉传达设计中常见的一种元素，不过由于视觉传达设计已经不再只局限于二维空间里，所以在现代舞美设计中应用得非常普遍。舞美设计是将二维空间和四维空间完美结合的学科，其形象、表现手法与传统绘画艺术异曲同工。利用其意境，在舞美设计中来表现空间的跳跃性与时间的交错感，可谓恰到好处。这正是平面设计在四维空间运用中的魅力。三维空间和四维空间给平面设计带来了设计领域上的又一进展，让视觉传达设计摆脱了"平面的设计是永远立不起来的"这一观点。随着信息技术的不断发展，电子信息平台的确立，视觉传达设计的发展内容打破了时间和空间的限制，已经不再是单一化的视觉传达设计，而是趋向多样化，所以在新媒体环境下，动态化的视觉传达设计才是信息传播的主要发展内容，这样的发展内容，让人与人之间的交流变得更加密切。

（三）新媒体环境下视觉传达设计发展趋势和影响

随着经济、知识的发展，人们的生活水平不断提高，在不同方式的作用下，新媒体环境产生了。电子信息化的渗入，人们可以随时利用电脑进行交互，人与人之间、人与机器之间关系就显得尤为突出了，在这种新媒体环境下，人们利用视觉传达设计创造出一些新的设计，相对于原有的视觉传达设计，新媒体环境下的视觉传达设计在不同方面的发展有了全新的研究方向，这样的设计更加趋于多样化。

1. 新媒体环境下视觉传达设计发展趋势

新媒体环境下信息化的兴起和发展，社会经济、人文环境共同进步发展的必然结果就是数字信息技术的快速发展。数字图像、影像、网络技术的兴起融合了多种传播技术，使信息传播可以在多样化的方式下实现；社会的进步，也促使媒介得以快速发展，信息技术以及多媒体设计等新型高科技综合手段，使传统的视觉传达设计打破了以往平面的、静态的宣传效果，以多样化的视觉效果，快速地传递着各类信息。这种信息化的发展已经成为当代设计必然的大趋势，它将彻底改变人们的生活习惯、价值取向、审美情趣，迫使我们树立正确的视觉传达设计的新观念、新思想和新方法。数字化成为当代设计不可避免的发展趋势。

2. 新媒体环境下对视觉传达设计的影响

新媒体环境下视觉传达设计的发展，推动了平面图形设计逐渐向立体图形转化的进程，二维图形逐渐向三维或者四维转化。设计作为一种观念艺术，新媒体环境下的视觉传达设计更是添加了新的设计理念和新的设计灵魂，让其更加具有创新的活力。在新媒体环境下，视觉传达设计已经不再是过去那种简单的作为商品外衣的存在，而是体现出更多的创新意识的主体，从而让视觉传达设计更加个性化和艺术化，更好地实现信息传达，让视觉传达设计成为创意产业的中坚力量。随着科技的发展与信息化的进步，新媒体自身发展的同时，也推动了视觉传达设计的发展。在新媒体环境下，视觉传达设计拥有了更多的自由的空间，也开始朝着多元化多样化的方向发展；随着现代人们对新事物的追求越来越强烈、越来越开明，视觉传达设计的多元化多样化发展也成为科技时代的标志。但是需要注意的是，视觉传达设计的多元化与多样化并不是任意发展的，而是指有创意的多样化和多元化，其更多的是创造性的体现，对于不同需求的人们能够带来不同的要求。多元化多样化视觉传达设计的发展趋势，为新媒体的发展提供传达了更加可靠的条件。

社会科技的进步已经缩短了人与人之间的距离，面对社会的经济一体化、媒体多样化、信息数字化等诸多推动社会发展的因素，视觉传达设计师必须对这种发展变化做出最积极的反应，并且走在时代的最前列。新媒体的介入让视觉传达设计的发展趋势，在今后的生活中扮演着重要的角色，主要体现在设计工作模式和结构变化，以及设计表现和形态的变化上。随着社会的不断发展进步，新的设计领域必将出现更替，但是可以明确地感知，新的设计发展的出现，并不代表着旧的设计消失，因为视觉传达设计包含着众多的设计领域，所以它们会互相影响、共同发展。

第二章 视觉传达设计中的创意思维

创意思维实际上研究的是我们如何用一个新的状态去创作，如何用新的视角看问题，从而从某种意义上改变我们固有的思维方式。我们用双眼上下左右环顾四周的时候，总是忽略了我们的头颈还可以转动、我们的身体还可以转动，所以用眼看就造就了我们看东西时很直观。当固化了你看的方式后你就不去思考了，这种带有欺骗性的方式很可怕，如果我们抛开独立思考的方式，长此以往我们的思考就僵化了。因此，我们要研究创意思维。

第一节 创意思维的特征

一、新颖性

新颖性也就是首创性，这是创造最重要的特征。换句话说，新颖性的创造活动对于创造者而言必须具有"第一次"的性质，它是一种"非重复性"的活动。比如，一个小学员因个子太矮而擦不到黑板上方的字，于是想到把黑板擦绑在木棍上擦黑板，就是一种新颖性的创造性的活动（指在此以前没有任何人教过他，而且他也未看见和未听说别人使用过这种方法）。

可以说，科学上的发现、技术上的发明、管理上的创新、文学艺术上的创作等一切具有"第一次"性质且非重复性的活动，均可称为新颖性的创造活动。仅仅是重复了自己过去的或明知道别人所做而重复别人行为的活动，不能称为创造活动。

例如当人们在设计公益宣传图画时，往往会拘泥在既往的设计案例或新颖性的思维中，而不能从另外的角度去思考，这就会造成思维的死板，不能突出创造性思维的灵活性特征。

二、价值性

创造的目的是要使创造的成果有用，具有社会价值。不论是物质成果还是精神成果，都应具有价值性，或为经济价值，或为学术价值。这些都是能促进人类进步的。

三、先进性

先进性是与旧事物相比较而言的。创造的成果如果光具有新颖性、价值性，而无先进性，就不能战胜旧事物。创新本身就是一个破"旧"立"新"、推"陈"出"新"的过程。

第二节　创意思维的培养

一、头脑风暴

头脑风暴需要的是发散性思维，需要人人参与，贡献各种各样的思想，可以有天马行空的想法，也可以有脚踏实地的点子。在很多情况下，如果仅仅考虑天马行空的想法、发散性思维的点子，可能会跑题，可能缺乏聚焦，可能考虑问题不全面，所以必须将左脑和右脑相结合、将民主和集中相结合、将发散和聚焦相结合，这就是中国传统文化的"阴阳太极"。阴阳太极的组合并不一定是黑白各占50%，在不同的情况下，我们需要的是平衡，也许黄金分割点0.618是一个很好的平衡点。

如果鼓励大家贡献狂野的点子，就需要做右脑的训练，训练右脑有很多的方法，比如关联游戏、故事接龙、在别人想法的基础上做进一步的发散等。对于逻辑思维，可以事先设计一个工具，在理解问题的逻辑流程的基础上，一步一步引导大家获得问题创新的解决方案。这些工具大部分是管理界常用的工具，比如思维导图法、莲花图方法等，然而也有很多是为了创新设计思维而设计的工具和方法，比如"未来/现状/瓶颈/想法"等。

这些工具在不同的情况下，根据讨论的主题不同，可以任意地组合和拆分，也可以在充分地理解所讨论主题相关业务的前提下自行设计。

创新的关键是要有创意，创意起源于想法。传统的想法是按照逻辑推理的方法得出点子，而创新的想法是利用右脑思维，跳出问题的表面现状朝着其他的方向思考而得出新的想法。

二、视觉思维训练

所谓的"视觉思维"是指对视觉形式的感受方式，借助于形式语言进行思考的方式，运用图形媒体语言对所见所思进行描述的方式。

在视觉思维过程中，其主要思维材料是"事物表象"（客体外在的具体形象）。尽管有不少的抽象艺术家出现，但这里的抽象和抽象思维里的抽象完全不是一个概念。前者是抽去了"具象的形"但仍旧还有"不具象的形"存在，即便是在一张白纸上点上一个黑点，那也会有一个白色的方块和黑色的圆点的形存在，而后者则是在思维过程中无任何"具体的形象"出现。在思维学的研究中，抽象思维的定义为逻辑思维，即：首先是将主体对客体观察所得到的东西进行分析，概括成为概念、定理、公式，然后通过推理判断的形式进行思维。

无论在古装戏剧还是现代戏剧中，人物的原型都来自民间，来源于生活之中，但当这一形象被搬上舞台之后，就不是原先的那个原型了，而是经过艺术加工的形象，甚至可将几个人的故事及形象集中在某个人身上，以增强其艺术效果和艺术感染力，这就是所谓的表象改造与整合。由于想象表象是由原有多种表象改造、整合而成的，所以都具有一定的新颖性，甚至创造性。

想象的内在动力其实质意义是艺术感受，正如恩格斯所言"艺术必须坚守在感受的范围之内"，而这种感受正是通过视觉思维形式来完成的，因此从某种意义上来讲，艺术的本质实际上是艺术感受的一种视觉传达方式。既然如此，作为一个艺术和艺术设计的工作者，首先应该具备一颗多愁善感的心、一双具有敏锐艺术观察力的眼睛和一个有着丰富想象力的脑袋。

第三节　视觉传达设计中的创意手段

一、平面元素创意

（一）点

点的基本特性是聚集，点是虽然相对比较小却非常集中的一种图形。任何一个点都能够发展形成视觉中心，尽管点存在一定的位置、大小，但是却没有方向，点的移动能够形成线。现实生活中我们所见到的点通常都有大小，所以也就出现了形状。在造型设计过程中，点经常会被用来表现一种强调与节奏。细小的形象往往都可以被称为点，所谓的细小往往都是相对来说的。

一个形象可以称作一个点，并非由它本身的大小体积所决定的，而通常都是因为它的大小和框架以及周围形象所形成的大小比例所决定的。点通常也都存在大小的区别，当然同样也都具有形状的区别。理想的点尽管都是圆的，但是并非仅限于此，它可以是正方形、三角形、多边形或者其他多种多样的不规则形。

点同样也能够进行相连或者排列成线，或者是组合成为一个比较大的形象。点就好像是音乐中的短促鼓点，如同在弹奏美妙的钢琴音符，以一种非常含蓄且十分简洁的力量撞击艺术家们的心灵，进而激发他们的灵感，从而创作出一个个富有乐感的作品。

1. 点的个性

在一定的距离外，任何一种形象都能够被看成是"点"。点的美感作用在生活中到处都能够看到，节日天空飘动着的气球，点缀出城市的欢快气氛；少数民族妇女身上装饰的一些叮叮当当的佩件使她们显得十分靓丽动人；劳模胸前的大红花也会衬托出他们容光焕发的面貌；山区一些农村逢喜事所煮的红鸡蛋也能够烘托大家的喜悦气氛……

点和其他的元素相比，是最容易吸引人视线的一种基本元素。

点的大小、数量、空间以及其排列的方式不同都能够形成完全不同的心理效应，形成一种非常注目、活跃、轻巧、节奏韵律等各种不同的表现效果。

（1）单点的个性

在空间中或在一个视域中，如果只放置一点，它会刺激视觉感官而产生注意力。

（2）双点的个性

在同一个空间中，两个大小相同的点，具有特定的位置时，在两点间的张力作用下，人的视觉会在两个点之间来回游动，点与点之间会产生消极的线的联想，不能形成中心。

（3）点群的个性

点群如果按方向排序、配列，则产生连续感、节奏感、韵律感、外延感、深入感。

2. 点的情感特性

点能够分成规则点与不规则点两种形式，规则点通常还能分成圆形点与方形点，不同形态、大小、肌理的点往往能够带给人们完全不同的心理联想。

在中国的传统设计过程中，圆形点是通常被运用得最频繁的一种图形，这和中国人对圆的喜好存在着十分紧密的关系。圆点通常给人以内敛、圆融、稳定但又趋向不断运动的感受，方形点给人以静止和庄重之感。

3. 点在设计中的应用

点由于自身十分丰富的变化以及其独特的情感特征，在设计作品过程中的运用十分普遍。设计之中的点通常都会发展成画面的视觉中心，属于画龙点睛之笔。靳埭强先生曾经在海报设计过程中非常善于运用点，并且常常是以水墨的形态呈现出来的，具有十分独特的东方文化内涵。靳埭强先生曾经在解释自己的作品时说："那些点是东方文化的凝结，是我的心。"另外，日本的著名设计师也十分擅长使用点进行设计，如田中一光的海报设计，不同造型、色彩、肌理的点共同作用，形成图形的节奏与韵律美。

（二）线

线是通过点的移动轨迹发展而来的，虽然线存在着粗细不等的特点，但是其宽度和长度一定存在差异悬殊才可以称之为线。

在几何学中，线通常都属于肉眼看不见的存在，而在造型艺术设计过程中，艺术家往往会对物象的轮廓线条进行处理，造成一种事实上的人为强调。由于线条具有典型的分割物体轮廓的作用，因此造型艺术家往往都会在创作过程中和线条结下深厚的情谊。

在平面的造型设计过程中，线也被人们十分广泛地应用到表现形体结构的方面。不同线型的自身变化，以及线的多种组织方法，赋予作品多种多样的艺术风格。

1. 线的种类

依据线运动的不同方向，我们能概括成直线系与曲线系两大系统。基本上所有的形象（有机形象、几何形象、偶然形象）都能由直线或者是曲线或是二者混合构成。曲线通常要比直线更加灵活，几何曲线通常都具有理智且十分柔和的美感。

（1）直线

直线具有非常强的方向感，具有一种非常坚定、严格、阳刚与上下升降之感。

（2）曲线

曲线在平面设计过程中通常是以圆线、波线以及任意的曲线面貌呈现出来的。圆线精密、雅致，波线优美、柔和，任意曲线自由、奔放与洒脱，它们会随着各自的特征在平面构成中充分发挥自身的作用。

通常而言，规则曲线在绘画过程中运用得比较少，因为它缺乏变化而显得比较单调、呆板，但是在设计与装饰画中则应用得十分广泛，它充分体现出设计的严谨以及适用性。不规则要更加自如与畅达，所以其在绘画与图形创意过程中的使用也变得更加普遍与重要。

2. 表现工具与线的形状

描绘线所使用的工具和线的形状之间存在着直接的关系，使用不同的描绘工具通常可以呈现出各种各样不同形状的线。在现实生活中，表现线的工具十分丰富。除了普通情况下我们常用的笔与绘画工具之外，有时候也可以用竹尖、树枝、木棒、丝线、橡皮、纸及手指等来绘制。

3. 线的情感特征

有人专门做过实验，将笔交给处在完全不同感情状态之中的人，让他们在纸上随意进行线条创作。结果，快乐的人与忧伤的人、沉思的人与愤怒的人等所绘出来的线都是不一样的。激动、平静、痛苦、紧张、幸福、轻松等各种不同的情绪与心境，也会影响到线条的种类。更有意思的一点是，当人们看到这些线条时，同样也可以感受它们所传递出来的情感与典型信息，在读线的时候往往能够获得等同于画者的情绪与感受。

从某种意义上来说，中国书画艺术（特别是书法）中的用线往往能够体现出作者品性情感的精髓。"字如其人"，怀素的张狂、王羲之的俊逸、颜真卿的庄重，我们从他们的作品中可以深刻地体会和感悟到。每一位书法艺术家都是使用笔墨之线传达出自己独特的个性特征以及情感感悟的。对于传统意义上崇尚线条之美的中国人来说，缺乏激情与涵养的线都属于不美的，机械、麻木、死板的线同样也是不美的。

线为何可以发展成一种情感语言，并且还能表达出完全不同的情绪呢？美学家们普遍认为，它存在诸多方面的原因，如节省注意，即感官的省力、暗示的影响、模仿的运动等。一些现代美学家认为线属于一种"有意味的形式，它产生的效应与人的审美心理具有异质同构的特点"。因为在画线时，创作者所用的力量、速度、方向、性格等往往都存在很大的不同，加上线本身属于点运动发展而成，因此线本身就已经具备了典型的运动力，运动所能够传达出的是线的情感与活力。

直线所包含的多种情感体验，有非常多的说法类型。下列主要是一些最具趣味且比较具有说服力的形式。人类在睡眠过程中，人的身体往往是躺着的，起床之后则是直立的，在跑步或者做其他运动的时候又呈倾斜状。所以，当人们看到水平线或者基本上接近水平线的斜线时，就会产生一种平静与舒适感；而当人们看到一些垂直线或者接近于垂直的直线时，往往会感到精神紧张，同时，垂直方向上的线又给人以下落、上升的强烈运动感，进而给人一种比较明确、直接、紧张、干脆的印象；而当人们看到斜线的时候，往往都会感觉到一种运动感与生动性。接近于45°角的斜线动感是最强的，所以，不妨留心一下那些百米飞人，他们在接近极限的高速运动时，身体基本上都是和地面呈45°角的。斜线往往会给人带来一种倾斜、不安定、运动感，富有朝气。斜线和水平线的垂直线比较而言，可以在不安定感之中表现出一种生动的视觉效果。因此可以这么说，直线的不同方向可以表达出完全不同的精神状态与感情发展倾向，尤其是一些较粗、较长、较直的线。

从上可知，对于不同线的情感感知往往都需要从对应的现实世界的不同事物的日常经验积累中获得。对于地平线而言，我们能够感知到的往往就是无限的延伸以及平和安详，因此我们对出现于纸上的水平状态的线，就形成了同样的感知。

4. 线的应用设计

线的形态通常都有十分鲜明、强烈的造型特点以及典型的表现力，具有一种超越客观自然的典型表现力，有着无法比拟的奇特特征。线作为一种主要的造型要素，就在于它以自身的优雅形态、丰富有创意的设计形式赋予作品以美感，并且体现出十分深刻的含义。在平面设计的作品中，线形态的表现方式通常都是多种多样的，但是在更多的情况下，线形态主要是以造型、技法、构成方式等使画面取得新颖、优美的效果，为作品营造出了一种使人无限遐想的韵味。

线的形状变化通常都非常大。它往往会由于方向的变动或者不变动、边缘的顺畅或者波动及末端出现的变化而形成不同的形状。

"线"在平面设计过程中往往都是非常常见的形象。它能够构成具象或者近乎抽象的图像来表现作品的主题，也能够构成抽象的图形让人们对主题形成联想。最具有代表意义的作品是中国金币总公司的商标设计，它利用线条的弯曲和交错，勾勒出一个典型的线条形象。

（三）面

1. 面的基本性质

从造型视角来看，在轮廓线内部具有十分明确的、充实的、调和的、均衡的平面形被称作面。如果我们把正方形或者圆形的轮廓线内部使用黑色的颜色来涂满的话，能够很明显地观察到面那种十分明确的形状感、安定感、量感及所表现出来的完美性。这种感觉是几何中那种完整的、内部十分充实的面所呈现出来的。现在我们能够理解为什么俄罗斯构成主义画家马列维奇将涂满颜料的大正方形称为画出来的绘画了。

日本著名的设计师龟仓雄策曾说过："造型在抽象世界中有一种生命力，这种力量是从人性中产生出来的……不能忘记作品中洋溢的紧张感并不是靠技巧，而是人性的问题。"现在的设计专业在分工上正变得越来越细致，有非常多的设计作品并非一个人就可以完成的，尤其是电脑普及所带来的设计风格方面的趋同，这种对面的特殊钟爱能否和这一时代相称，也属于每一个设计师应深思的直接问题。但是，对于那些不能够具体表现出实体的平面设计作品而言，面的构成表现已经发展成平面设计的代名词了。

从几何学上来观察，点、线、面都存在着自己的基本概念与定义，但是，在造型上或者作为一种视觉要素，这类的概念与定义一定要在和其他要素的相互关系中才可以得以成立，这是由于我们的视觉感知通常都是按照那些元素间的关系变化而变化的。

面可以具备任何一种形象，只是面积大而阔。面和点相比而言，它更多的是一个平面中相对比较大的元素。点主要强调的是位置关系，面主要强调的是形状与面积。面的性格在这里表现得更加复杂，研究面的主要目标就是研究形，而形的性格则十分繁杂多变。

现在人们十分注重图片的传播方式，这主要是由于图形更为直观、形象、一目了然，有一种不可替代的优势。怎样处理、编排、设计图形在现代社会已经发展成视觉传达设计需要研究的重要课题。

2. 面的应用设计

在平面上，所有的非"点"非"线"的平面设计形象都可以称作"面"。

面的形状种类非常多，它的形状主要是由本身的边缘线所构成的。例如：几何线构成的是几何形，自由弧线构成的是有机形，不规则线构成的通常都是不规则形等。

二、空间性创意

（一）"空间"释义

"空间"（space）主要是指介于物和物之间的，环绕物和物四周或者包含在物内部的间隔、距离或者区域的意象。在视觉艺术中，空间能够被视作兼具二次元空间和三次元空间多种典型特性的形态。

空间知觉往往是人类与生俱来所具备的能力，人类在描绘形态的历史发展进程中，大部分都在表现对空间知觉的内部感受。从原始人的洞穴岩画创作手法就能够明显地看出，他们也都非常希望在二维平面上可以反映出对三维立体空间中各种物象的大胆追求。通常人们把涉及长、宽与高等多个概念的绘画与雕塑等方面的造型艺术称作空间艺术，而把音乐等在时间方面具有广延性的艺术称作时间艺术。但是不管是空间艺术或者是时间艺术，都充分涉及一个"造型"层面的问题——也就是艺术形象的创造。

在很多中国传统绘画作品中，对空间的理解和表达都同西方绘画存在着极大的区别。中国的山水画在自身漫长的发展进程中，形成了一种风格与审美情趣十分独特、理论体系极为完善的特点，东西方的绘画表现相同的对象采用完全不同的创作手法。当中国的画家在儒道思想的深刻影响下，致力于自身和天道之间的相互融合，强调物我同一、内心体验以及人格历练时，西方画家主要是在人文主义思想的影响下表达出改造客观世界的冲动。

（二）空间构成的表现

在平面空间构成中，形象的出现总是和空间存在着一种相互依存却又不可分解的联系。

视觉在设计过程中，形象虽然十分重要，但是没有占有的空间往往也是十分重要的，二者之间的比例以及关系的改变，往往会让设计形成不同的感觉。空间感的表现手法主要有下列几个方面。

1. 充分利用大小来表现空间感

大小相同的物品，因为远近距离的不同而形成大小的感觉，即近大远小。在平面上也是一样的，面积大的我们往往就会感觉距离近，面积小的就会感觉距离远。

2. 充分利用重叠来表现空间感

在平面上一个形状叠放于另外一个形状上，往往都会出现前后、上下的感觉，形成一定的空间感。

3. 充分利用阴影来表现空间感

阴影的区分往往会导致物体产生一种立体与凹凸感。

4. 充分利用间隔的疏密来表现空间感

细小的形象或者线条疏密的变化往往能够形成空间感，在现实之中如一款存在点状图案的窗帘，在其卷折的位置图案就会变得非常密集。

5. 充分利用平行线方向来改变其表现空间

改变排列的平行线的位置方向，往往能够形成三次元的幻象。

6. 充分利用色彩的变化表现空间感

利用色彩的冷暖变化，冷色的距离较远，暖色的则靠近。

7. 充分利用肌理的变化来表现空间感

粗糙的表面往往都会使人感到非常接近，细致的表面则会使人感到距离远。

8. 充分利用矛盾空间来表现距离感

所谓的矛盾空间主要是指在真实空间中不可能存在的形式，它只存在于假设的空间之中。

视觉传达设计通常都需要设计者发挥出创作的积极性，从设计最基本的层面着手，设计师通常也需要具备两种最为基本的素质，即富有创造力，同时还善于解决工作之中产生的各种各样的问题。设计师一定要充分调动其所有的想象力与分析能力。

第四节 视觉传达设计中的视觉疲劳现象

一、视觉传达设计中视觉疲劳现象的体现

视觉传达设计中视觉疲劳现象很常见，主要由以下因素构成。当用眼过度时人们会出现疲累的感觉，这点在色彩识别上表现最为明显。英国埃克塞特大学研究表明，眼睛识别颜色并不是同步的，存在先后顺序，具体顺序为黄色—红色—蓝色—绿色。该学校研究表明，人类眼睛对颜色感知的前后顺序为，黄绿色变化感知最灵敏，对光谱两端的变化感知最迟钝，除此之外色彩搭配方式同样会对眼睛感知产生影响。例如，实际生活中当人眼持续盯着红色时，会比盯着绿色感到视觉疲劳，这也是网络终端护眼模式背景选择绿色的原因。再如观看黑白色块时，黑块间的白色比白线交叉处的白色更为明亮，前者颜色呈现略微灰些，当人们持续观看黑白格子时，会感觉有若隐若现的灰色斑点出现在黑块与黑块间。这种黑白对比强烈的视觉环境，会对视觉功能产生阻碍。比如，当人们在看白纸黑字的书籍时，时间一长很容易出现视觉疲劳，视网膜中受到白纸全反射的白色光，阻碍锥状细胞，使眼睛处于疲劳状态。暗色系对视觉有着强大的冲击力，当进行版式设计时选择黑色为背景色，正文选择白色，整个页面给读者耳目一新的感觉，很吸引人，但这类背景的版面字数不宜过多或长时间阅读。原因在于对比强烈的黑底白字给眼睛产生强烈刺激，进而产生一种刺眼的感觉，长时间阅读极易出现闪烁，最终产生视觉疲劳情况。

在现阶段的视觉传达设计中，所存在的视觉疲劳情况主要体现在以下方面。第一，web 网页方面。在网页方面，导致发生视觉疲劳的因素同字体大小、文字底色以及网页排版具有密切的关系，如果没有做好网页效果的设计，就会使读者在阅读的过程中出现视觉疲劳情况，进而导致视觉模糊问题的发生。如在部分网页中，其在具体制作时为了追求美观，将网页当中的英文设置为 5 磅、汉字设置为 7 磅，并因此使阅读者在长时间阅读时出现眼睛松弛的问题。同时在网页具体制作中，也经常会存在深色背景反白色的搭配方式，该种情况的存在，也使得文字辨识性降低的同时导致视觉疲劳问题的发生。第二，手机方面。部分手机操作系统在设计当中也存在过于追求美观而在视觉方面存在一定忽视的情况。如在部分系统主屏幕设计中，因过于追求扁平化设计方式，桌面图标在立体感方面存在着较大的不足，该种情况的存在，会使部分用户在操控手机时经常出现视觉疲劳的问题。

二、视觉传达设计中视觉疲劳现象的避免

（一）强调图文结合

在设计内容、方式不断演变的情况下，传统视觉传达设计的方式已经不能够满足人们的需求，为了能够对整体视觉传达效果进行增强，需要做好图文间融合的强调，即要求设计人员在实际设计作品时，能够对图文间的关系给予充分的重视，在做好版式合理布置的情况下避免存在单版误区设计的情况，以此对用户视觉疲劳情况进行有效的缓解。同时，在实际图文排版中，为了对整体视觉效果进行增强，还需要做好版面整体和谐度的控制，做好图形边缘的利用。如在新闻版面设计中，为了对新闻的阅读价值进行增强，可以将图片在文章当中放置，对整个文章内容起到一个导向性的作用，以此在对新闻内容趣味性进行增强的同时对新闻内容的主次分明情况做出保障。而在具体版式设计中，字体大小、粗细以及变化情况都将对读者的视觉体验产生直接的影响，对此，在实际视觉传达设计当中需要对该项问题给予足够的重视，在对版式美观性进行增强的同时积极引导读者能够进行有节奏、有层次的阅读。

（二）以人为本表现

在实际设计中，如果视觉传达设计形式较为单一，会使读者在获取信息的过程中逐渐出现缺乏新意以及厌倦的阅读印象。在原有基础上，为了能够对多媒体或者纸质媒介的整体设计效果进行增强，需要按照色彩鲜艳、少文多图的原则展开设计。如在儿童图书设计中，为了对书本的趣味性进行增强，需要对大量的图片信息进行应用，通过看图说话方式的应用对儿童进行引导，使其在投入阅读情景的同时缓解视觉疲劳。而为了对以人为本的设计理念进行进一步彰显，也需要做好排版字体的运用，如在老人阅读版面中，可以将字体设置为长宽高 12 mm、8 mm、36 磅的宋体，且做好每一页当中内容的控制，保证其在 8 行状态下，以此在对阅读内容舒适度进行增强的同时达到好的版面设计状态。

而在小字典、小说读本等版面设计中，也需要做好具体材质的合理选择，更好地彰显以人为本理念。

（三）简洁的设计手段

在视觉传达设计中，为了给读者营造出更好的视觉空间，需要在网页浏览当中按照从上到下的设计原则，做好页面局部主次情况的控制，以此对读者阅读的舒适度进行提升。

为了在原有基础上增强阅读效果，也需要在页面设计当中尽可能减少辅助元素应用，做好信息的分类处理，保证读者是按照递进方式阅读信息的，以此达到最好的阅读状态，实现视觉疲劳问题的缓解。此外，色彩也是具体设计当中的一项重点因素，对此，设计人员在具体实践当中需要调整好色彩的饱和度，做好相邻色彩所占比例的合理划分，在对色彩冲突问题做好良好规避的同时获得高效的设计状态。而为了对色彩划分的合理性进行保障，也需要在设计前做好色彩组合以及色彩意义等知识的认知与把握。

第三章　视觉传达设计与通感研究

古希腊的亚里士多德在《心灵论》中提到，声音有"尖锐"与"钝重"之分，听觉与触觉之间存在一种对应关系，各个感觉之间有挪移的现象。我国道家也有"夫徇耳目内通，而外于心知"的说法，强调通过"心"把五官统一，以达到物我同一的境界。

第一节　通感概述

在中西方的传统文化中，都存在着通感的思维方式，同时又将通感作为一种独特的艺术表现手法延续至今。

当然，由于中西方文化和思维方式的不同，对通感的描述会有差异。英文的通感"Synaesthesia"源于希腊语，意为"Togetherperception"，从字面上来解释就是"联觉"或"移觉"。西方人对通感的描述侧重的是感觉之间的挪移，如18世纪的圣·马丁曾说自己能够"听见发声的花朵，看见发光的音调"。中国列子对通感的描述则是以"心"为主统治感官，"眼如耳，耳如鼻，鼻如口，无不同也，心凝形释，骨肉都融"，以至于超越了感官才能够达到"道"的精神境界。从这些描述中我们感到，通感似乎出自一种虚无缥缈的、神秘的经验。实际上，通感现象是非常普遍的心理现象，它的产生也不是凭空的，我们可以结合中西方传统和现代关于通感的观点，对通感做一个全面的了解。

一、通感是普遍存在的心理现象

人们认识外界事物是以感觉为开端的，作为人的主要感觉器官，眼、耳、舌、鼻、身分工明确。荀子说："形体、色、理，以目异；声音清浊、调竽奇声，以耳异；甘、苦、咸、淡、辛、酸、奇味，以口异；香、臭、芬、郁、腥、臊、漏、唐、奇臭，以鼻异；疾、养、凔、热、滑、铍、轻、重，以形体异……"眼、耳、口、鼻、体肤是各司其职、互不相犯的。似乎在我们的印象中，大脑只能通过感官一次感知一种感觉，但"在日常经验里，视觉、听觉、触觉、嗅觉往往可以彼此打通或互通，眼、耳、舌、鼻、身各个官能的领域可以不分界限。颜色似乎会有温度，声音似乎会有形象，冷暖似乎会有重量，气味似乎会有锋芒"。

感官之间可以相互沟通、转化已是我们大多数人的体会，如在形容色彩时会用"青涩"这个词，是因为视觉经验可以向味觉经验进行转化。这里所说的一种感觉转换为另外一种感觉，并不是真的刺激到了味觉器官产生了"涩"，而是味觉对于视觉做出的一种条件反射，是由于生活经验的影响，人对于酸涩的青果进行心理联想的结果。又如我们经常会形容双簧管的声音听起来像浓汁、柠檬的味道尖锐，这是事物的听觉与味觉之间的相互联系以及人们在心理上进行的感觉转化。这种现象不仅发生在两种不同感官的感觉之间，在多种感觉之间也会出现，如诉诸视觉的食品广告，能给我们带来味觉和嗅觉的双重想象。而所谓的"色、香、味俱全"，就是强调把视觉、嗅觉与味觉这三种感觉一应地联合起来。视觉的"色"与嗅觉的"香"，起到的是诱发味觉反应即食欲的关键作用。正是因为意识到了这一点，才会有食品包装和广告对于味觉联想的不断追求。

可见，通感是人们在日常生活中普遍存在的心理现象，是由于外界事物作用于人的感官，产生相应的心理反应，从而引发另外一种或多种感觉的协同作用。需要强调的是，即使我们要在艺术领域研究通感，也不能够脱离人正常的心理活动，一定要建立在人的生活经验之上。

二、通感产生的依据

人的心理世界与物质世界实际上存在着某种同构的关系，格式塔心理学家称之为"异质同构"。所谓"异质同构"指的就是人的心理、生理与外界事物之间的某种对应关系。这个观点实际上与通感的观念非常相似，通感的产生就是通过对人的某个生理感觉的刺激，激发了人的心理与外界事物之间的认知联系。所以，人的生理和心理与客观事物的"异质同构"是产生通感的依据。但是，这种"同构"不可能无端地产生，它要依赖客观事物在人的大脑里留下的形象，以及在受到生理刺激的同时，对人的以往认知经验的投射，否则的话，通感无从谈起。

（一）客体方面的条件

从客体方面来看，世界上的万事万物都不是孤立存在的，事物之间普遍存在着联系，并且在一定条件下可以相互转化，这为通感的产生提供了客观现实基础。表面上来看，通感是由心而起的，如由于视觉感觉的刺激作用产生心理上对味觉和嗅觉的反应，但通感产生的首要条件是事物的客观存在。人的感官不可能自行地产生心理反应，需要外物的激发。一味强调通感的心理作用，认为通感可以离开客观事物的说法是极端错误的。我国古代思想家已经对此做了解释，如荀子的"精合感应"的心物观，就明确了心是外物作用于人引起的反应，唐代杨惊将其解释为："精合，谓若耳目之精灵与见闻之物合也。感应，谓外物感心而来应也。"只有外界事物先作用于人的感官并在大脑里"合"成，才有可能进入心理层面去"感应"。所以，通感的产生并不是主观随意想象的结果，而是有一定的客观依据，是以现实中的物象为基础的感觉经验作用的结果。这样，"我们也就不难理解，唐代的草圣张旭在看了公孙大娘的剑器浑脱舞之后为什么草书大进，唐代另一位草书大家怀素为什么听嘉陵江水声而有悟于书法之道了"。在艺术创作中，现实的物象是有选择地进入主体感觉经验的，也就是说，主体对于客体具有一定的选择性，最终表现出来的是那些对形式有所帮助的感觉经验。

（二）生理和心理依据

从主体的生理方面来看，通感的产生是人脑多种机能综合活动的结果。各个感官之间之所以不是孤立的，是因为它们都受大脑的"统一调度"。从主体心理的角度来说，通感是人心理活动的一种表现，而大脑仍然是支配人心理活动的器官。清朝著名的医学家王清任提出的"脑髓说"，就证实了人的听、视、嗅等感觉器官都与脑直接发生联系，并受脑的支配。他说："两耳通脑，所听之声归于脑，脑气虚，脑缩小，脑气与耳窍之气不接，故耳虚聋；耳窍通脑之道路中，若有阻滞，故耳实聋。两目即脑汁所生，两目系如线，长于脑，所见之物归于脑……鼻通于脑，所闻香臭归于脑……"

人脑的神经系统在接收和传递各种感觉时具有明确的分工。大脑在处理感觉信息时，主要靠的是丘脑，丘脑中的皮质传递核接收到各个感觉信息投射之后，再发出纤维传到大脑表面的感觉接收区域，即感觉皮质。视觉信息传入大脑皮质的枕叶区域，听觉信息传入颞叶区域，嗅觉信息传入颞叶内侧的部分，触觉则传入顶叶。对外界的信息，各个不同的感觉区域会产生不同的反应，之所以会出现感觉之间的连接和交会即通感，是因为大脑经过外界信息的刺激后，在感觉皮层中形成暂时的兴奋感，把原先储存在大脑里的感觉信息联系并沟通起来，由此引发各个感觉神经之间的反应。人的心理活动是因为外物的刺激，并且以人的生理为基础，但是通感的形成并不只是生理上被动地由刺激到反应，其间的主体心理活动具有创造性特征，主体的意向性会推动或制约生理方面的活动。引用我国西晋文学家陆机的一句"悲落叶于劲秋，喜柔条于芳春"，可以理解主体在生理活动与心理活动上的相生相伴，这也是通感在艺术意象上的体现。

（三）通感的功能

在日常生活中偶然出现的通感现象，是一种无意识的心理活动，在医学领域，通感作为感觉的病象被研究。这里所说的通感，是在艺术创作和欣赏领域，把通感作为人的审美心理形式来研究。

1. 通感的修辞功能

对于文学语言来说，通感不失为一种好的修辞思维方法。在文学描述的过程中使用通感，可以用属于某一感官范畴的事物印象去表达属于另外感官范畴的事物印象，这种表达方式具有新奇的效果。

通感被用于文学创作，最早可以追溯到古希腊的荷马史诗，在《伊利亚特》中有这样的描绘："像知了坐在森林中的一棵树上，倾泻下百合花似的声音。"这种把视听语言相交融的体会，具有很强的立体感，给文学语言增添了色彩。19世纪的象征主义诗歌更是把通感运用得淋漓尽致，代表诗人波德莱尔在《应和》中说："芳香、色彩、音响全在相互感应。有些芳香新鲜得像儿童肌肤一样，柔和得像双簧管，绿油油像牧场。""芳香、色彩、音响"相互呼应和转化，嗅觉、视觉、听觉与人的精神交相呼应和升华，通感的手法无疑起到了增强诗歌表现力的作用。

中国的诗文使用通感的例子更是举不胜举，但是直到钱钟书发表《通感》一文，这种修辞思维方式才被文学界所重视。在文章中，钱钟书列举了不少中外文学采用通感的句子。如宋祁的"红杏枝头春意闹"，一个"闹"字把视觉沟通到听觉，使人如闻其声。再如王维的"山路元无雨，空翠湿人衣"，诗中视觉色彩的"翠"与"湿"的触觉使人内心产生清爽的感觉。

文学的修辞思维对于视觉艺术的创意思维无疑是有一定启示的。视觉艺术也是一种形态语言，修辞作为一种运用语言的艺术手段是可以通用的。法国文学理论家罗兰·巴特和传播学家杰克斯·都兰德就以语言学修辞研究为基础，创立了视觉传播修辞学。他们以平面广告为研究对象，从已经相对成熟的传统语言学修辞方法着手，以视觉图形传播效果的最大化为目的，研究怎样运用这些修辞方法对各种视觉元素进行巧妙的选择与搭配。

通感是一种不可多得的思维方式，创作者可以从艺术思维上找到一个突破感觉局限的新的途径，对于欣赏者来说，则可以打破直观式欣赏的局限，把艺术的美感上升到新的高度。美术或设计不同于文学，文学可以借助具有抽象性质的语言来进行表述，而美术或设计就必须将其转化为可视的形式。其实从这一点上说，视觉形式具有文学无法比拟的直接可感性，更容易唤起受众的感知经验及对作品的共鸣。

2. 通感的认知功能

通感实际上是人类普遍的认知方式，是某一感官领域的认知和另外感官领域的认知之间的一种关联，也可以理解为是人类心理思想和客观世界的某种对接现象。但与普通的认知模式不同，通感是以人的基本认知为基础，投射出复杂、抽象的认知领域。人对于对象的认知首先由感觉感知，任何对象都具有固有的感觉特征，如固体有形状、色彩、肌理等视觉和触觉特征，没有听觉特征；音乐有听觉特征，没有视觉特征。

在认识对象固有特征的同时，也就排除了其不具有的特征。而通感的认知过程是在认识一种对象的同时，给予其相似但是原本并不具有的特征。例如使色彩具有悦耳的特征，或使音乐充满瑰丽的颜色。由此能突破固有的感觉模式，结合以往的感知经验，延展对象的认知领域，使人获得一种深层的、立体式的认知。

通感有条件进入人的艺术认知，因为艺术表现的形式"与我们的感觉、理智和情感生活所具有的动态形式是同构的形式，正如亨利·詹姆斯所说的，艺术品就是'情感生活'在空间、时间或诗中的投影，因此，艺术品也就是情感的形式或是能够将内在情感系统地呈现出来以供我们认识的形式"。认知就形成了。任何艺术都是以特定的形式来反映人深层的感觉、理智和情感的，其内容和形式密不可分，艺术的创作和欣赏实际上就是对艺术内容和形式的认知。艺术家由内容到形式，把复杂的感觉信息加工提炼成可供认知的艺术语言，接受者再由形式到内容，发挥通感的功能去积极感受和理解。

3. 通感的审美功能

对于感官的审美性已经是毋庸置疑的了，"一切的印象都可以进入审美的表现"，不单是经常诉诸审美的视听感官印象，其他感官的印象也同样可以进入人的审美活动，而且审美活动表现的是这些感官综合作用的结果。与普通的感官知觉不同，审美的感官知觉更为丰富、复杂、多样，它"孕育着在普通感觉经验中永远不可能实现的无限的可能性"。通感的妙处在于它能够深入审美知觉层面，表达出超语言的美感经验。之所以说是"超语言"，是因为这种美感就是所谓的"言外之意"。如古人喜欢用"梅止于酸，盐止于咸，而美在酸咸之外"来形容介于美感的味觉感受。这"酸咸之外"其实就是超出了一般意义上的味觉感受，或者说融合了其他感觉，进入了人的心理层面。从欣赏的角度来说，通感能够完全调动起人的主观能动性，给人留有尽情想象的余地，这"酸咸之外"的美意也就可以因人而异去细细体味了。

人的审美感受偏向于感性，其中就包含诉诸通感的感觉、知觉、联想、想象以及个人的情感、兴趣等。并且，人的审美活动是不会间断的，从审美需要上来说，体验生命并有感于生命的形式是每个人的天性，只是艺术家因为艺术能力的积淀能够更准确地表现出来罢了。

综上所述，人的审美心理活动是复杂而微妙的，通感的功能无时不在发挥作用，正是因为通感的作用，创作者和欣赏者才可以突破个别和一般感觉领域的局限，丰富和深化其感知经验，形成有别于一般的多层次、立体式的审美感受。我们认为，把通感拿到艺术领域来研究是必然的，也是必须的，其创造潜力也是非常值得重视的。

4. 通感的构成

艺术活动中的通感是更深入和更富有层次性的审美心理活动，并不是简单的感觉挪移，它具有更复杂的构成。从感觉层面到知觉层面，通感的形成是物我通感直至交融的过程，是伴着情感与想象的过程。

现有的学术专著对于艺术通感的构成和类别叙述较为全面的，当属陈育德先生撰写的《灵心妙语》一书，书中把通感分为"感觉挪移、表象叠加、意象互通"三个类别和层次，并一一做了详解。从通感的低级层次即感觉简单地挪移，到意与象通、物我交融的通感高级境界，实际上与我国传统的"心物观"是相通的。

古人强调心与物相契合，客观事物本有情，所以能够触发人的通感。庄子的"离形去知"的思想更是强调与万物合一的"物化"状态，这种状态在古人看来是真我的境界，在格式塔心理学家看来是人与物的同构对应，在陈育德先生看来则是通感所能够达到的最高境界。这些观点无疑给了我们认识通感的一些新启示。

（1）感觉挪移

人们在长期的生活实践中积累了丰富经验，各种感官得到了训练与提高，因为储存的大量信息会在一定时候被引发出来，这才出现感觉挪移。作为较为简单、初级的通感形式，感觉挪移最贴近人的生理感知活动，它是外界事物作用与人的感官所产生的较为直接的反映，给人以具体生动的形象感受。在日常的认知活动中，有不少经验词汇表现出感觉挪移这一现象，如"响亮""火辣辣""刺耳的声音"等。这些感觉的交通也是艺术家对生活最本质的自然的体验，是进行艺术创作的直接感受来源。感觉挪移主要发生在具有相似属性的感觉之间，如视觉和听觉，都具有"波动"的特性。有实践证明，用悦耳的音乐刺激听觉可以增进视觉的注意力，而如果使音乐厅照明灯的亮度提高，会使听众获得较强的管弦乐的音响，这也是当代视听艺术迅速发展起来的人的生理方面的原因。但是，艺术家们绝不满足于研究感觉之间的反应，而是用更多的精力去深入人的情感净土。可以说，感觉挪移只是一个通向艺术通感的开端。

（2）由表象到艺术创作的新形象

往往我们接触艺术作品都是从表象开始。表象是对客观事物的记忆感知，它必须通过一定的可感知的形象体现出来，表现为较为复杂的感性心理活动。艺术的创作离不开表象但又不是单纯地对现实表象的描摹，而是对记忆中的表象进行分解与综合，以形成新的表象，即艺术创作的新形象。在此过程中，除了要有理性的参与，如分析与综合、判断和归纳等，还必须运用人的通感、联想和想象。

表象是艺术创作必不可少的直接感性材料，诉诸人的所有感觉经验，艺术创作的新形象是创作者对多个感觉表象进行特征抽取、想象重构的结果。创作者甚至可以把看似不相干的感觉表象抽取并综合在一起，创造具有特殊感染力的艺术新形象，产生新的审美意象。审美意象是主观的"意"与客观的"象"的结合，表现的不是某一确定的概念，即所谓不可名状，它是在想象力和情感的共同参与下完成的。单一的艺术表述不足以诠释作品的内在含义，唯有将同一属性或不同属性的多种表象综合，才能使意象得以产生。

意象的形成过程就是对艺术新形象进行构思和创造的过程，"是一个由象生意、由意生象的循环上升过程，是想象力、理解力、情感力三者合力运动的过程"。在这个过程中，通感无不渗透其中，发挥着重要的作用。一方面通感对表象进行联想加工，促使意象形态的形成；另一方面由于触景生情，引发了通感，使得情感的因素被融入表象，使新形象更加深入和感化人心。

（3）"意象互通"

"意"与"象"是两个相对应的概念，"意"指人的意念、情感，是主观、抽象的，只能够通过感知间接获得；"象"是指外在事物，是客观、具体的，可以通过人的感觉器官直接感受到。"意象互通"是指人的内心情感在某种条件下可以与外在事物相对应和感通。如果说生理感觉与外界事物的通感是感觉挪移的话，那么人的心理知觉与外界事物的通感就是"意象互通"。意象的产生不单单是对过去已有经验的重现，而是由于表象运动与升华的结果，它的突出特征是融入了人的情感，体现了主观的情和理与客观的形和神的相互渗透与制约，引用我国古代文学批评家刘勰所说，就是"神用象通，情变所孕"。通感贯穿在意象正在酝酿和已经物化了的全部艺术创作和欣赏过程中，表现为由我及物、由物及我的情感挪移，具有这种通感的艺术作品则可以成为意象的承载体，能够诠释生命的意义与价值。与意象的概念有所区别的是，通感的重点在于"通"，在于物质和精神相交融的过程，至于已经形成的物我同一的意境则是通感的结果，本质上不属于通感的范畴，情与景融、意与象通，可以说意象与通感不仅是密不可分，而且在通感的构成中也体现了"意象互通"的通感最高层次，相对于先前的"感觉挪移"，这是一个很重要的通感认识论上的升华。

（4）"整体大于部分之和"的艺术情感效应

任何艺术作品都是一个有机的整体，艺术的整体知觉不等于个体感觉的简单相加。格式塔心理学有关于"整体组织"的理论，就非常明确地指出，整体不等于部分的总和，不是若干元素的简单相加。"艺术在本质上是由一个完整的形体或结构产生出来的新质，而主体对它的知觉也是一种整体的把握"，这种"新质"就是艺术新形象所具有的意境和感染力。对于通感现象的认识也是要从整体出发，理解由整体带来的通感区别于一般感受的重要特征，即"整体大于部分之和"。

艺术形象的创造，不是按部就班地整理与累加表象，而是要创造出富有生命力的全新的形象，通感也不是以牵强附会的说教形式出现，它是自然而然、由心而起的。对于艺术表现形式来说，整体不等于部分之和，在感知过程中我们可以挖掘出心物同构的元素，"这种创造出来的形式是供我们的感官去知觉或供我们想象的，而它所表现的东西就是人类的情感"。这个情感是广义的，包含了人的所有的情绪、感觉、兴趣等的情感，是经过表象改造和深化后的艺术意象，其价值因想象的扩展而超出原先表象叠加所表达的意义。

抽象理论大师康定斯基似乎更热衷于推崇艺术的"内在因素"，与苏珊·朗格所反复强调的"情感"不谋而合。情感决定艺术作品的形式，形式是为了沟通情感。所以说情感是艺术价值实现的基础，是人的内在需要的体现，也是通感的内在动力。正是由于情感因素，通感才可以区别于一般的生理或心理感受，生成更加沁人心扉的艺术感应。

第二节 从审美统觉的角度界定设计通感

在论及通感时，有两种说法，一种直接把"Synaesthesia"这个词译为"联觉"，而另外一种则偏向于用知觉的"统觉"活动来解释通感。实际上，把"Synaesthesia"翻译为通感时，钱钟书老先生可能只注意到了"通"的方面，却没有对如何"通"做进一步的解释，如果要来解释这个问题的话，就要首先搞清楚联觉与统觉这两个不同的概念。现有的学术文献对艺术通感的界定良莠不齐，由于它属于艺术活动的心理现象，很难用较为确切的文字做概念性的定义，但至少我们可以对此界定一个正确的方向，不然会误导我们的艺术实践。在本文的研究中，主要针对视觉传达设计领域的通感现象进行理论指导实践式的研究，所以必须先弄清艺术通感及设计通感两者的含义，以及两者的联系和区别。

一、联觉与统觉

联觉由英文"Synaesthesia"翻译而来，它是人类感觉活动的一种表现，是"一种感觉引起另一种感觉的心理活动。最常见的是色听联觉，即听到一种声音会引起一种色觉，通常是低音引起深色，高音引起浅色……不同的人的联觉个别差异很大，有些人的联觉极其明显，有些人几乎不能引起联觉"。

在普通心理学的研究中，联觉发生在人的感觉层。没有一定的知觉经验的作用，联觉也可能发生，但是由于个体的差异性，很多人在联觉上的表现是不同的，甚至由于有些人的联觉能力过强，会造成不间断的强烈的幻觉。可见，许多研究普通心理学的学者，是将联觉作为人特殊的心理活动来研究的。统觉这个概念很少有人使用，"一般把统觉看作由当前事物所引起的心理活动和过去知识经验的联系，从而提高意识清晰度的心理作用"。

近代心理学家 W·冯特对统觉的研究做出过巨大贡献，他认为统觉是依据关联和联想，将各种知觉要素联合或结合为一个单元的实际过程，同时各要素的结合产生了新的特征。可以看出，统觉的过程是一种基于知觉经验创造性的过程。由于很多人把联觉与通感相混淆，我们现在提出统觉这个概念，实际上是想与联觉区别开来。那么，联觉、统觉与通感有什么联系和区别呢？人的各个感官是通感产生的生理基础，感觉产生的印象即知觉是通感产生的心理基础，通感生成的过程是由感觉到知觉的形成过程。感觉领域的通感，只是低级的生理感觉上的简单挪移，我们称之为联觉。但实际上通感已经从人的感觉部分进入更为深层的知觉领域，先感而后通，先有各种感觉经验的储存，之后在知觉过程中才有可能出现通感。联想与想象是通感生成的媒介，在"通"的过程中知觉各要素会进行整合，由表象进入艺术新形象的创造活动，这种特性又正好和统觉的特征相符合，统觉中正是有了关联和联想才产生了集合观念——对事物的一种整体性认知。所以我们说，统觉的心理过程更接近于通感的形成过程。如果把通感看成是联觉，势必造成与一般心理学概念的混淆。现在看来，作为西方用语的"Synaesthesia"，或许远远比不上汉语的"通感"来得贴切、形象。

二、审美统觉与艺术通感

虽然统觉的过程更接近通感的心理活动，但是作为一般心理学领域的术语，将其用来解释艺术审美中的心理活动还是有些不妥，因为艺术活动不是纯客观、被动地感知事物的表象，其中必然有人类感情的存在和作用。所以，有的研究学者进一步提出"审美统觉"这个概念。审美统觉是主体以一般统觉为基础，主动地将自己的身心融进知觉的对象，使客体变成了人格的、情感的载体，达到情景交融、物我同一的艺术境界，"用西方的格式塔心理学的'场'论和中国古代的'气韵'说来解释审美统觉的心理过程，似乎较为符合实际"。

由此来看，用审美统觉来解释通感是合适的。为了使思路更加清晰，我们还有必要将一般性通感与艺术领域的通感相区分。由于一般性通感的概念强调的是感觉之间的挪移，所以很容易将其与联觉混为一谈，艺术领域的通感（以下简称艺术通感）"是在一般性通感的基础上，经过审美的净化与升华，成为一种'有意味的形式'"。

在艺术创作领域，与一般性通感不同的是，艺术家能够以艺术的眼光运用通感，将感觉到的素材提炼为艺术的形式，即不同于一般可感的形式。以书法为例，艺术家若能够"于天地山川，得方圆流峙之形；于日月星辰，得经纬昭回之度；于云霞草木，得霏布滋蔓之容；于衣冠文物，得揖让周旋之体……"，就可以创造出成功的书法艺术形象。

在艺术欣赏领域，通感可以使欣赏者的感受体会更深和更为丰富。"艺术通感"这个概念被提出也是近几年的事，连陈育德先生的艺术通感专著中也没有对艺术通感下一个确切的定义，既然审美统觉可以更好地解释通感，那么也可以此来进一步解释艺术通感。结合各种观点，我们认为艺术通感是一种建立在人的知觉经验基础上，以感觉挪移为起点、以联想和想象为中介、以情感为动力，表现为审美统觉的艺术心理活动。艺术通感体现了创作主体的一种整体性、创造性的审美能力，是主体与客体相统一、心与物相感通的产物。

三、设计通感与艺术通感的区别和联系

单就艺术形式而言，设计与绘画等艺术是相通的，两者的根本目的都是为了更好地服务于人，都是以创新性作为自己的发展方向。设计源于艺术，艺术在造型形态和表现形式上为设计提供了大量的营养。人们对艺术美的无限向往与追求，推动设计不断地在艺术领域寻求灵感，近年来艺术教育领域又增添了设计艺术学，作为一门交叉学科，设计艺术学体现了当代艺术、技术与设计的结合。毋庸置疑，设计与绘画等艺术又存在很大的区别。首先，设计有很强的目的性。设计的表现形式要为具体的内容服务，设计作品只有实现社会效应，才能表明它所具备的价值。所以设计师的情感体验常常是有意识、有目的性的，体现在作品中的情感不见得是设计师本人的情感，而是通过对受众的心理分析，结合自己的艺术修养有意激发的情感。其次，设计是面向大众的。绘画等艺术重在"表现"创作者本身的生活感受，可以不去受别人感受的支配。而设计的目的在于"表达"，即除了表现作品的意图，还要通达受众的思想感情，为大多数人所理解和接受，即使要在作品中体现

个性，也是能让大多数人理解和分享这种个性。甚至直接采用纯艺术形式的设计作品也是要以传递某种信息为主要目的，体现消费者或使用者的某种需要。

艺术通感作为一种艺术心理活动、审美能力和创作思维方式，不但存在于设计艺术的形式表现中，也可以作为设计创意中的一种思维新方式被研究和使用。但是由于设计艺术是一门实用的艺术，设计作品既是一种艺术创造，也是一种传递信息的媒介，它的本质是吸引人的注意力，激发人的情感并对产品或宣传事件产生好感。所以，我们在设计实践中研究通感时，一定要与艺术通感加以区别。

虽然设计创作与艺术创作有着根本的区别，但设计确实是包含了艺术审美的一项创造活动，它具有依赖于人的审美情趣的艺术特质。从这个角度来说，设计也是包含着审美"通感"的创作和欣赏，只是我们通常的说法不同而已。设计领域的通感不但具有感觉审美性，而且具有实用性的功能。就视觉传达设计作品来说，视觉形式的通感扮演着由感官体验到视觉形态的翻译角色，翻译的准确程度决定了信息传达的成功与否。我们要强调形式的感受功能。在计算机广泛应用、设计形式可以随意利用的今天，尤其要强调设计师需要承担的设计所应当担负的社会责任。不考虑设计作品应当表达的主题意义与价值，不考虑受众的感受，为迎合形式所做的努力再大，实际上也是毫无意义的。设计人性化应是设计师永恒不变的追求。不管面对怎样的产品或商业活动，设计的最终服务对象都应当是人，无论是怎样设计产品，必须与人产生互动，并被人所接受和喜爱。"设计最终的目的是创造一个更适应人们生活各方面需要的生存环境，使人与物、人与环境、人与人、人与社会之间相互协调，其核心是人，这是设计的最高境界。"

设计的人性化体现在对造型、色彩、材料等形式要素的精心设计，如色彩具有明确的通感指向，设计师能将自己及受众的情感灵活地融入进去，使色彩具有人格化的特性，作品也因此富有感性。人性化的设计更表现出设计情感化的趋势。在物质日益丰富的今天，我们渴望将情感付诸人类创造物质的行为活动中，将物赋予人的生命力、人的情感因素，显示出"非物质设计"的无穷魅力。由以上所说，设计的目的实际上就是通过设计行为以物的形式实现社会的沟通与情感的交流，交流本身也是设计的过程。通感不仅是艺术语言的交流方式，也是设计语言的一种交流方式，所以我们完全可以提出"设计通感"这个概念，并且在艺术通感的基础上给它一个初步的定义：设计通感是以人与物的异质同构为前提，产生的心理感觉间的相互引发、沟通的现象，表现为目的性、实用性的心理创造活动，它仍是以感觉挪移为起点、以联想和想象为桥梁，并且以情感为主要动力的审美统觉活动。

第三节　解读视觉传达设计中的通感现象

在人的所有感觉中，视觉占主导地位，80%以上的外界信息靠视觉传递。由于视觉具有综合其他感觉的能力，在认识事物的时候视觉往往会结合其他的感觉经验。如能看出物象的苦涩与香甜，是结合了以往味觉的经验；能看出光滑与粗糙，是因为视觉结合了以往触觉的经验。视觉的这种能力是由于眼睛和大脑的作用，人的眼睛及时将信息编码成神经活动传送给大脑，大脑在处理这些信息的时候受到被储存的知觉的影响，并寻找能够对应此信息的最好解释。

一个丧失了视觉能力的人，无论其他感觉发展得有多好，比如说触觉，在其视觉恢复之后，却不能够用眼睛正常地适应环境，主要的原因就是其视觉经验的缺失。格列高里在《视觉心理学》一书中，就以数个实例证明了视觉经验对于知觉的重要性，以及视觉在统筹其他感觉方面的能力。视觉经验尽管重要，但是我们仍不能够忽略其他感觉对于知觉的影响。他说："对物体的视觉包含了许多信息来源。这些信息来源超出了当我们注视一个物体时眼睛所接收的信息。它通常包括由过去经验所产生的对物体的知识。这种经验不限于视觉，可能还包括其他感觉。例如触觉、味觉、嗅觉，或者还有温度觉或痛觉。"

在视觉传达设计中，存在视觉与其他多种感觉沟通的现象，只是这种现象不为人所注意罢了。然而如果想在视觉传达的表现形式上有一个新的突破，则必须对人的视觉心理学方面的知识有一定的了解，这也是我们研究视觉传达设计中通感现象的基础。

一、视觉形式的感觉、知觉与通感

感觉和知觉是主体进行高级认识活动的基础，也是通感产生的基础。感觉是个体对事物个别特性的直接反映，主体只有通过感觉才能产生通感。"感觉可分为三大类：一是接受外部刺激，反映外界事物特性的外部感觉，如视觉、听觉、嗅觉、味觉和皮肤感觉；二是接受机体内部刺激反映内脏器官状态的内部感觉，如渴、饥等内脏感觉；三是反映身体各部分的运动和位置情况的本体感觉，如运动觉、平衡觉等。"这些复杂多样的感觉是人认识客观事物、产生通感的基础。

一种感觉反映的只是事物的某一种特征，人认识事物靠的是多种感觉的整合，即知觉。知觉是"个体选择、组织并解释感觉信息的过程。这个过程不仅和某一种感觉相联系，而且往往是多种感觉协同活动的结果"。知觉具有很强的主观性，它主要依赖于人以往的知觉经验。对于视知觉来说，虽然个体对事物的反映主要靠视觉器官，但得到事物软硬或冷热的非视觉感觉，则是由于视觉与其他感觉通道协同作用的结果。

由上可知，人认识客观事物的过程是由感觉到知觉的形成过程，而通感也是在此过程中形成的，在本章中，通感涉及人的视知觉领域。

（一）形式影响视觉感知

如果人不加以内心关照的观看事物，所看到的一切只是空洞的，因为没有心灵需要选择"看"到的东西。人的眼睛不能直接地、单独地对事物产生认识，它虽然是人类认识客观事物的开始，但不包含思维的特殊活动。"眼睛要把一件事物体现出来，必须涉及知觉，没有知觉参与的观看活动不会产生对事物的感觉。"

知觉具有描绘事物和表现事物的能力，它参与人的感官行为，这是人类思维发展的结果。因为有了知觉的参与，相对于一般性的"看"，视觉则属于较高级的感知活动。自从人类可以通过知觉有选择地观看事物之后，形式就诞生了。眼睛需要通过特殊的形式对人的视觉产生作用，这是由于人的内心有在现实世界获取平衡的需要。一般的图像很难满足观者的内心需要，因为没有或者只有较少的形式能够凸显出来，不足以深入人的感觉，产生视知觉。而经过艺术思维加工以后表现出来的形式，则可以通过眼睛作用于人的心灵，产生一系列围绕作品主题的情感反映，满足人对于精神世界的需求，正是因为形式能够起到这样的视觉效应，也促进了所有诉诸视觉的艺术形式的发展。

艺术之所以成为艺术，形式起到了关键性作用，一幅视觉艺术作品的感染力取决于形式的表现力。艺术表现形式的问题，其实也是我们一直在探讨的艺术根本性问题，没有哪个形式是可以以不变应时代发展万变的，某一时代会有为人们所喜爱的某一种形式特征，在研究当代艺术的表现形式时，我们也应当顺应时代的发展，以求用最为恰当的形式发挥视觉的最大作用。

（二）艺术应表现"生命的形式"

在观看作品时，我们可能会在一个非常简洁的三角形乃至一条曲线面前寻思许久，而对若干色彩斑斓的图案只是匆匆一瞥。形式可以很快吸引我们的视线，但没有内容的形式也会很快在我们的视觉中消失。艺术语言往往要通过不寻常的形式，传达主体之神，传达失败就会导致观者徒有感官的感觉，而不能被其触动内心之感，这样的作品我们称之为"死"的作品。譬如音乐，如果"组织起来的声音，除了刺激和镇定我们的神经，除了像美味佳肴引起味觉快感一般地产生听觉快感而别无他用的话，它可能广为流行，却永远不会在文化史上占据一个重要地位"。同样，如果绘画只是为了满足于纯形式的视觉舒服感，那就用不着再去探讨画外之情趣、意境了。形式不能只满足人生理上的需要，它应当能够很好地体现主体生命情感的体验与感悟。

成功的作品在带给人想象的同时，是令人激动不已的活力、生机，苏珊·朗格把艺术看成是"生命的形式"。"生命的形式"是人类精神领域在艺术上的表现，也是各艺术门类之间进行通融的基础。中国书法中行书的提、压、疾、缓犹如舞蹈中的节奏、动势；音乐中节奏的长短、高低、快慢、强弱与绘画形色的浓淡、疏密相通；建筑被称为"凝固的音乐"；中国宋代讲究"诗中有画，画中有诗"。这些艺术形式若不是具有一种生命运动的共性，那又是怎么相互影响、相互渗透的呢？

任何艺术都应是表现生命的形式，这种形式无论如何都是抽象的，哪怕是写实绘画，如著名的《蒙娜丽莎》，恐怕学者关注的不是它写实性的绘画技巧，而是在实中有虚的背景中透露的空蒙感觉，以及画中女人嘴角的那一丝微笑，这些都涉及人的情感。生命的含义表现为一种纯抽象的形式，也可以理解为是生命的意象，它是作品对本体内驱力的一种延伸，是作品的灵魂。生命的形式以及艺术意象的形成不是什么玄虚的东西，它是以自然和生活为源的想象，是可以把握和有规律可循的。形式也赋予了视觉艺术以生命力，是好的形式我们都应该推崇。在视觉传达设计领域，要把能够反映人的真实本质的形式呈现出来。现在，我们从知觉的角度找到一般的视觉感应的规律，并由此来研究通感意象，其实是把握形式最好的切入点。

（三）通感是形式的一种功能

形式决定了视觉感觉和知觉的强弱，即形式对于视觉起到了重要的引导作用。视觉传达设计必须通过创意性的形式表现吸引人的视觉注意，并且最大限度地调动人的视觉能动性。人观看对象并不是被动地接受，人的视觉注意力由对观看对象的偏好决定，所以形式若能够体现观者的偏好，则能成功传播信息。通感由于能够沟通人的各个感觉神经，在一定的程度上又能够体现人的内在情感，生成通感意象，在形式领域具有很大的研究价值。能够谓之"通感"的形式就是体现"生命的形式"，是"有意味的形式"，是能够为我们大多数人感动的形式，通感能够发挥人感知的最大作用。

通感实际上是形式所具有的一种功能，如视觉传达的形式元素本身就具有通感的功能，这些元素组合起来的视觉形式，可以拉近人与物、人与人的距离，传达可供人理解和沟通的信息。任何一种形式的外在都不可能是完美的，主要是因为各个艺术形式只作用于人的某些感知，音乐、雕塑、绘画各司其职。但我们又发现形式的内在是可以通感、彼此接近的，这是因为形式的通感功能在起作用。由于通感，我们能够在音乐中发现绚丽的色彩，在雕塑中感受冰冷忧郁的旋律，在绘画中倾听优美的诉说。

视觉形式一直在设计中占有一席之地，从原始人类的对称、均衡的几何形式，到古典艺术时期的装饰形式，再到包豪斯的标准化、实用化的几何形式，循环往复的演变过程体现了人们对于形式的不懈追求。从后现代艺术时期至今，形式已经发展到"无形式"阶段，各类视觉形式并存且相互影响，传统视觉艺术曾经排斥的诉诸感觉、体验等表现形式不断地发展起来，视觉形式表现的空间在扩大。我们可以在诸多的作品中越来越多地发现形式的通感功能，我们也看到设计师正在努力将非视觉的东西视觉化，视觉表现不再局限于单一的感受，视觉带给人们的感觉体验也是越来越丰富。

二、视觉形式的联想、想象与通感

作为视觉艺术的形式，图形与色彩不只是能够产生视觉印象，在创作或者理解作品时，人的所有感觉都会起作用。"腮上的晕、少年人体温的温暖、利刃的锋、果子的新鲜香甜，这些不也是可以从图画中得到的印象吗？"

正是因为通感的客观存在与主观的联想与想象，一幅作品才会超出视觉的范围通向其他感官的感觉，才不至于只停留在"看"的艺术。联想与想象是人创造性能力的一部分，属于人的右半部大脑的感性思维。首先我们通过感知获取到外界信息，然后在此基础上自由地进行联想并发挥想象。联想与想象是通感产生的桥梁。在这里需要强调的是，感觉挪移主要是联想的作用，而通感意象则是在联想的基础上靠想象完成的。

（一）视觉联想

联想是由一事物表象想到另外事物表象的心理过程。由于客观事物之间都是相互联系的，所以我们能够把相似的或者无明显关联的事物表象结合起来进行联想。在通感过程中，联想起到了关键的作用。"语言中的声音之所以听上去美妙、动听、富有意义，完全是由于人们从其文字中联想到它要表达的意义的缘故。"语言不具有直接可感性，但只要通过联想，我们就可以对应与文字符号有关联的一系列事物，并且从整体上进行构连。在视觉艺术中，形式对于联想起到了关键性的作用，如人的某些姿势能够反映人的内在想法，或者说它们之间本来就有某种联系，那么联想就油然而生了。

视觉联想是由于视觉形式的引发，由一个事物联想到另一个事物的过程，形成视觉信息在头脑中的反映，它的最终目的是将具有一定形式效用的视觉语言以一种类似于力的扩张，给人以震撼人心的视觉魅力，达到信息传播的最有效化。在视觉形式的通感中，联想思维发挥了关键性的作用，它可以在图形、色彩、文字、材质等视觉形式元素之间任意展开。运用视觉联想可以发挥形式的最大效应，使受众获得对艺术作品的全面认识。

生活中的感性材料是联想产生的基础，这些感性材料包括视觉及其他所有感觉的经验。在形式创作之前，我们首先应对表现的对象有充分而整体的感知积累，运用联想思维的方式抓住表现的关键，为了能使受众有较好的联想共鸣，实现传播的目的，在涉及视觉表现形式的时候，应遵循图形、色彩等视觉形式要素通感的一般性规律。

（二）想象——构建视觉语言的通感意象

想象是一切心理机能的综合运动，是对过去表象的整体知觉。联想是想象的基础，想象是联想的进一步发展。一方面想象与联想不同，想象重在对原有表象的加工改造，以形成一种从未感知过的事物新表象，突出的是创新性。另一方面，想象建立在联想的基础之上，联想提供的表象联络为想象创造了契机。通感从整体上表现为艺术想象，但感觉联想必定是它的基础，这两者相互联系和促进。

设计是一个创造的过程，从本质上来说，它包括表现为具体形式——"象"的创造与抽象意念——"意"的创造，以及两者达到完美结合并产生通感的过程，这就是我们常说的设计的外延与内涵的统一。

在视觉传达设计中，图形和色彩是基本视觉要素，其意象含义是创意构思的出发点。视觉语言的意象表现为对形与色的隐喻式心理分析和选择，创作者把各种各样的感觉体验转译为符号化的视觉语言，并且融入特殊的情感语境，引起其他人的相似体验和情感共鸣，由此成为大多数人共识的视觉意象。视觉语言的意象不存在于作品的可视形象中，它超越了视觉的感应范围，是人主观选择与情感相融合的产物，具有虚拟性和想象性。如在音乐类招贴设计中，创作者会用多种抽象的符号形式来表现听觉表象，这些形式语言会引起观者普遍的听觉通感反应，而如果作者再赋予其特定的语境，则这种听觉反应会与某种情感或情绪相连接，使观者幻化出有别于普通的具有想象力的声音，这就是艺术作品的意象。这一方面在德国爵士乐招贴大师金特·凯泽的诸多作品中有着很好的体现，他致力于使每张招贴成为爵士乐节的前奏曲，在赋予图形设计以视听通感想象的同时，更追求一种艺术意象上的情感交流。

乐器是金特·凯泽常用的设计元素如小号，它成了听觉表象的一种可视性符号，除此之外，作者还根据音乐会的主题创造相应的语境，使观众的视觉不仅仅停留在一个小号的模型上，而是借助招贴中其他相应的形象想象音乐会的听觉意象。视觉意象作为一种符号化的可视形象，要想得到人们在文化上和集体上的认同，就必须以集体的感觉表象为基础，这时视觉联想发挥主要作用。而作为新的表象运动的视觉语言的意象，必定是被赋予想象的，并且作品也会因为这种想象变得丰富而完整。

（三）视觉形式要素的通感

对视觉形式而言，通感体现在形式特征同其他感觉的相互联系上。联想与想象不是形式表现的实质，关键是要找到与各种感受相关联的特征，并且以可视的形式传达出较为特殊的心理感受和性格感情。"艺术形式具有一种非常特殊的内容，即它的意义。在逻辑上，它是表达性的或具有意味的形式。它是明确表达情感的符号，并传达难以捉摸却又为人熟悉的感觉。"

视觉形式的构成是包含着情感的视觉语言，它们可以反映一定的非视觉感受，表现特定的感情，比如：表现以外在感觉为主的悦耳、柔滑、馨香，和反映内在感受的热情、高雅、生命力等。由于人对于视觉语言的潜在情感有产生意识应和的习惯，所以只要传达要素按一定合理的方式排列，就可能引起观者的共鸣。视觉传达的过程是发送信息的一方给予视觉信息的内容，而接收信息的一方对此做出反应和理解。其间重在沟通，不达"通"则无所谓"视觉传达"。在研究所有视觉形式表现方法之初，我们应当弄清楚这个"通"的基本表现形式以及它能够产生的意义延伸。

我们可以从分析现有颇具通感效应的典型作品入手，它们反映了视觉形式感与其他感受的普遍联系，是作者对生活感受最为普遍的直觉感受。在分析作品时，理性的思维或许可以退居二线，因为"离开形式表现与各种感官的互通性，离开形式特征的直觉特点，任何抽象表现的意义都无从谈起"。下面就从视觉语言的主要构成要素图形、色彩、文字、材质这四个方面对通感进行深入讨论。

1. 图形的通感

图形是视觉语言表达的关键性元素，作为一种视觉形式，它可以不受地域、民族的界限传递信息、进行交流，这是因为图形表现了人类对世界感知的共同方式。图形的最大特点就是具有直观性和强大的传播力，几乎人类所有的思想感情包括文化观念都可以通过图形进行传播。通感在图形与情绪、情感、文化之间就扮演着翻译的角色，虽然可视不可听、触，但"此时无声胜有声"，观者可以从视觉的形式中体会到感觉的多样，直至意象相通的境界。图形的主要形式有具象形、抽象形，它们分别具有不同的通感特性。由于形式的视觉效应是相通的，无论对于再现真实的具象形还是重在表现的抽象形，没有通感的高低、多少之分，只要表达妥当，都可以引发受众很好的联想和想象。

（1）具象形

具象图形是利用摄影、绘画、商业插画等手段再现现实物象的真实性，并以这种再现性的方式来表达意象的一种形式。实际上，视觉艺术中的具象形态从某种意义上来讲也是抽象的，如在商业插画中我们惊叹的真实，就是因为创作者放大了视知觉中的某些表现元素，以期达到超越一般视觉体验的状态，即使是摄影中相对忠实的再现，也得经过摄影师对照片的主观加工，否则也就不存在艺术形象和生活形象的区别了。所以从本质上讲，具象也是抽象的，只是在形式表现上相对具象些罢了。

具象图形因相对具有真实性，较容易被人们所接受和理解，产生通感联想和想象。在广告设计中的应用尤其广泛，这些具象图形可以使人一目了然，瞬间通达感觉的各个通道，起到了快速有效传达广告信息的作用。商品是满足人需要的载体，人的需要包括对所有感官的生理和心理的满足，当这些需要被转化成视觉形式时，受众就更易理解和接受广告所推销的商品。使用通感表现形式也可以避免广告商因百般宣传商品的特性及品质引起消费者的反感，其中"滋味"由他们自己去体味。随着多媒体的发展，视听广告表现手法也越来越多样化，这就为达通多种感觉创造了更多的手段和表现渠道。

（2）抽象形

抽象形式是从现实中提取的物象的本质属性，它不像具象形可以直接反映人的思想感受，它的形式表现具有间接性、模糊性，同时由于其本身就具有一定形的特质，不需要作品再赋予其意义，因而也具有一定的独立性。人的一些情态特征本身就与抽象形有着共通性，也可以称之为同构性，这种特性建立在人们共同的生活经验之上。以线条为例，中国古代的人物画根据用笔的力度和形态总结为"十八描"，其中有"行云流水描""铁线描""琴弦描""枯柴描"等，这些描法就是在抽取了生活的某种形式意象之后创造的绘画笔法。中国画自古就讲究笔墨技巧，其中用笔的老辣和柔美、韵动和迟滞无不是人们情感特征的表现。

一般来说，形式表现越具有抽象性，其形越简洁，而形式越明确则越接近具象。抽象的形可以给受众更多的思维空间，自由发挥想象。从通感的效用上来看，抽象形所能通达的领域比具象形要广得多，它的形式意味具有宽泛性和不确定性，"一种线条，似乎表现人体的优美，又似乎表现水的流动，它可以畅快心灵，也可以'引导眼睛追逐其无限的多样性'，使视觉心理得到满足"。

因为抽象形具有更多延伸的意义，我们可以把它看成是人生理快适感的体现，也可以理解为是对生命韵律的应和。从视觉语言的基本要素来分析，抽象形由最接近事物本质属性的点、线、面构成，点的远近、疏密，线的粗细、曲直，面的大小、虚实都会给人以不同的心理感觉映射，这些元素组合后形成的性格特征更是丰富多样。艺术家的任务就是把这些元素以一定的方式排列，组合出足以感动我们的形式。

2. 色彩的通感

色彩本身是没有情感的，但色彩可以触动人的视觉，激发人的其他感官的感受，有些学者称之为"色彩的视觉联觉"。在更深的通感层面上，康定斯基较能够发掘色彩的意象以及情感特质，他做了一个最为形象的比喻："色彩好比琴键，眼睛好比音槌，心灵仿佛是绷满弦的钢琴，艺术家就是弹琴的手，它有目的地弹奏各个琴键来使人的精神产生各种波澜和反响。"色彩的通感实际上是人们对色彩的各种生理感受长期积累的结果，不同的色彩可以诱发不同的感觉，如嗅觉，粉红、浅黄有清香感，橙黄、橙红则有浓重的香味，而黑灰、褐色就是一种苦的感觉。除此之外，还有我们所熟知的冷暖感、轻重感、软硬感等，当然色彩的意象感，如积极与消极、华丽与朴素等也属于色彩通感的研究范围。

对于色彩的联想主要有两种，一是联想到具体的事物，如：由白色可以联想到雪、棉花、白云等；由黑色可以联想到炭、墨汁、深夜等。二是想象到一些抽象的概念，如：由蓝色可以想象到忧郁、深沉、宽广、清新等。色彩本身的属性是不确定的，它可以呈现出积极也可以呈现出消极的感受，如红色可以使人联想到热忱、温暖和兴奋，也能使人联想到战争、暴虐和危险。一般说来，作品中的色彩只有与图形相结合，在特定的主题环境中才能够表达相应的意义。

色彩的通感在视觉传达设计中的作用举足轻重，尤其在包装设计中，色彩的联想作用直接影响消费者的购买。如对于暖性的红茶类包装和凉性的绿茶类包装，使用的颜色肯定是不一样的，消费者通过颜色就可以判断出产品的特点和性能，体现了包装色彩所具有的沟通力。除此之外，若能够根据人的喜好和对某种情感的眷恋，增加色彩的情感暗示作用，则更能够增加消费者的购买兴趣。

3. 文字的通感

文字是记录语言的载体，同时也是具有视觉识别特征的符号，它利用字的形体，通过声音表达意义。"形""音""义"是文字的三要素。在视觉传达设计中，文字作为形式要素之一，是表达信息最直接的形象。文字的通感体现在字体的性格特征和文字图形化的感觉联想中。

（1）文字自身的体态给人不同的视觉感受

如手绘字体的随意、自由感与印刷字体的板正、严肃感相对应；粗黑体有庄重、浑厚的感觉，而圆黑体则是稳静、雅致的；拉丁字母的自由体给人豪放感，哥特体给人华丽感，而罗马体则给人娟秀、大方之感；等等。西方文字具有图形符号的特征，中国汉字则是意形文字的代表，蕴含着深刻的文化性。

仅就汉字书法的字体而言，就有数种笔法和风格，如甲骨文、金文、篆、隶、楷、行、草等书体。相对于楷书的严谨，草书就具有活泼感、充满生机；相对于现代书体的奔放，篆书就给人以庄重、古朴感；而甲骨文的象形更是让人浮想联翩。除此之外，书法还讲究用笔的刚柔、藏露以及墨色的枯润、虚实，这些形式的效应都是丰富而颇具感性的。实际上书法独特的艺术表现风格无不是作者主观情感的流露，难怪李泽厚先生曾评价书法具有"活生生的、流动的、富有生命暗示和表现力量的美"。正因为文字自身的形态具有这些不同的形式意味，我们更加确信文字在表达信息之外还可以有着某种心理感觉的协同或暗示。

（2）图形化的编排使文字的形式效应更加广泛

创作者可以根据需要，对文字进行有序或者无序的编排，通过对字距疏密的控制、字体的重叠或积压等，形成图形化的文字，以增强字体的视觉体验和想象力。文字可以配合图像体现作品的整体表现力，也可作为画面的表现主体，突出文字的个性和视觉效果，还可引导观者解读画面的主要诉求对象。图形化的文字设计遵循的是图形设计的主要构成元素点、线、面的构成规律。许多个文字构成图形的面，一段文字组成引导视觉的线，甚至于作为点的一个单词也能够在图形化的编排中起到相应的形式效应。文字图形化的趋势不但拓宽了文字的传播渠道，而且增加了图形的视觉冲击力，是视觉传达设计中不可缺少的一种形式上的尝试。文字是设计语言的一种表现方式，它不仅在"意"上可以传递给受众信息，而且在个体的形态和整体编排的形式上能够与我们的感觉相通，协同图形和色彩一起体现作品的人文关怀。在实际应用中，对文字的精心编排可以给单一的版面设计带来活力，可以增强招贴的通感表现力，也可以成为广告设计中"音""形"同时表达的对象，加深人们的印象。

4. 材质的通感

材料被广泛应用于艺术与设计中是在现代艺术之后，视觉艺术家们把各种天然的或制作的材料当作最直接的表现思想观念的媒介，因而在这一表现手法变得越来越不可或缺的时候，以专门研究材料实验和制作的学科也产生了，这些都对设计观念的革新产生了重要影响。在材料丰富多彩的信息时代，新技术的不断出现给人类发展不断带来质的改变，也在潜移默化地改变着视觉设计的手段和方法。材质是材料的质地、肌理。不同的材料具有不同的材质特点，给我们不同的知觉经验和印象。如岩石有粗糙感，玻璃则是光滑的；新鲜草皮有清香的味道，而枯萎的落叶则会带来怀旧和伤感。同样材质的物体也会有不同的感受体验，如金属质地的风铃，其清脆的声音给人带来愉悦，而大钟的敲击声是浑厚且具震撼力的。这些生活的感触是我们感受材质的主要知觉经验，所以当这些材质作为素材再次出现在画面中时，我们就会有感而发产生各种各样的通感体验。

材料具有的其他感受要远比视觉感受来得强烈，因而成为有些视觉传达设计作品的主要表现媒介。在使用材料前应对材质有充分的认识，所选择的材料也应在作品中有最恰当、理想的表现。材料分天然材料、人造材料、实物材料等，因为各种材料的物理属性的差异，体现出不同的个性，可以产生无尽的审美意象。设计应用中，材料可以作为肌理衬托主题，也可运用绘画、摄影等手段将其直接体现在作品中。创作者对于材料的选择是多样的，能够表达作品意象联想的任何材料都可以被使用。

对不同材质的合理运用可以丰富形象，而同样的材质也可产生不同的视觉效果。以往我们对于材料的认识通常仅局限于现有材料的品种、特质，在应用时难免会有局限。

设计的过程就是发现和创造的过程，对材料的应用也应是如此。如我们最常用的纸质材料，既可以直接拿来使用，也可以利用纸浆的特点，将其重塑后干燥成型，用来塑造粗糙、干涩的物象。或者，利用具有特定文化内涵的某些特殊纸质上的文字、痕迹等，用以表达深刻的情感，这种观念性的材质特征，能够给人很广泛的联想。所以，要能深入发掘现有材料的内涵，充分利用材料的内在特性，并赋予其全新的意义。

（四）设计作品中通感的类型

将通感手法应用到设计实践中往往是上述形式要素的综合表现，我们根据通感联想与想象的方式，将其分为直接相似联想式通感、间接相似联想式通感、相关联想式通感和主观移情式通感四类，以求在这样一个分类中对视觉传达设计中的通感有一个更深的了解。

1. 直接相似联想式通感

直接相似联想式通感是由于不同感官可以感知到事物结构或属性的相似，在设计应用中由此感受引发彼感受而产生的通感。

观者通过对画面的视觉感受，可以由此产生相似的其他感官的感受。这种类型的通感一般具有较强的直观性，其中由视觉形式引发的感觉间的相互转移和通达几乎是瞬间产生的。如看到火就联想到烫，是由视觉到肤觉的直接相似联想；闻到花香就联想到甜，是由视觉到味觉的直接相似联想。它可以由写实性的事物引发，也可以由抽象的形式来触动。直接相似联想多出现在对事物的感知层面，较少地进入深层的情感意识，属于较常见也是较为浅层的通感类型。

2. 间接相似联想式通感

间接相似联想式通感是利用事物间含义的相似性，以一种可见事物的属性把所要传达的另外不可见事物的属性表达出来的通感方式。人们在以感官感受物象时，会引起相应的内心情绪体验，表现为好恶或苦乐的心态，这种事物的形象会与相应的情绪记忆一同储存在大脑中。如我们在品尝美味食物时，会在大脑皮层的相应位置留下愉悦感的记忆痕迹，这与欣赏美妙音乐的愉悦感是相关联的。在视觉表达中，作者只要用适当表现音乐愉悦感的形式，就可以引发观者对味觉愉悦感的联想。

3. 相关联想式通感

相关联想式通感是对画面上的事物进行关联性的联想，从而引发对事物整体感知的通感方式。由于不同的事物在时间或空间上彼此接近，在人的大脑皮层形成了较为稳固的认知，在涉及一种事物时会引发对另一种相关事物的联想。这种形式的通感是人的大脑对事物表象不断叠加和累积的结果，具有跨时空、整体性的联想特点。

4. 移情式通感

作为美学范畴的移情，是主体将个人情感灌注于客体的一种审美活动，是处在事物对象的角度，把原来无生命的东西看成是有思想、意识的东西，并且与事物发生情感上的共鸣。阿恩海姆认为产生移情的原因是主客体之间的异质同构，客体的力的结构与主体的生理结构具有某种相似性，这种"同构"使艺术作品的移情成为可能。"一棵垂柳之所以看上去是悲哀的，并不是因为它看上去像是一个悲哀的人，而是因为垂柳枝条的形状、方向和柔软性本身就传递了一种被动下垂的表现性。"

客体所具有的形式特征与主体心理形式具有的这种形式"同构"，是移情得以实现的客观基础。

移情式通感是建立在个体的情感与某一物象的同构的基础上，使人们把内在感情移注于外在事物，使本来无生命的事物人情化，人与物交相感应的一种通感方式。这种类型的通感主要表现为移情式的想象，可以超越物的界限，将人对他物的情感嫁接到所表现的物象上，使该形象可以启发和引导观者进行丰富的情感想象。人的感觉能够随特殊情境产生相应的心理反应，对视觉的感受也是如此。如雨天和晴天会使人有低沉和高兴的情绪反应，或者同样是雨天，不同的人也会因彼时彼地的情绪对可见事物发生不同的联想。由于移情式通感可以较深层地进入人的情感意识，属于意象想象的高层次通感。在设计表现中创作者不能以自我喜好随意将情感转移到视觉形象上，而是要根据设计表现的需要设身处地地去体味受众的情感，在认识到该设计对象在社会中的地位和作用之后，再考虑对移情的物象形象进行选择，使受众能在交流中获得感情上的满足，达到通感的目的。

（五）影响通感的因素

人对于均衡、对称图形的偏爱，以及对于直线、曲线不同的心理反应，跟人自身的生命形态有关，都是属于人共同的生理原因。而通感的心理形成大部分来自后天两个方面的影响，一方面是来自社会，包括文化、传统、生活习俗等。另一方面来自个人的心理积淀，包括个体的知觉经验、主观情感以及对事物的理解和表现等，由此人们会形成各自的感知特点。虽然我们在探讨通感时，大多是站在人的共感性的基础上，但不排除视觉传达要面对不同国家、不同民族、不同职业甚至不同性别的受众，有时根据设计的需要必须对目标受众的群体心理进行分析，并且在设计中能够体现这些人所能够感受的形式。影响通感的因素主要体现在文化差异和个人因素这两个方面。

1. 文化差异

在通感发生的过程中，目标事物和知觉经验所显示的意象谋和是与文化相关联的，通感触发的联想会因文化背景的不同，产生不同的心理效应。不同地域的文化承载着不同的地理历史和风俗习惯，而设计视觉语言作为这些文化的载体，无不体现着这种文化的差异。如文化的差异会产生不同的色彩通感，这是由于各民族、地区都有其特定的象征性色彩，如墨西哥人信仰的大地神，穿的是红色衣服，象征日出、生命，在中国，红色则象征喜庆、吉祥，同时印度人在吉庆时会将大象涂上白色的图案，象征神圣的力量；英国人认为蓝色和金色象征忠诚和名誉，对于埃及人来说，蓝色则是恶魔的象征；伊斯兰教徒认为绿色可以驱病除邪，而法国人由于有在葬礼时铺绿叶的习惯，因而忌讳绿色的地毯；等等。

枫叶对于加拿大人具有特殊的象征意义，金字塔是埃及的标志性建筑，日本人对于樱花的钟爱如同西班牙人对于斗牛的热爱，等等。这些具有民族性的象征是十分珍贵的文化遗产，与人类共通性的感受不同的是，由地域文化引起的通感差异是民族语汇个性风格的体现，恰恰因为这种差异才使得视觉艺术语言的表述更加丰富和更具民族情感。所以为了使通感更好地发挥效用，设计者应考虑到由于消费者不同的文化背景而产生的文化偏好和禁忌，避免带来不好的效应。

2. 个人因素

就个体的感受而言，对通感的影响来自两个方面。一方面，不同的人对于同一事物的接受能力和感受是不同的，受性别、年龄、职业、价值观、文化修养等影响。另一方面，对于同一事物的感受也会因个人的情绪或情感的变化而发生变化。其中来自后者的影响，是偶然性大于必然性，属于较不稳定的因素，但对于前者的影响，是有一定规律性，可以进行分析和把握的。由于设计的主要目的是让大多数人能接受，所以，那些具有偶然性、较为少数的个体不在我们考虑的范围。

设计应用中的通感，不可能做到为全部大众所理解，它的受众实际上是可以划分为数个接受群体的。通感的基础是人以前感知经验的积淀，没有对丝绸有过感官体验的人，是很难想象出它的柔滑，更不可能与味觉达通，产生意象联想。当然，也有学者研究证实，在人的婴儿时期，有些天生的感受能力，是不用加以训练的，如对母亲的气味的识别等。在对艺术表现上，也体现出人的天生感知力，诸如儿童的涂鸦，以及原始装饰纹样所体现出来的生命力，"那些基本的形式——平行线、'之'字线、三角形、圆和旋涡线——在感觉原理上是以本能为基础的"。这些具有人共同性的感受，是艺术真实性的体现，如前面我们所说的"生命的形式"。也就是说，不同于人的个别感受，情感是人类共通的东西，它是人生下来就具备的，可以表现为我们从未感觉过的情感。

因为个体感受的非共同性因素，决定了设计中的通感必须是多层次、多样性的，设计师在进行创意时，须根据设计所针对的受众群体的特征、偏好等因素进行针对性的设计。如针对孩子的童趣，用于激发孩子的好奇心的通感，表现为鲜艳的色彩、趣味的图形；用于激发女性感性、审美的通感，表现为柔美的线条、颜色；等等。除此之外，艺术家的审美情感、个人气质、思想修养等也属于影响通感的个体因素。一个优秀的设计师应具有综合的艺术感受能力和对于色彩、声音、形态等形式敏锐的判断力。艺术的感受力建立在一般感受力的基础上，必须经过艺术审美感知的熏陶和艺术实践的训练。所以，要想更好地发挥通感的作用，创作者应当在平时做一些针对性的训练。

第四节　基于通感思维方式的视觉传达设计

设计是一种创造性的思维活动，反映了人从精神到物质的创造过程。现代设计的发展经过了一个漫长的发展变化的历程，但一直不变的是对于视觉语言新形式的探索，设计者在创作的坎坷路上不断地寻找能带来灵感的思维方式。作为创新思维的通感就是一个探索的方向。从思维方式上来区分，通感属于人的感性思维。感性是设计创作的开始和结束，但是对于人的感性思维方面却难以把握，而通感则为我们提供了一个很好的着手点。

一、通感思维与视觉传达设计创新

（一）通感思维与创新思维

创新思维"是人类思维的一种高级形态，是人在一定知识、经验和智力基础上，为解决某种问题，运用逻辑思维和非逻辑思维，突破旧的思维模式，通过选择重组，以新的思考方式，产生新设想并获得成功实施的思维系统"。

迄今为止，创新思维作为一个研究类别还是一门正在探索中的边缘交叉学科，所以在实际研究中需要把它归类到相关的学科领域进行探讨。设计创新思维就是把创新思维应用到设计领域，其实设计思维在本质上就是一种创造性思维，是创新思维的一种表现形式。就视觉传达设计而言，创新思维建立在视觉感知的基础上，其中以联想和想象为主的形象思维占主导地位。创新思维的主要特征可以概括为：新颖独特性、发散灵活性、突破思维定式的能动性等。在设计思维中，创新思维主要就是对思维主体的联想、想象，并由此产生灵感，实现设计的创新性。

通感作为以联想和想象为主的艺术感知现象完全可以作为一种设计创新思维为设计师所用，通感思维是建立在原有形象思维的基础上对其进行的一种拓展性的思维方式。有人把通感看成是与比喻、比拟等并存的一种修辞方法，但是通感更应是一种艺术心理现象和创新思维方式，有着与其他修辞手法不同的特征。

1. 具有丰富的联想

通感手法作为一种艺术表现的心理方式，其核心就是利用人的感知进行联想，从而产生创作灵感，从这个方面来说，通感已经突破了一般思维的定式。

2. 表现形式新颖独特

通感不受感觉的局限，反而凌驾于感觉之上，通过思维的发散，实现感觉的互通。德国浪漫主义诗人诺瓦利斯，就在其作品中创作出了"能听到蝴蝶微笑的人也能闻出云彩的味道"的诗句。显然，通感的思维方式具有创新思维的新颖独特性。

3. 互动性

通感表达出来的含义，是其他修辞手法所不能及的，往往用单一的表现手法不能够表现的时候，通感就可以大显身手。而且，欣赏者在解读过程中，也是发挥了想象，进行了艺术欣赏的再创造。创作者通过运用通感与受众达成了灵活互动的形式，这点也是与创新思维有着共同性的。由此可以看出，通感思维方式是创新思维的一种重要方法，是挖掘创意的重要途径。创新思维本质上是一个动态的概念，就视觉传达设计的创新而言，不同的时代及社会经济文化的因素赋予视觉传达不同的使命。在如今生产力发达、经济高度发展的社会，视觉传达已不能仅仅满足于"广而告之"，除此之外的创新应该容纳更深更广的因素，情感体验和人性关怀就是其中因素，而这些感性的东西往往是形式表现的难点。我们可以把设计通感看成是在设计新的使命下，应运而生的一种设计形式，与此相应的通感思维也是我们可以用来突破难点的一种设计创新思维。

（二）通感联想表现为创造性想象

从视觉传达设计创作的思维方式来说，通感联想是运用通感思维进行创作的联想方式，它的来源是生活中丰富的感受经验与视觉形式的相似性，较一般性的联想，具有更感性、更复杂和更加富有创造性的特点。通感联想的视觉表现形式很多，狭义上有直接相似联想、间接相似联想、相关联想等，广义上则包含了所有能够与人的感觉、情感相对接、勾连的联想形式。

通感联想表现为高级想象，如根据一首诗或一段音乐来创作一幅图，在创作过程中必然要进行通感联想，把对这诗及音乐的感受转化成可见的形式，当观者再来解读这幅图时，就不仅仅是诗或音乐，而是内心的一种不可名状的感觉想象，这种感觉想象实际上是与艺术审美再造相符的。所以从这一意义上来说，通感联想与创造性想象是相符合的。艺术的最高境界表现为创造性想象，联想是激发创造性想象的催化剂。但不是所有的联想都可以达到想象的境界，联想的空间越广、思维拓展的余地越大，越接近创造性想象。对于视觉传达来说，想象不能脱离生动具体的可视形象，视觉艺术的创造性想象不能离开对视觉形象的联想和艺术再造。

通感联想可以由随意的一个刺激物产生，也可以是有意识地与正在思考的问题相结合进行联想。表现通感的较为成功的设计作品往往是有意联想和无意联想结合的产物，这些作品既能够抓住人的普遍感受又能够契合表现的内容，将看似随机的物象与主题感受串联在一起，使得形式表现既生动自然又具有亲和力。

通感联想的表现形式更加忠实于人的感觉、情感的表达，这是受众能够容易接受的主要原因。而人的情感方面是因人而异、复杂多变的，这就需要我们掌握一定正确的方法，使通感既能体现共性，又能发挥个性，让通感思维方法成为一种为我们所掌握的常用的创意思维方法。

（三）探索新的视觉语言

视觉传达设计经历了商业美术、工艺美术、印刷美术设计、装潢设计、平面设计等阶段的演变，最终发展成以视觉语言为载体、视觉表现形式为中介进行信息传播的设计门类。从这些演变过程中我们可以看出，视觉传达设计的创新就是视觉语言的创新。自19世纪以来，以"工艺美术运动""新艺术""现代艺术""波普设计"以及"后现代主义"为代表的艺术和设计活动都是以探索语言的新形式为主要目标的。对于设计师来说，包括图形、色彩、文字、材料等在内的每一种视觉元素，都是可以进行创新的基本要素。

视觉传达的本质就是将物象转变成图像。人对物象的感觉是多样的，将这些感觉成功地转译成图像，要求我们在视觉语言的表述上进行多样、综合的创造。视觉传达已走出"平面设计"的束缚，并不代表这一领域的设计会脱离可视形象的表达迈入其他领域，视觉传达终究是以人的视觉感受为主、其他感觉手段为辅进行设计表现的。

所谓新的视觉语言就是符合现有时代特征、运用新的设计表现手段进行创意的、仍然以视觉传播为主的形式语言。在媒体技术日趋丰富的今天，视觉语言的焦点转向人的感官体验，由原始的感受体验引发对事物本质性的思考是当代视觉传达的主要目的。在这种形势下，视觉语言的沟通就显得尤为重要，如何将真实的感知体验与形式表现相结合，并以作品新的形态感知使受众达到与某种观念、概念的有效沟通是当代视觉传达实验课程的研究重点。

二、通感思维方法在设计中的运用

（一）运用通感进行设计表现的特点

运用通感进行设计就是利用个体的视、听、嗅、触等感知系统，运用心理联想和想象等思维方式，从人的感性的角度出发，以新颖独特的形式对信息加以诠释的设计。运用通感进行设计表现的主要特点可以概括为：

1. 感觉挪移，化虚为实

作为一种设计新思路，设计的通感表现可以突破单一的感觉局限，对信息进行全方位的表达，通过生动真实的造型和色彩，把难以言述的感觉化为意识实体，强化视觉设计的感染力，扩大视觉形式的效应，且能够使受众获得立体式的心理体验，实现很好的心理共鸣。

2. 借助想象，化实为虚

通感使受众可以一应相合感应事物的多种属性，在感应中使事物的虚拟形象丰富饱满。对具有某些深刻意象含义的信息，通感有"言有尽而意无穷"的效果，给受众无限想象的空间，丰富和拓宽了设计语言的传达。

总之，运用通感进行设计，可以达到现代设计所追求的多感化、氛围化和情感化的目标，能够强化设计的感染力和沟通力。如在广告设计中，传统的用广告文案直接倾诉的方式，已不能满足消费者期望获得的理想化消费需求，甚至影响产品的信任度，在这种情形下，许多广告商尝试运用通感，收到了很好的效果。著名的德芙巧克力，其广告就是尝试运用通感手法来传达"牛奶香浓，丝般感受"的产品特征，其中一则题为丝滑女人篇的广告，通过运用丝绸滑过肌肤的视觉表现，让人在视觉、触觉和味觉之间产生无尽的想象，对产品的理解和体会起到很大的促进作用。

在将通感运用到设计实践中时，有些人会联想到近年来兴起的多感官设计。多感官设计是通过刺激人最易被感知的感觉器官，利用人的感官特性进行的体验设计，目的是使产品更有吸引力，给受众带来心理上的满足。

（二）运用通感进行设计表现的方法

在设计创作之始，设计师应具备一定的创新思维的能力，虽然先天不同的认知和思维能力决定了个人创造力的不同，但如不能通过得当的学习和训练也是不能够充分激发出创新思维的。我们希望在对通感思维的进一步研究中，摸索出一种训练的方法，以培养和激发设计的创造力。

通感思维方式的创新性特点可以作为设计师创作的灵感来源。运用通感思维进行设计创意，可以丰富和拓展现有的创意思维，使一些"只可意会不可言传"的思想得以发挥和运用。对于视觉传达设计而言，尤其具有创新性的意义。本小节的内容就是对这种思维应用方法进行讨论，需要指出的是，通感思维在很多情况下都是无意识的，这也正是很多人觉得没有必要对此进行训练的原因，但是对于那些已经掌握了一定的设计思维的人来说，要想突破自身的局限，提升创意能力，就必须找到一种能够更进一步挖掘潜力的办法。而通感思维就是这样一个绝好的突破方式，它能化无意识为有意识，把自身的经验感受充分地转化为创意的灵感。同样，对于那些在设计创意方面感觉吃力的人来说也会大有收获。

1. 感性表现方法

灵感的孕育与发生往往是潜意识的思维过程，人的所见、所闻甚至于尝到的味道或者去过的地方等经历都是能够产生联想、激发创意的源泉。通感思维的运用有赖于人们对客观物象的感知，这种感知能力直接影响我们对视觉艺术语言的表达，如果只是浮于表面的感知，就不能激发创作者的灵感与想象，从而产生"有意味的形式"，当然就更谈不上与受众进行心灵上的沟通。创作者需要具备对物象结构非常敏锐的感知，若不是建立在这种感知上，就不免会浮于形式上感觉的堆砌，不能引起人的情感上的共鸣了。所以，我们有必要首先对通感思维的感知进行训练即感性训练。

能够感受到感动的能力，我们称之为感性。人是感情动物，时常会因为一些事情而生发感情。在日常生活中，我们积累了大量的感动体验，但是把这些体验表达出来并不是很容易，因而，我们需要对感性能力进行训练，来挖掘潜在的感性意识。这种训练的方式不可能单靠思考完成，而是要通过对各种感官进行感觉刺激，或者说是在感官的综合体验下完成。

对外界事物的感觉和刺激是我们的心理和生理的本能，在做感性训练的时候，不要放过任何一个可以感觉的细节，全面调动感官，这是激发想象力的基础。练习时要注意几点，首先要对外界物象进行彻底的感知；其次进行想象，温习感觉到的物象的各种特征；再次，以某种颜色或形状为训练点，找出和它们有着相似特征的事物，发挥联想。

通常，"感觉可以非常准确地告诉你创意是否'正确'。拥有好的感觉，你就能轻易判断意象有没有表达你想要的气氛，有没有达到你想要的效果"。那么，感觉又是怎样训练的呢？普里肯在《顶尖视觉创意》一书中给出了几条有效的训练方法：①尝试感觉过滤。即对物象有多方面的感觉，并且能够清楚地了解哪些感觉起了主要作用与次要作用；②感受意象。即运用不经常使用的感觉手段，全面感受物象；③辅助感官想象。留意视觉无法观察到的物象的特征，丰富意象；④用耳朵看。就是我们在上面提到的利用某一感官进行想象，当然，这个训练与用眼睛摸、用舌头看是一样的；⑤通感想象。显然，作者把通感想象作为最后一个训练方法，是因为只有完全沟通了自己的多种感觉，才能谈得上运用想象生成通感的意象。

阿恩海姆在《艺术与视知觉》中曾说："视觉形象永远不是对于感性材料的机械复制，而是对现实的一种创造性把握。它把握的形象是含有丰富的形象性、创造性、敏锐性的美的形象。观看世界的活动被证明是外部客观事物本身的性质与观看者的本性之间的相互作用。"对于视觉新形象的挖掘必定是建立在感性材料的基础上，运用通感思维进行对事物的整体感知的把握是其中的一种创造手段，训练者还应当在由感觉到知觉的深化过程中，有意识地进行通感的想象，并且融入自己的情感，做到物我相通，只有先在内心建立起事物新的表象，才能够通过外部手段得以实现。

2. 理性表现方法

理性表现建立在获得感知经验的基础之上，是创作者能够用合适的设计手段把人的感觉和感情表现出来。这一训练过程不能受空间、材料、肌理等的限制，在创作过程中，要能够发现这些元素与情感等方面感知的联系，并最终用视觉形象体现出来。在理性表现中，要结合一些理性思维的方法合理地表现。

首先应对人的感觉和感情进行适当的视觉表现的训练，这一训练阶段分为三部分。第一，感觉的视觉表现训练。就是将人对事物的非视觉感觉如听、味、嗅、触觉以及冷、暖等感觉用视觉化的形象进行表现。第二，情绪的视觉表现训练。即将人的高兴、愤怒、悲伤等较为复杂的情绪方面的感受用视觉化的形象表现出来。第三，感情的视觉表现训练。感情是情绪和情感的总称，在艺术心理学的研究上，感情属于十分抽象的心理现象。

对于感情的视觉表现，就是在以上感觉和情绪的两种视觉表现的基础上对人的更为复杂、抽象的心理进行视觉表现，如表现悲伤的听觉感受，或者由于爱心带给人的温暖等。在进行这三种表现训练时，主要围绕分析和联想符合这些感觉和感情特性的视觉形态要素来展开，以充分发挥创作者的个性为原则，防止过于理性的形式束缚思想，或者因为过于主观的情绪偏离主题。

通常在教学中也进行过诸如此类的形式训练方法，但由于受形式表现元素的限制，不能起到很好的效果。通常的训练主要围绕点、线、面的平面构成或者色彩的色相、明度、纯度构成，这些基础构成方法是一定要熟练掌握不能舍弃的，但如果只停留在这一基础层面，必然会束缚创作思维。

3. 走向未来的视觉传达设计

我们已经进入了一个视听多媒体的信息时代，随着多媒体技术的不断发展，视觉传播的方式也在不断变化。今天的视觉传达设计的形式，已经不能满足于以传统印刷为主的平面形式了，正在向三维或四维的层面延展，立体装置、互动影像、新型材料、多感化设计等表现手段被越来越多地应用在视觉传达设计中。这些新型的传播手段为的是更加有效地激活受众的各个感觉神经，以综合体验的方式进行信息的传递，实现作品与受众在情感上的对接。对于通感的研究启示我们应致力于研究怎样的形式能更好地提升人的感官和感受能力，设计师如何将真实的知觉体验与审美表现相结合创造出富有感染力的视觉形式，对这个课题的拓展应是我们未来的研究方向。"我们已经进入了一个艺术表现方式得以更生动和更具参与性的新时代，我们将有机会以截然不同的方式，来传播和体验丰富的感官信号。"尼古拉在这里提到的"截然不同的方式"就是设计师进行的多感觉的表现方式和受众多感官的体验方式，实际上，已经有一些设计师正在致力于视觉传达新方式的研究。

运用先进的计算机技术可以将听觉、触觉甚至于嗅觉等与视觉传播要素相结合，全新的信息传播形式使受众的感官体验得到了极大的延伸。人们不仅可以接收到设计所要传达的信息内容，而且可以在体验中融入设计，感受设计带来的愉悦感。由此可以预见，未来的视觉传达设计，必定是重视人的感觉体验的设计，是更加体现人性化的创造性设计。

思维方式和理论模式为设计提供了精神支持，而先进技术则是现代设计强有力的物质基础。设计的创新也体现在技术表现方式的创新，我们将在技术的不断革新中发现新的表现可能。视觉传达设计能够成为独立的传达手段也正是在技术的日新月异下催生的，它将继续在新技术的推动下，负载更为广泛的文化价值信息，影响和改变我们的生活方式。

第四章 视觉信息传达设计的多维性

第一节 视觉信息传达设计的概述

一、视觉传达的多维性概念

经过科学家的研究，视觉、听觉、嗅觉、味觉、触觉这五种感觉中，在正常的状态下，视觉在对周围环境的认知过程中担当着重要的角色。人类从外部环境获得的所有信息中，有70%~80%是通过视觉系统获取。因此，通过视觉这一感官系统获取外部信息成为人类对世界、对事物进行认知的主要途径。

既然有信息的获取，自然就有信息的传播，基于以视觉途径进行的信息传播，视觉信息传达设计应运而生。从字面上理解，"视觉信息传达设计"是具有视觉信息传达功能的设计。"视觉"限定了信息识别和传达的领域；"信息"是被传达的主体内容；"传达"是对信息的散播；而"设计"将决定这一信息的传播形式、途径、媒介等诸多环节。在进行视觉信息传达设计的过程中，信息将被转化为可视的视觉符号，通过视觉神经系统作用于受众，引发受众的视知觉反映，继而引起受众的心理效应，使之产生相应的反应或者联想，以达到传递和接收信息的目的，进而诱导受众产生一系列行为。

这一系列的过程行为，是一套完整的将所要表达的信息、思想、观念等看不见、摸不到的抽象逻辑概念进行可视化形象转变的过程，是创造性的设计活动，即"视觉信息传达设计"，通过用具象的可视形象表达信息内容。在这一过程中，需要有基于计算机等一系列技术的支持，将信息内容转换成一种被人们熟知的视觉形式，从而降低认知负担，使得对信息的识别与记忆、理解变得简单；也可以利用视觉化元素引导受众发现问题、总结规律，使其对信息的理解准确、清晰。

由此可见，视觉信息传达过程中，要通过可视的视觉符号来发送有效的信息，并要保证该信息被有效接收，那么，"信息""视觉符号"和"传达"即是其三个核心概念。

（一）信息，是视觉传达的主体

信息，通常是指消息或是有目的的标记，泛指人类社会传播的一切内容，可以包括各种文字、图像、声音、气味等和所有的社会传播活动的内容等。用于传播的信息必须具备有效性，取得良好传播效果的信息就是有效信息。信息的有效性主要表现在以下几方面：首先是信息设定的有效性。这是指设计师针对特定的设计目的进行的必要信息内容的设定，明确要进行传播的内容，以便有针对性地利用现有资源对信息内容进行有效传播；其次是信息传输的有效性。是指经过设计师设计，信息被转化成为可视的视觉符号，该符号具有认知准确度，用来体现该信息内容的可视符号必须是能够准确代表信息内容的符号；最后是信息感知的有效性。受众接收到由设计师发送出来的带有信息内容的视觉符号，不仅能够通过对该视觉符号的识别还原其中所包含的信息内容，还可以经过自身的消化理解升级信息含量、丰富信息内涵，还可能成为信息继续传递的传播者。在信息设定的有效性、传输的有效性和感知的有效性这三点的共同作用下，产生了经过设计的、用于传播的有效信息。这些有效信息，将在设计师的精心设计下，通过信息同构的方法进行信息串联，即在同一空间中，将两个或两个以上带有独立信息内容的视觉符号，按照一定的规律进行排列、组合，使它们在同一空间并存，各自代表的信息不但没有被相互取代，反而联合起来，共同传递信息内容。由此，无论从信息的来源或是其表现形式来看，信息都应该具有准确性的同时还具有独特性，以便能够更加简便、迅捷地传递信息内容。

（二）符号，是指可以用来代替或者代表某一特定事物的信息媒介

符号图形、图像、雕塑、色彩、文字、标志、气味、声音等。其中，以视觉系统进行认知、蕴含着信息的可见视觉形象就可被视为视觉符号。视觉符号是实现视觉信息储存、传播和记忆的载体，同时是表达思想情感的物质手段。作为信息的载体，符号具有形式表现、信息叙述和信息传达的功能，是形式与内容的统一体。通过将信息转化为可视的视觉符号对信息进行传播的方式可以更加形象、明确地将信息传达给受众，它超越了其他的传播方式，可以让受众根据自己的经验对形象做出自我认同的解读，跨越了文字传递信息的局限性，跳出了由于地域、文化、民族等的差异而导致的误区。符号所具有的"能指"与"所指"的特性始终具有高度统一性，这使得受众在解读视觉传达设计与设计思维视觉符号时不会产生偏差，从而达到准确传达信息内容的目的。为了能准确地传达信息，需要信息传播者（设计师）有选择性地使用视觉符号，即在顺应广大受众信息传递与接收的条件

下，通过设计师的精心设计，有目的性地选取恰当符号形象，对其进行艺术加工，使其不仅能够展现符号形象，更能够准确传递出信息内容，且在视觉美感上力求能让受众称奇惊艳，以达到信息记忆的目的。

（三）传达，在拉丁语中本来是"沟通""给予人们"的意思

这正好符合传达的基本精神。传达，包括信息的发送和接收两方面，其过程是由信息发送方发送出有效的传达内容，信息接收方接收到所传达内容，并在接收到信息后对信息进行识别、理解，从而产生某种认知和反应，进而有可能通过对信息的认知升级信息含量、丰富信息内涵，成为信息继续传递的发送方，提出新的情报或意见，这一过程是一个相互确认、相互转换、相互丰富精神内容的过程。设计师、受众、特定信息以及传达效果这四个因素共同完成了由设计师设计并传递视觉信息，受众接收、反馈信息并采取行动的传达过程。

视觉信息传达的过程是将信息进行视觉转化，变为可视的视觉符号，运用宣传媒介进行宣传的过程，存在着"信息、符号、媒介"三者的关系，信息是传播主体；符号是信的载体，承载信息内容；媒介是信息符号最终传播信息给受众达到传播目的可用各类媒体的总和。

"发送者—媒体—接收者"这一传达观念是视觉信息传达的基础，在此过程中，信息发送者根据不同的传达目标，将信息概念进行视觉化处理，转化为视觉符号发送出去；信息接收者则识别视觉符号，将视觉符号进行概念化处理，破译出符号中所包含的信息概念。信息成为连接发送者与接收者的桥梁，借助人眼的功能，以视觉化符号为传播载体，实现传达与接收的互动。与此同时，由于人的视觉系统具有选择性的特点，在复杂的信息中，视觉的注意力只会集中在具有强烈刺激性的、能够引发种种生理及心理反应的视觉符号上，因此，用于进行传达的视觉符号及进行传达的过程应是具有强烈刺激性的。只有如此才能够最大限度地吸引受众视觉注意力，有效地进行视觉信息的吸引、识别及记忆。

由此可见，视觉信息传达设计是一种将可视的视觉化形象作为信息的传达载体的设计形式，它将经过设计师的主观加工处理，被创造成内含寓意的视觉形象，首先作用于人的视觉器官，产生视觉识别；然后经由大脑的分析，产生视觉认知，进而促发心理现象和行为。经过以上的连续性的识别和认知的过程，信息与形象完成了配对，形象与识别完成了认知，最终完成信息的有效传播和反馈。视觉信息传达设计需要视觉系统对信息进行识别与认知才能够完成设计过程，因此一切凭借人眼"看"这一功能实现信息的传达和接受的视觉形式均属于视觉信息传达设计的范畴，例如平面设计、UI 设计、影像视觉设计、雕

塑设计等。信息的视觉化表现将这些设计纳入视觉信息传达设计的范畴，组成视觉形象的各要素以及其间的各种组织排列形式共同造就了含有深刻寓意的视觉形象，通过视觉生理和心理的感知促成了信息、情感、审美的传达与交互。

当然，在人类社会不断进步发展、科学技术水平不断提高的当今世界，视觉信息传达设计从其产生之初到其不断地发展都始终离不开科学技术的影响。科学技术的不断发展推动了新型材料的产生，丰富了艺术设计的材料库，推动了新兴艺术式样的产生，丰富了信息视觉化的手段；艺术设计的发展又催生了各种不同领域的探索，为科学技术的进步提供了借鉴。当今媒体技术、影像技术、数码技术等技术门类的发展以及相关逻辑、数学、计算机理论的推进使得众学科产生学科交叉，促使视觉信息传达逐渐从艺术设计领域拓展到技术型设计领域，设计形态由静态转移为动态，技术手段的不断翻新也使得设计表现日益丰富。

二、视觉信息传达设计的"多维"观

"维度"是在数学、物理学上对空间的定义，但延展到设计的领域中，其含义已经被极大地拓展，包括了各类情况的方方面面，形成了"多维"的思维观念。这种观念不仅体现在空间中，还体现在思维方法、造型技法、表现方式、表现媒介等方面。

信息的传达，主要依赖于视觉符号——这一转化信息的主要媒介，将其慎重挑选，运用多种设计方法、表达方式等进行视觉形象转化，进而进行表达传播。在此基础上，对于符号形象的提取、加工、重塑、表达必然是准确、恰当和艺术化的，而且符号形象自身所承载的内容也非常丰富，发掘这些丰富内涵和进行创意表达的过程是一个包含着多种可能性的过程，本文当中所指的"多维性"，即是指这"多种的可能性"，从设计者的角度出发，主要表现在以下三个方面，首先，创意的主体——人，其思维是多维性的。哲学中阐述，意识具有主观能动性，虽受客观物质的制约，却可随意识的主体而改变。由此可见，思维具有很强的"能动性"。由于受到诸如生存环境、受教育程度、社会环境、人生观、价值观等多方面因素的影响，其思维重点、思维方法、思维角度等决然不同，所获得的思维结果亦然多种。那么，无论是设计师自身抑或是接受信息的受众，对信息、符号的理解和感悟均会有不同程度的差异，对信息的传递表达和接受感悟自然也会有所不同；其次，视觉传达设计与设计思维信息进行传播的载体——视觉元素具有多维性，且表现在两方面：其一，视觉元素因其可识别性而区别于其他元素，通过形状、色彩、大小、肌理、体量等特性呈现元素特性，所涉范围极广，使得信息得以被视觉化，可被从多个层面进行感知；其二，视觉元素自身蕴含寓意，使其可以表情达意，且不同主题环境中同一元素的运用亦展现了元素的"一形多义"性；其三，视觉信息最终得以实现的手段是多维性的。

视觉信息最终不仅可以在二维平面空间中呈现，还可在三维空间甚至多维空间得以呈现，其设计手法也是极为丰富的，特别是在科学技术飞速发展的今天，不断发明的新材料、新技术也为视觉信息的呈现手段创造了更广阔的空间和可能性。

从信息接收者的角度出发，接收信息需要经过四个维度的认知环节：首先，视觉信息之所以能够传达到位被受众所接收，其中一个最主要的原因是，受众有信息需求，需要接受某种信息，若此时的信息与之刚好相对应，则信息就能得以顺利传播；其次，符号形象能够迅速高效地被受众接收，在最大范围实现其传播功能，很大部分取决于受众的视觉审美。爱美之心人皆有之，利用线条、色彩、形态、构图等多种视觉元素的巧妙组合，以极佳的视觉美感和丰富的形象内涵使受众产生积极的心理效应，将传播活动转化为人们乐于接受的审美活动，受众视觉上的愉悦升华为精神上的愉悦，体现独特的美学价值；再次，视觉信息若想高效地被受众接收，还需要顺应受众的情感趋向。人的物质消费有一定的限度，但精神需求却是无限的，这种精神需求主要表现在一种价值追求和情感依托上。

特定的情感色彩能引发心理联想，营造出一种与产品和谐的意境，让消费者在不知不觉中接收信息内容，例如香水、啤酒或服饰等类别的广告。因此，顺应受众所向，适当加入了情感诱导的形象能加快信息被接收并促使受众做出行动的抉择；最后，由于受众属于具有一定社会文化习俗的个体，有不同的民族与社会环境形成的哲学观念、文化心理、伦理道德、思维模式及宗教信仰等不同，设计师须了解其社会文化，对各因素加以整合处理，使受众产生信任感与认同感，促进信息的有效传播。

（一）设计思维的多维性

自人类产生之初，就从来没有停止过对美的追求，这种对美的执着，也促使着创造性设计活动的产生与不断发展。人们发挥自身的聪明才智，用有别寻常的思维方法创造性地利用身边的现有材料以及制造和使用工具，创造出能够满足自身需求的各类设计产物。在这一过程中用到的这种独特的思维，即是设计思维，它是人类特有的一种思维活动，具有极强的意向性和创造性，能够满足特定的需要。在这种设计思维的指导下，从多因素、多层次、多变量、多角度的思维层面出发，人类能够进行设计构思、制订设计方案，将自身的创造力、构想力和整合能力融为一体，充分表达设计意图。设计思维是多种思维类型的融合，有别于一般的思维模式，它将逻辑思维与形象思维结合，首先运用形象思维将众多信息资料都显现出来提供给大脑，供逻辑思维进行比较、分析、概括、抽象、加工等，是设计思维获取大量可加工资料的必要途径；然后运用逻辑思维对脑中的这些信息进行分析评估，形成知觉体验，将各种信息进行加工重组，创造新形象，这一过程使得逻辑思维成为设计思维形成的重要一环。

而且，设计思维本身是一种动态的选择性思维，能够择善取优，能把形象思维提供的众多要素主动联系起来，发现各要素之间的异同点，通过比较、分析找出它们间的内在联系并加以丰富，使各要素之间在功能、形式、材料、结构、审美等方面进行合理的安排。

（二）信息的多维性

信息就是指能够被视觉、听觉、触觉和嗅觉、味觉等信息采集器官采集到的各种直观的、抽象的事物，例如文字、数学、音乐、景物、色彩等都可被称为信息。信息作为视觉信息传达设计核心之一，用其丰富的多维属性丰富了传达的内容，为多样的传达提供了多种的可能。基于视觉信息传达设计是对人进行的信息传播设计，下面所提及的"信息"均是以"人"的感知为基础。

1. 信息的多维类型

信息广泛存在于自然界、生物界和人类社会，种类多种多样，所涉层次丰富，其类型可根据不同角度进行划分。

根据产生信息的客体性质划分，可分为自然信息（如声、光、电等）、生物信息（生物为繁衍生存而表现出的各种状态和行为，如遗传信息、动物种群内信息交流）、机器信息（自动控制系统）和人类社会信息。

按照人类活动领域，社会信息还可分为科技信息、经济信息、政治信息、军事信息、文化信息等。

根据信息所依附的载体划分，可分为文献信息、口头信息、电子信息、生物信息等。

根据获取信息的不同途径可分为：视觉信息、听觉信息、触觉信息、味觉信息和嗅觉信息。

根据信息的内容可分为：图片信息、色彩信息、文字信息、音频信息、图表信息、视频信息、程序信息等。

根据发布媒介的不同可分为：网络信息、印刷信息、电视信息、光盘信息、广播信息、报刊信息等。

针对不同的划分依据，信息可以被分为诸多类型，每一个不同的划分依据，都是从不同角度、不同层次对信息进行的区分，而且还可以根据需要对已知信息进行各种临时划分。诸多的划分形式同时也丰富了信息的层面，使得同一信息具有了多重的范围属性，对信息分析的深入化提供了可能。

2. 信息的多维识别

人类可以通过感觉器官和科学仪器等方式来获取、整理、认知信息。这是人类利用信息的前提。

首先，所谓"识别"，即是指信息是可以被感知，如形状、色彩、声音、触感、味道等。由于信息获取方式的多样性，信息的识别也多样化。通过视觉器官识别信息的方式为视觉识别；通过听觉器官识别信息的方式为听觉识别；通过触觉对信息进行感知的方式为触觉识别；通过味觉和嗅觉获得信息的方式分别称为味觉识别和嗅觉识别。在各类识别方式中，以视觉识别最为主要，已经得到科学实验证实，人类通过各种途径获得的信息中，以视觉器官获得的信息量占总信息量的70%至80%，视觉这一感官系统成为人类获取外部信息，对世界、对事物进行认知的主要途径。此外，在很多情况下，对信息的识别是建立在多识别系统相互配合的基础上，将多感官系统获取的信息进行汇总，得出对信息的全面认知。其次，可被识别的信息资源丰富，包括文字、图片、色彩、环境、空间、声音、图像等，众多信息资源都是可以进行识别的元素。而且，对于信息的感知通常是全方位的，而非单一的，对事物的初步认知就是建立在这些对事物的各方面反映的总和上。这些由不同观察角度出发，从多个方面获得的对信息表象的认知，即是从多个维度层次对信息所进行的识别。

再次，种类繁多的信息资源虽然丰富了信息量，但却也会在识别方面造成困扰，使得信息的识别出现强弱之分，这主要受两方面因素的影响：一是信息自身识别性的强弱。这主要取决于信息被创造出时是否携带有效的识别因素，如果识别因素不准确，则会影响对信息识别的准确性；二是接收信息的对象是否具有相应的识别信息的能力。如果接收对象的生理功能有缺陷，或是所受教育层次较低、理解力不高，或平日所接触、积累的相关信息量少等，那么其对信息的识别程度将会受到影响，对该信息的识别也可能不全面到位。

3. 信息的多维含义

信息中包含着内在含义或象征意义，它蕴含着丰富的思想观念和情感价值。由于信息的多样性和丰富性，其所包含的内容也日趋丰富。设计就是通过让受众识别信息并准确接收其中所表达的内容达到信息传播的目的。基于信息的多维识别的特点，其所包含的含义也是多重的。准确地将信息中所包含的内容进行传达，不仅需要信息发布者对信息自身的丰富内涵有一定程度的理解和把握，更需要能恰当地对信息的寓意进行准确的运用，选取恰当的形象承载信息的丰富内涵，并对信息接收者的接收程度准确预知，筛选出恰当的信息进行传播。只有如此，才能奠定准确传递信息的基础；另外，信息的传达是否成功还取决于信息受众的接收、反馈情况。受众能够准确识别信息并接收其中要表达的内容，且产生了一定的心理影响，即说明这是一个成功的信息传达。

4. 信息的多维组合

丰富的信息由多维的感知形式构成，可以是有形的图形、符号、色彩、文字、景物等，也可以是无形的抽象的概念、程序、声波、气味等。事实上，信息在传递的过程中更多的是借助多信息组合的方式将内容与形式进行合理搭配，以达到良性表达并传播的目的，而非单一信息的发送传递。以计算机运行程序为例，实际上是数以万计的信息阵列进行程序化的排列组合，有序地将各信息单位进行组合，通过规范化地存储和提取，实现电子信息的相互传输。又如视频信息这一信息类型，实际上是视觉信息与听觉信息组合的产物，产生了视、听一体的视听信息，共同完成了对主题信息内容的全面传达。再如报刊类信息，除了主要的文字类信息外还会配有图片信息，这样做的目的不仅是丰富版面效果，更多的是为了吸引受众的视觉注意力，引发阅读兴趣，进而达到加深记忆的效果。种种实例表明，信息在其传播的过程中已经有意或无意地被进行了组合搭配，而且其组合方式多种多样，可根据不同的信息、不同的传播空间、不同的传播目的，针对所要表达的不同内容进行任意信息的多向度搭配，从而推动、促进信息的有效化传播。

5. 信息的多维空间存在

信息的类型多种多样，但无论如何进行划分，信息终归都可以总体上被分为有形信息和无形信息，其存在依托的空间形式也相对地与其呼应。有形的信息因其具有外在表现形态，容易被感觉器官感知，其存在的空间多以二维平面空间和三维立体空间为主。例如报刊信息，信息被依托在一层薄薄的纸质媒介上，通过二维平面进行传播；雕塑作品则为了表现作者的设计意图，将信息融入雕塑作品，通过材料、形态、色彩等实质性的外在表现，在三维立体空间中构建了一个有形信息体，释放作者的思想、观念。但如果是看不见、摸不到的无形信息，其存在的空间就不仅是在二维或三维空间中，还可以存在于 N 维空间或虚拟空间中。所以，即便是同一个信息，在逐步转化成电磁信号或是虚拟的计算机信息列阵后，完成在多个不同时间、地点的更大范围的传播。此时的信息传播空间已不是单一空间，而是多重的空间，且涉及多个时间、空间（地点）以及信息的各类虚拟存储空间。网络空间在各类虚拟空间中当属头筹，囊括了海量的信息，现今发达的网络系统使得人们足不出户就能找到几乎所有的需求信息。由此不难看出，信息的存在空间是多维的，不仅在二维、三维空间中，在人们已知的各类"空间"中都能找到信息的影子。随着空间的不断深化，信息也将开拓其新的存在空间。

6. 信息的多维载体

这里的载体指的是承载信息内容的可被感知的事物，例如图片、色彩、音乐、影像、味道等。由于信息传播途径的多样化，使得即便是同一信息也可以由多个载体进行承担。比如"香甜"这一信息，首先想到的便是通过"味道"这一载体进行表现。但除了用"味道"以外，还可以用"图"或"色"进行表现。生动的图片和恰当的色彩都可以让人联想到与之相关的味道，这主要是由于人的五感（视觉、听觉、嗅觉、味觉、触觉）不但具有各自的感知能力，还具有"联觉"的能力，可以由一种感官的刺激作用触发另一种感觉，产生心理影响。既然无论采取何种形式作为信息的载体都可以被感知、识别，那么对于载体的选择范围便是很广泛的。信息发布者只须针对情况，选择最有效、最恰当的形式作为载体便可。

三、视觉符号的多维性

能被视觉神经系统认知的经过设计，能够传达出某种信息、思想、观念，用来传播的视觉形象，就是视觉符号，是融合了设计者设计意图的视觉元素。视觉符号是信息的载体；将信息内容存储于其中，通过恰当的表现形式进行表达。对于信息的传播者来说，视觉符号是信息的载体；但对于信息的接收者来说，视觉符号就是视觉信息，他接收并读取信息的内容，进而进行反馈。这就说明，视觉符号具有相对性，这使得视觉符号不但拥有自身的多维符号属性，也同时具有信息的多维属性。

（一）视觉符号的多维类型

人类社会充斥着各类视觉信息，它们被丰富多样的视觉符号形式传达着。视觉符号如此之多让人们应接不暇。总体上来看，只要是眼睛能够看到的，都可以归纳到视觉符号的范畴，因其呈现形式的不同可分为图片类、文字类、色彩类、影像类、建筑类、舞蹈类等。以舞蹈类为例，印度舞蹈的象形特征最为显著，舞者借由本身的手指、五官、身体表达和诠释宇宙间的万物。每一个舞蹈动作、手势都有其内在的含义，使得观者不但能欣赏优美的舞姿更能感受其中讲述的故事。多样的视觉符号类型丰富了符号最终呈现的视觉效果，电影、电视、动画、摄影、摄像、雕塑及各类设计中都充斥着符号的影子。

（二）视觉符号的多维识别

所谓"识别"，即是指视觉信息是可以被视觉感知的形态，这基于符号自身的"能指"属性，其自身是可以被感知的形态，如形状、色彩、质感、长短、大小等。多维识别即是多角度感知。对于视觉符号的识别可以从形（型）、色彩、大小、空间等方面全方位出发，而非单一的符号识别。对于视觉信息的初步认知就是建立在这些对形象的各方面反映的总和上。这些由不同观察角度出发，从多个方面获得的对视觉信息的表象认知，即是从多个维度层次对视觉信息所进行的识别。

当然，在实际的设计过程中，这些具有极强视觉识别性的视觉符号不是随意勾画的，而是在设计者的深思熟虑下被有意挑选出来的，而且要经过蓄意地刻画和表达，最终得以呈现出最佳的视觉效果。当然，能否挑选出恰当的符号形象，取决于设计者自身的设计水平及平时信息量的积累。因此，视觉符号识别的强弱要受以下几方面的影响：首先是视觉信息设定的有效性。这是指设计师首先要针对特定的设计目的进行的必要信息内容的设定，明确要进行传播的信息内容，以便有针对性地利用现有资源将信息内容转化为可视的视觉符号。这个即将被传递的视觉信息内容必须是准确的、有效的，否则信息的传递将不准确和无效；其次是视觉符号传输的有效性。指经过设计师设计，信息被转化成为可视的视觉符号依托一定的传播媒介进行传播，该视觉符号能够被简单、准确地识别出来，用来承载信息内容的视觉符号必须是能够准确代表信息内容的符号，这是准确传递信息内容的必要保证；最后是视觉符号感知的有效性。受众接收到由设计师发送出来的带有信息内容的视觉符号，不仅能够通过对该视觉符号的识别还原其中所包含的信息内容，还可以经过自身的消化理解升级信息含量，丰富信息内涵，还可能成为信息继续传递的传播者。

（三）视觉符号的多维表达

所谓"表达"，即是指视觉信息自身所包含的内在含义或是象征意义，它蕴含着丰富的思想观念和情感价值。符号之所以能够承载信息内容，表情达意，就是因其具有"所指"的属性，其自身具有一定的象征意义，本身是一种规律性的指示，能够用来代表另外一个事物，这主要是源于人们的日常习惯的积累。一个视觉符号形象其通常所代表的含义不止一个。之所以会如此，首先是由于信息的受众会对涉及个体感受、个体心理等方面的因素产生不同的感受，对符号做出不同程度的理解；其次是由于社会的不断发展，人们的习惯、经验等也在不断地变化和增长，建立在对原符号形象理解的基础之上，对该符号的认知度也逐步加深，使得符号的内容量也有所增加。例如"苹果"这个符号形象，以前就只是一种水果的形象，并无其他的含义。但随着科学、信息技术的进步，苹果品牌的各类电子产品进入到人们的生活中，"苹果"这一形象得到了设计美化，其含义也由单一的水果种类，转变为科技领先、外观时尚、勇于不断更新创造的"苹果品牌类产品"的代名词。由此可见，视觉符号是在不断进步发展的，其含义也在不断地更新、充实，这使得其所表达出的信息内容得到了极大丰富。

（四）视觉符号的多维构成

在设计领域中，"构成"是指将一定的形态元素，按照视觉规律、力学原理、心理特性、审美法则进行的创造性组合。因此，多维构成即是指多维的组合。而在进行信息语义可视化转换的过程中，通常是需要将多个视觉符号进行蓄意组合，将各信息单位进行串联，从而完整地进行信息的表现与传达。在组合的过程中需要明确传播主题，将各视觉符号运用不同的组合方式进行组合，使之成为包含寓意、内涵的全新视觉形象，充分发挥视觉符号的传播效能，发挥其"一图顶万言"的潜力，运用视觉语言的巨大力量传播思想观念。

最常用的手法是将现实中相关或不相关的视觉信息进行组合，将它们的象征意义交叉形成复合性的意念进行传达。这种组合不是简单地相加、罗列，而是以一定的手法整合为一个新形象。从视觉上看具有合理性，而从主观经验上看又是非现实存在的、不合理的。这是一种创新的组合，组合的手法建立在对原型的可塑性上。例如置换同构，是在保持原型的基本特征基础上，物体中的某一部分被其他物形素材所替代，产生具有新意形象的图形组合方式。通常要求用以替代的物形元素与被替代的原型部分存在形态的一定相似性，但意义具有差异性，以达到"形似意异"的画面效果；显异同构，是将一个原型进行开启，显示出藏于其中的其他物形，这个内藏物往往是出人意料的形象。

显异同构被开启的原型可以是现实中可被开启的事物，也可以是不能被开启、割裂的事物，通过图形想象中的分割裂变进行再创造，使其成为具有超现实的新形象；共生同构，是将几个物形通过共用一些部分或轮廓线的手法，产生相互借用、相互衬托，形成两形或多形共存的有机整体图形。这种手法创作出的图形整体感强，图形间关系紧密，常常用来象征事物间相互依存的含义；矛盾空间，则利用人眼的视觉关注中心有一定局限性的原理，对形象的不同部分采用不同的透视角度，对同一形态在不同视觉区域进行不同的空间界定，从而产生看似合理、实则充满矛盾的画面空间关系。

（五）视觉符号的多维空间表现

对于视觉信息而言，其存在空间是多维化的，人们可以在所知的空间内找到它们的身影，与此同时，也可以在这些空间当中将其表现、传播出来，这就是视觉符号的多维空间表现。

1. 二维空间的表现

所谓"二维空间"，指只有长和宽、没有高的空间。在视觉信息传达设计中，设计师可以依托只有长和宽的平面载体进行设计，通过巧妙的构思将视觉元素进行创意组合，再配以恰当的编排形式，进而表达其设计理念。这种设计一般表现在报纸、杂志、书籍、海报、传单等纸质媒体上。

2. 三维空间的表现

所谓"三维空间"，指由长、宽、高构成的空间。通过构建三维空间，形成了人的视觉立体感。三维设计是以长、宽、高构成的三维空间为载体进行的设计活动，依据三维立体空间的思维而构建起设计样式并进行表现。由于设计原理的相通性，设计师可以运用三维的视觉元素，选用适当的组合编排方式表现设计理念，最终在三维空间中进行表达。其传达关系相对复杂，空间语境除了依靠形态自身涵盖的语意，同时也依赖于所存在的空间层次。因为由三条坐标轴线组成，拥有实质的空间体量关系，在视觉上能够形成实在的视觉空间效果。

3. 多维空间的表现

设计中所谓的"多维空间"与数学和物理中的"多维空间"不同，不单单指以长、宽、高为表现形态存在的形式外所加入的时间的内涵，更多是指影响空间形象的因素的多样性，只要一个空间形象的构成是由 n 个因素决定（不考虑其影响程度），就可以说是 n 维。而且，这些多维的因素之间也存在相互对立、相互融合的关系，共同构成对空间形象的构建。

4. 视觉符号的多维媒体

媒体是指特定的用来运载信息的传播装置，信息最终就是通过这一装置发布出去。当提到不止一种媒体的时候，指的就是媒介。

对于承载着信息的视觉符号来说，由于是依靠视觉器官进行信息识别的，那么所选用的媒体也被限定在了具有视觉信息传播功能的媒体上。随着社会的进步、科学技术的发展，能够作为媒体的事物已经日趋增多，已不再像过去那样只能依靠报纸、杂志、电视、广播这样的传统媒体，传播视觉信息的媒体也日益增多。例如计算机网络，海量信息、传播速度快、覆盖范围广；公交车车体、拉手，其移动的特点恰好使得信息具有了动态的属性，扩大了传播范围；楼体，宣传幅面大，视觉冲击力强，容易吸引视觉注意力，加深记忆度；手机，通过短信、彩信、地图、电视、游戏等增值服务，在任意时间、任意地点进行传播，且绝对保证传达到位；此外还有站台、天桥、电影院、网吧、邮票、电梯等，诸多的传播媒介为视觉符号的投放提供了广阔的空间。是否选择恰当的媒体进行发布，是评判视觉符号是否能够传播成功的重要标准之一。

第二节 视觉信息传达的多维知觉心理

一、视觉生理

（一）视觉识别

人眼是人体的视觉器官，可见光通过折射可在视网膜上成像，经过视觉神经的传输由脑进入视觉中枢，使得人类可以分辨出所见物体的颜色和亮度，由此可以看清在视觉范围内的发光或反光物体的轮廓，如形状、色彩、大小等。通过视觉，人类不仅可以看到物体，还可辨别物体的外表，获得各类重要的信息，科学家已经证实，人类从外界获得的信息中有70%至80%是通过视觉获得，视觉是人类最重要的感觉。依赖于这种快速、有效地获取信息的生理感觉，人类得以获取更广阔的生存资料，推动了自身的进化和发展。时至今日，各类以让受众"看"为传播形式的信息传播方式层出不穷，科技的发展更是推动了各类新型传播形式发展的步伐。视觉信息传达设计也成为这多样形式中的一员，并开始发挥其重要的传播作用。

（二）感官识别

虽然人类基本上是通过视觉获取绝大部分的外界信息，而且对视觉的依赖非常强，但实际上其他感官知觉，例如听觉、嗅觉也同样可以发挥获取信息的重要作用，在日常生活中得到额外的信息和经验。例如调香师，凭借敏锐的嗅觉感受和辨别气味，并以此进行香水的艺术创作。优秀的调香师在调制出新的香水之前就在意念中闻到了香水气味，就像绘画构思一样，然后凭借调香师丰富的想象力和特殊的嗅觉记忆力调制出香水。经典的香奈儿5号就是其中的佳作极品之一，这种独特的气味能够引起关于女人的端庄、典雅、妩媚、婉约等的无限遐想，增添个人魅力，使其成为众多知名人士的最爱。再如广播，这是一个再大众不过的传播媒介，具有传播范围广、传播迅速、成本相对较低等特点。通过电子信号将语音信息传播出去，尽管看不见也摸不到，虽不能"眼见为实"，但却丝毫不影响受众对信息的接收。语音信息虽不及图像信息那般直观、简单明了，但正是因为这样，让听众多了几分自我猜测，无形中增加了想象的空间。生动的语言信息更是能深深地吸引听众的神经，使其听得津津有味，促使其每日都按时准点地收听节目，这或许就是各类广播节目经久不衰的原因。在现实生活中，对信息的获取除了主要依靠视觉以外，更多还是多感官的综合识别，这样可以提供更加全方位的信息内容，使人们可以更加全面、具体地了解事物。

人不仅是一个单纯的感官接收器，同时也是一部敏感的记忆再生机器，通过生活中对于各类事物的接触，积累起丰富的感官经验，并能通过对这些储存的信息进行筛选，进而加工重组。设计，正是利用人的这种记忆和联想的能力，在脑中再现各种画面，有序交织而成。

（三）体验识别

《现代汉语词典》把"体验"解释为"通过实践认识周围的事物；亲身经历"。因此，体验实际上是一种感受，一种只有我们亲身经历之后才会有的、全方位的对事物的感受。在体验的过程中，体验物融入生活当中，体验者可以更加充分地了解体验物，并通过其对体验物的价值评判影响其下一步的行动，而且极有可能以行动成为信息新的传递者。这也正是体验识别在信息传达中的真正魅力所在。

体验者通过亲身体验，感受一种生活方式，在情感和信息上进行交流，最终可能影响其生活态度和生活观念。从这个方面讲，信息的传达不仅仅是接收者知晓内容，更多的是向接收者提供情感上的需求和体验的快感。这也是现今商品市场中诸多"体验馆"争相出现的原因，切实的亲身体验可以最大限度地缩短消费者与产品间的距离感，使消费者在最近处观察、感受产品，并通过这些感受促使购买行为发生。所以，服装专卖店的服装可以试穿，化妆品柜台的产品可以试用，蛋糕店新口味的产品可以试吃。

（四）错觉

正常的感官接受外部环境的刺激后能引起知觉反映，对环境进行评判。但是，这一评判的结果有可能与真实情况相差甚远。由此可以得知，我们的知觉判断并非全然准确，有些可能是失真的，甚至是错误的。这种与知觉判断不符的失真、扭曲的知觉经验，就是错觉。错觉是普遍存在的，视觉、听觉、味觉、嗅觉等各类感官构成的知觉经验都可能会产生错觉，生活当中不但能够经常感受到错觉的存在，而且有些错觉很早以前就被拿来利用了。例如，同样的身材穿黑色的衣服会比穿其他亮色的衣服显瘦，利用的就是黑色具有视觉收缩性的视错觉原理；室内面积如果比较小，室内陈设可以以浅色为主，适当地在墙面添加横条状的装饰带可以让人感觉室内空间宽敞、明亮，利用的是面这一视觉元素具有视觉方向性的原理引起的错视；还有榴梿的气味闻起来虽然"臭"，但吃到嘴里却是"甜"

的；等等。这些各种各样的错觉丰富了我们的生活体验。现代的艺术家已经找到了利用错觉进行艺术表现的方法。

二、视觉心理

（一）视觉认知心理

"认知"，顾名思义先要"认"——识别，然后"知"——理解、升华。视觉认知，指的就是通过视觉对所见形象进行辨识，从而进行推断和理解。这一过程不仅仅依赖感官或用于识别的信息，更重要的是要运用大脑能够对所获信息进行组织加工这一人类特有机能，获得对事物的整体反映。

影响人对事物进行视觉认知的因素有以下两方面：

第一，被视觉认知的视觉形象是否易于识别。世间万物之所以能够各自区别开来为人所认识，最主要的就是它们各具特性，而且各不相同，使它们可以被分别加以识别确认。因此，决定能否被识别出来的关键之所在就是形象的特征性，只有特征明显且准确的形象才能被很快识别出来。

第二，被视觉认知的形象是否含有一定的内涵和寓意。认知是一项高级的心理过程，它已经由初级的感性层面提升到理性层面，是大脑对信息进行加工重塑的创造过程。但要完成这一过程，主要取决于所加工的信息是否具有一定的内在含义需要解读，这就像破译密码，若本来就没有引申的含义待解则无秘可破，也就陷入了"无米之炊"的境地。

（二）视觉元素的心理效应

在视觉信息传达设计中，视觉元素需要经过设计者精心筛选和合理构成，成为能够进行视觉信息传播的视觉符号。视觉信息之所以能够对信息接收者产生某种程度的影响，是因为组成视觉信息的个体单位——视觉元素，自身包含一定的信息和寓意，通过视觉作用于接收者的心理，从而引发后续一系列的情感上和行动上的变化。视觉元素对信息接收者的心理影响主要体现在以下几方面：

1. 视觉元素的形（型）状

形（型）状对于视觉心理的影响主要体现在两方面：首先是吸引视觉注意力。人对视觉信息的认知活动是有选择性的，会对元素相对集中、完整的形象注意力更强。那么相对的，只要视觉元素的形态越完整，与周围形象反差越大，单位信息含量越多，其受到视觉关注的可能性便越大；其次，通过对形（型）状的识别，可以引起相应的心理效应，产生对该形（型）状的判断，将其与众多形象进行区分，确认形象的类别，并可以凭借以往的丰富信息经验，对形象所代表的表面含义、深层含义进行认知。世间万物都可用形（型）状加以表现，不同形（型）状代表着不同的事物和不同的概念。因此，只要元素表达准确，其代表的含义就可被准确传达。

2. 视觉元素的色彩

根据人追求光明这一心理特性，明亮、鲜丽的色彩容易引起视觉的刺激，提高视觉注意力。因此，只要适当调整各视觉元素的明度对比关系，就可以达到吸引视觉注意力的目的。另外，由于受到色彩心理的影响，不同的色彩会给人不同心理感受。

3. 视觉元素的排列组合

视觉符号形态是通过将元素进行排列、组合完成，使观者得以尽快认知、理解元素的含义。心理学的研究已经证实，在一个完整的视觉区域内，人的视觉中心处于物理中心的偏上方，重要的、主要的视觉元素应排列在视觉中心附近；另外，有序排列组合比无序排列组合更容易吸引视觉注意力，主要是因为有序的排列能形成流畅的视觉流程，可以帮助快速捕捉视觉信息，尤其在视觉元素很多的情况下，数量众多的元素不仅会分散视觉注意力，更加会降低识别性，此时更应对元素进行有序排列，辅助引导视觉对元素进行选择性获取和识别。此外，还可将视觉元素进行动态化处理，这样更加能起到吸引视觉注意力、引导视线、加深记忆等目的。

（三）有意识与无意识传达

基于视觉层面引发的各类视觉认知奠定了视觉信息发送及接收成立的理论基础，引发了设计者在视觉传达领域的无尽遐想，运用身体的各感官神经、知觉系统、记忆系统等引发一系列的心理活动，综合而成了设计思维。由于设计思维的多维性，设计者可以从多种角度探索视觉元素种类和构成的多样性，在这一过程中，其思维形式也是多种多样。这其中就包含着在意识层面上的理性反映形式，也有在无意识层面上的非理性反映形式。在设计思维的过程中，设计者需要通过各感官系统获得对设计对象的整体认识和反映，这需要首先对所获得信息元素进行筛选。然而这一过程却并不总是与目的和意识相结合，也可能是无意识在起作用。因此在进行设计的过程中，其思维会出现有意识选择与无意识选择两种情况。有意识选择主要表现在经过仔细筛选、比较、衡量最终选定所要设计思维的对象；无意识选择则恰恰相反，基本上没有想的过程，而是不假思索、毫不犹豫地选定所要思维的对象。从表面上看来，无意识选择的这一过程似乎是没有经过思维过程就进行的选取，但实际情况却不然。对设计者而言，其多年来学习获得的认知方法、知识结构以及形成的自有思维方式，乃至其个人的兴趣爱好等都是无意识间形成的，多年的积累与沉淀已经使它们深入设计者的潜意识。当遇到与这些无意识的认知结构相适应的外界刺激和信号，设计师就会不假思索地自动确立设计思维的对象。

另外，设计者自身的思想观念、思维模式等差异也会影响其对所获得的信息的感知程度，信息能否引起感知的兴趣和注意力，全凭其是否能与调动设计者认知的兴奋点相契合。由于设计者对信息的感知敏锐程度的不同，直接导致了其对信息的注意力和兴奋程度的不同，且这种对信息的注意力和兴奋度在设计者的有意识层面和无意识层面都有体现。例如，设计者通常都对所获得的设计对象的型（形）、色、材质、体量等方面较为敏感，这主要是因为视觉是人类获取信息内容的主要途径，会优先进行识别。而被忽略了的对于设计形象的声、味、节奏、旋律等感受，却是通过无意识的状态对设计者的思维进行作用，成为设计者分析、理解设计对象不可或缺的信息辅助来源，深化设计师的设计思维，成为其设计灵感的触发点。一般来说，设计思维的有意识主要表现在其设计意图的明确性上，设计方案必须从一定设计目的出发，并且通过准确地认知研究设计对象，选用恰当的视觉形象，运用合理而新颖的设计方法来实现对设计目的的表达，进而体现设计思维。而设计思维的无意识则表现在不自觉性和自发性上，其出现虽不受有意识思维的控制，但其出现的大范围环境及出现后的分析、处理却处于有意识思维管理范围，会在有意识思维的指导下进行。因此，无论是有意识或无意识，设计思维的整体思维过程都始终在设计师的思维定式、心理认知及无意识运动方式等许多条件制约下进行的，并非胡乱设想盲目设定。

但是，虽然设计思维是有意识控制的思维行为，但当这些常用思维形式成为习惯就会形成思维定式，成为一种惯用的思维方式，从有意识层面转化到了无意识层面。虽然这种思维定式能在一定程度上起到提高思维效率和速度的作用，但它同时也会因其无意识地支配思维活动，没能更加全方位地进行思维考虑，导致思维进入误区，成为影响设计思维质量及其发展进程的绊脚石。因此在设计思维的过程中，必须对无意识进行有意识的选取、舍弃。因为并不是所有的无意识都可以通过设计思维发展成有意识的设计，而且无意识通常只能是一个出发点，作为设计的灵感可以引发有意识的设计思维，最终实现设计思维的总体思维过程。

三、知觉心理

所谓知觉，是指人类通过视觉、听觉、味觉、嗅觉、触觉这些感觉器官获取了诸多知觉对象的信息，通过神经将信息传输给大脑，大脑对信息进行了分析评估，产生的对知觉对象心理层面的反映。知觉是人类了解事物的主要途径和方式。根据人脑所反映的事物特性，可把知觉分成空间知觉、时间知觉和运动知觉。

（一）空间知觉

对物体的形状、大小、远近、方位等空间特性获得的知觉，即空间知觉。生活在三维空间中的人们无时无刻不在对周遭事物的远近、大小、高低等做着判断，以求更多地了解、适应自己的生存环境。一切对环境的探索都要依靠空间知觉的判断。空间知觉是依靠多感官识别共同活动、作用于心理层面产生的认知活动，包括视觉、听觉、嗅觉、味觉、触觉等相关活动及相互联系，如形状知觉、大小知觉、距离知觉、立体知觉、方位知觉等。这其中由于视知觉占空间知觉的主导地位，所以获取的信息多为通过"看"而得来，听知觉、味知觉、触知觉等则作为重要的辅助知觉帮助完善总体的空间知觉。空间知觉并非天生，而是要在后天的成长中逐步锻炼形成，就像幼儿要练习走路、抓取的能力，学习说话练习语言表达的能力，通过家长及外界的教育和影响，探索其生活的世界，形成对外界的空间知觉认识。空间知觉就是通过进行不断的实践取得发展和完善。在视觉信息传达设计中对于空间知觉的运用表现在平面设计、室内设计、建筑设计、雕塑设计、景观设计等方面，设计师将各设计要素按照设计目的、设计要求进行统一整合，将设计作品呈现在空间当中，受众通过自身的空间知觉进行识别、判断、理解、认知达到信息的传达、设计构思的表现。

（二）时间知觉

时间知觉也称时间感，指在不使用任何计时工具的情况下，个人对时间的长短、快慢等变化的感受与判断。人们可以通过计时器对时间进行感知，也可以通过其他外在线索，如太阳的升落、月亮的圆缺、昼夜的更替、四季的变化等，或生活、工作中的工作程序等判断时间。对时间的知觉也是在人的实践活动中逐渐培养、发展起来的，年龄和情绪等都能成为影响时间知觉的因素。时间知觉不仅提醒着我们时间的流逝，同时还作用于生活中的诸多方面。例如，人们之所以感觉电子信息产品发展很快，每天都有变化，就是因为科技产品的研发者利用了人们的时间知觉，依仗有力的研发团队的技术支持，将已研发好的产品分批次、有计划地逐步投放到市场中，制造出产品不断更新的现象，促使消费者对自己的用品产生"过时了，需要更新"的想法，促进市场的消费。

时代会在不断的变化发展中不断淘汰老旧、落伍的设计，但仍有很多作品依然焕发着现代的活力。作为一名成功的设计师，最骄傲的莫过于自己的作品可以永世长存。了解时间知觉，并将其反向利用，可以使设计作品跳脱时间的流逝，在世界无尽的变化发展中仍然适应时代的发展。

（三）运动知觉

运动知觉是人对空间物体运动特性的知觉。运动知觉的形成完全是由于物体在空间当中的位置发生连续移位，而且是可以被感知得到的移动距离，因为如果移动过于微小不易被发觉。可见，运动是运动知觉产生的根本原因，而运动知觉的形成主要受运动主体的运动速度和感知距离的影响。首先，太快或者太慢的运动都由于来不及被感知和无法感知而无法形成运动知觉；其次，两物同速运动，由于近大远小和近实远虚的原理，小和虚都会导致对物体的观察不清，直接导致近的感觉快、远的感觉慢，越远的越慢直至看不出运动的视觉效果。运动知觉有似动现象和相对移动两种知觉形式。

似动现象也被称为错觉现象，但实际上它仅是错觉当中的视错觉。产生这种现象的主要原因是，在观察者与知觉形象在静止的情况下，由于人的视觉注意力无法在短时间内保持不动，使得视觉中心不间断地、跳跃地偏移，引发视知觉上的观察对象移动、跳跃的错误知觉印象。这种移动完全是视觉错视引起的假移动，实质上双方都没有移动位置。相对移动也是一种错觉，但它不是单一的视错觉，还是体感知觉等的综合判断。这种错觉是通过观察者本身是自身移动引发运动感觉，却错误判断是因物体移动引发的运动感。这种运动知觉十分常见，几乎每个人都经历过，如坐在开动的火车上往窗外看，感觉窗前景物飞快地移动，但实际是坐在火车内部的我们在飞快地移动。

第三节　视觉信息传达设计多维的思维

思维是人脑对客观事物属性与规律的概括和反映，也是受感觉、知觉、记忆、思想、情绪等影响的一系列心理活动，在长期的经验积累与体验中形成了多样化的思维方式。

一、发散思维与聚合思维

发散思维是指人们在进行创造活动或解决问题的思考过程中，通过已经确立的思索方向，围绕着唯一的主题，将思维的范围如网状辐射发散出去，对同一主题分别从不同的角度、层次去思考，探索各种可能性，不急于否定，提出各种解决设想的思维过程。发散思维主要被应用在创意设想阶段。通过不同的思维方向，跳脱限制范围，突破陈旧的思维方式，运用开拓、无畏的精神，将各种可能性都考虑进来，寻求各种可能的解决方法。在进行发散思维的过程中，需要设计师能够充分地发挥其独特的想象力，将信息向各种可能性发散，找出更多更新的解决方案。

在发散思维发挥作用的时候，对于同一问题的探索便有了诸多方向的可能性。将我们已获得和可以继续获得的众多信息根据需要进行分拣，没有特定的要求，没有绝对的否定，头脑中可以浮想出任何念头。有时一些听起来荒诞不经的奇想就可以成为具有创造性、前瞻性的观念的起点和灵感。聚合思维是相对发散思维而言的，是指人们在进行创造活动或解决问题的思考过程中，依据主题的要求，通过自身知识和经验的指导，在众多可行性方案中寻找最佳解决方式的思维方式。它首先依赖发散思维获得众多可行性的信息资源，然后依据各方面的要求对信息资源进行分析评估，提取出最佳方案，是一种有方向、有范围、有条理的思维方式。

在聚合思维发挥作用的时候，需要尽可能地调动起设计师的已有经验和知识，从不同层面对信息进行筛选、分类，层层过滤，去除无用信息，保留有用信息，并将保留条件逐渐缩小，呈现出一种逐渐收敛的态势。

发散思维因其具有无定式、无局限的特性使思维可以不受任何束缚，可以充分发挥想象力，成为最受倡导的设计思维方式之一。通过这种思维方式衍生出的新想法、创造出的形象都具有新颖独特的艺术效果。聚合思维则可以在发散思维的基础上，对由发散思维而获得的信息资料进行筛选，针对不同的目的将符合要求的资料过滤出来，从众多信息中选出最适宜进行表达的信息元素。在实际的设计思维过程中，这两种思维方式是共同存在、交替进行的。初期的构思由发散思维收集信息，然后由聚合思维进行分析、筛选，进而进行解构重组。二者反复交替、相辅相成。

二、形象思维与抽象思维

形象思维是指人类认识世界的过程中，运用直观的、视觉化的具体事物对某一认知对象进行描述的思维方式。这种思维方式将对认知对象的分析、概括等总结成具体的形象，然后通过对这些形象的组织加工形成完整的形象表达。抽象思维是相对于形象思维而言，在对认知对象的分析、认知过程中，将所获得的信息概括成概念、定理、原理等。

在设计思维的过程中，形象思维与抽象思维是共同存在一起发挥作用的。形象思维善于将抽象的事物具象化处理，其简洁、直观的处理方式使得很多复杂的事物以简单的形式呈现出来，将思维的过程变得简单化、有趣化。但由于其仅是一个不断搜集、转化成形象信息的思维过程，缺乏对事物的逻辑归纳力、评判力，若要完整地进行设计思维过程，还需要抽象思维的加入。抽象思维善于进行总结概括，是抽取设计主题、发掘设计立脚点、统合各类信息元素的恰当思维方式，有了抽象思维的逻辑分析能力，可使得设计思维的思维过程清晰、有条理，能将形象思维得来的各类形象元素进行整合处理，二者相辅相成，共同完成完整的思维过程。当然，在实际的思维过程中无法明确每种思维方式的具体起止点，它们是在有意识思维和无意识思维的指导下交替进行完成思维的过程。

三、顺向思维与逆向思维

顺向思维指设计者在进行设计思维的过程中，根据以往的经验沿用了某些常规的分析解决问题的方法，从原有的成果或事物出发，按照其发展的进程进行思考、推测、完善、深化，从已知到未知，通过创造性的思考，运用已知事物创造新事物的思维方法。顺向思维的完成依仗以往的思维经验，尤其是成功的经验。这种思维方式的建立需要一个长期、反复、强化的过程，在这一过程中经历了反复试验和成功循环。所以，当再次遇到类似的解决对象时，以往的经验思维发挥了作用，思维的循环再次启动。毫无疑问，适当地沿用以往成功经验的思维方法在一定程度上确实可以少走弯路，为解决问题开辟一条便捷之路。但如果不加选择、不加节制、无限地进行经验的复制，那么这种解决问题的思维方法就成了思维定式，不但会阻碍设计思维的发展，还会导致思维方向的偏离。因此，在进行顺向思维的时候应有针对性地对要解决的问题加以分析，不应盲目套用。

逆向思维指设计者在进行设计思维的过程中，没有遵循以往分析、解决问题的惯用方法，而是"反其道而行之"，选择了完全不同的其他方式方法，从与以往不同的思考角度进行思考、解决问题的思维方式。这种不与常规为伍，打破僵化思维定式的思维方式，能够发掘出事物以往不为人知的一面甚至多面，以这些为切入点，可以产生新的解决问题的方法，树立新思想，创造出新形象。

其实思维本没有顺、异之分，所谓的顺向思维、异向思维都是建立在相对的条件下。与普通大众常规的思维方向一致的即被视为顺向思维；与普通大众的思维方向不同甚至背离的，即被视为异向思维。社会在进步、科学在发展，人类的思维也在不断发展进步，以前被认为是天方夜谭的奇想今日早已经成为大家耳熟能详的事物，千里眼、顺风耳，这些原本只在神话故事中才有的神奇能力，现如今已不是什么稀奇事儿了，望远镜和雷达的发明彻底地实现了这些神话。由此不难看出，只要普通大众的常规思维方向有变，顺、异之分也将随之转变。

四、创造性思维

设计思维是科学思维与艺术思维结合的产物，其本质是创造性思维。创造性思维是一种综合的思维方式。在这一思维的过程中，首先会摒弃旧有的常见想法，用勇于开拓创新的精神大胆并拓思维范围和运用各类思维方法，然后通过综合的思维认知，创造出现实没有的新思想、新形象。创造性的因素具有超乎想象的巨大潜力，凭借它能够强有力地推动设计的发展，派生出全新的视觉形象，进而推动设计思维的发展。

在设计思维过程中，创造性思维主要依托由联想到想象的心理过程得以实现。联想，是根据一定的相关性，从一个事物推想到另一个事物的思维过程。之所以可以由一个事物推想到另一个事物，是因为客观事物之间有各种"联系"，这种"联系"成为联想的桥梁，通过这些"联系"可以找出表面上毫无关系甚至相隔甚远的事物之间的内在关联性，为后期的想象提供更多的选择。联想可以是由一点出发呈"面"状的发散推想，也可以是由一点开始层层推进的"线"状推想，其类型依据关联性的不同可分为：类似联想、虚实联想、接近联想、因果联想和对比联想。想象是在通过联想获得素材的基础上，按照设计者的感觉和意图，对素材进行重新加工塑造，建立一个新形象的思维过程。想象是一种复杂的心理活动，能在原有感性形象的基础上创造新形象。这些新形象是已积累的知觉材料经过加工改造而成的。人们虽然能够想象出从未感知过的或是实际上并不存在的事物形象，但归根结底还是源于客观现实，这使得想象对于进行创造性的思维活动有十分重要的意义，能有力地推动创造性思维的发展。联想和想象的过程是一个循环往复的永无止境的思维循环过程，经过想象的形象还能够因为某种联系引发联想，由联想引出的新形象又可成为继续想象的素材，如此生生不息。这表明，创造性思维是永无止境的、多种思维的结合体，是多种思维状态共同作用的结果。

设计思维需要新观念、新组合，各种设计思维互为影响、互为交叉，呈现出动态的、多元的设计风格和样式。尤其是网络信息时代，以"单一的思维模式难以应对复杂的设计现象，综合的思维才能满足设计对思维的要求"。

第四节　视觉信息传达设计多维的表现

一、多维的视觉设计

在视觉信息传达设计过程中，信息由各类众多元素构成，它首先要被转化为可见的视觉符号，这些符号是经过设计师精心设计、能够负担信息内容的载体；然后选择适当的媒介进行发布。在整个过程最为重要的就是将信息元素转化成视觉符号的过程。经过高度提炼概括而出的信息此时是设计师头脑中的一个抽象概念，既看不到也摸不着，必须借由设计师丰富的视觉联想力、想象力，将之转化成可以亲眼看到的视觉信息符号，这些符号主要由"图形""色彩"等通过多样的组合、加工而成，借由这些可以为视觉所识别的具象实体传达信息的内容，表现设计者的设计意图。

（一）多维的图形设计

图形，是指用色彩和线条等描绘出来的视觉形象，是经过设计师精心设计，蕴含信息、思想、观念，可以通过各种手段进行复制传播的视觉符号。"图"不是单纯地寻求新奇的视觉形式，传播信息是其根本目的。作为视觉传达设计的重要构成要素，"图"是最简单明了的信息载体，它们不受不同地域、不同语言、不同文化的限制，能够突破这些阻碍将信息传达到位。

由此可见，"图"比文字更形象、更具体、更直接，其具有"一图顶万言"的传播效能，是沟通世界的"世界语"。它更具有直观性、生动性、幽默性和国际性，这也正是"图"的魅力所在。

设计师在深入解读了所要传达的信息内容后将其蕴藏于适当的"图"之中，赋予其一定的内涵和意义，完成了将信息转换成"图"的过程，运用多种形象组合的方法组合、加工，形成了能够传达信息内容的"图"的创意形象。其中，将形象进行加工、组合的方法多种多样，处理手法是否恰当决定了形象的优劣。最常用的手法是将现实中相关或不相关的元素进行组合，将元素的象征意义交叉形成复合性的意念进行传达。这种组合不是简单地相加、罗列，而是以一定的手法整合为一个新元素。从视觉上看具有合理性，而从主观经验上看又是非现实存在的、不合理的。这是一种创新的组合，组合的手法建立在对原型的可塑性上。

1. 置换

置换，指在保持原型的基本特征基础上，物体中的某一部分被其他物形素材所替代，产生具有新意形象的图形组合方式。通常要求用以替代的物形元素与被替代的原型部分存在形态的一定相似性，但意义具有差异性，以达到"形似意异"的画面效果。

2. 肖形

"肖"即有像、相似的意思。肖形，是指以一种或多种物形的形态去模拟另一种物形的组合手法。肖形同构可以使一些本身形态具有偶然性、可塑性的元素，如水、云、风、烟雾，通过蓄意造型成为其他事物的形态；还可以将众多元素作为单位元素进行组合，组合后的形态是其他物象。

3. 显异

显异，指将一个原型进行开启，显示出藏于其中的其他物形，这个内藏物往往是出人意料的形象。被开启的原型可以是现实中可被开启的事物，也可以是不能被开启、割裂的事物，通过图形想象中的分割裂变进行再创造，使其成为具有超现实的新形象。

4. 共生

共生同构，指几个物形通过共用一些部分或轮廓线的手法，产生相互借用、相互衬托，形成两形或多形共存的有机整体图形。这种手法创作出的图形整体感强，图形间关系紧密，常常用来象征事物间相互依存的含义。

5. 混维

混维，指将不同维度空间的形态进行错位混合，产生二维平面和三维空间的跨越，或不同空间层次的移位。

除了以上介绍的这几种主要的"图""型"创造手法，还有置入、延异、异影、矛盾空间等多种方法。采用什么样的形象组合手法主要取决于视觉元素间的契合程度，恰当合理的组合才能使语义表达顺畅到位。

（二）多维的色彩设计

"色"泛指颜色；"彩"则泛指各种颜色的交织。作为视觉信息传达设计的重要传达要素，"色彩"作为视觉语言，具有情感、象征、联想、意念等功能。因"色""彩"还有情感并能表达意念，所以事物可以通过其颜色被识别。通过于"色""彩"的明度、纯度和冷暖的不同对比可以突出形象轮廓，增强形象的视觉冲击力。"色""彩"的心理寓意是其能够表情达意的根本。依靠联想的思维方式，挑起观者内心的共鸣，引发心理和情绪的反应。因此，设计师都应充分了解"色""彩"的视觉心理，利用这一点将信息注入"色""彩"之中，使受众看到色彩的时候同时读取其中的信息。

人们对"色""彩"的情感认定主要来源于视觉经验，当外来色彩刺激与视觉经验存在某种一致性的时候，就会在人的心理上引发某种情绪，这其中就包含着对"色""彩"的联想和象征寓意的认知。例如暖色主要给人以热烈、温暖、阳光、厚重、饱满、热情、喜庆、愉悦等心理感受；冷色则主要给人以寒冷、镇定、透明、阴森、冷漠、潮湿、遥远等心理感受。通过对色彩三要素色相、明度、纯度的不同调和，可以使形象的色彩鲜明活泼，起到传达信息、吸引视觉注意力的作用。

同一种颜色调和的方式使形象的各"色""彩"的同一因素增加，类似的色相、明度和纯度，由于对比度相对较弱，画面感觉较为柔和。

（三）多维的影像设计

现代使用的影像概念在《现代汉语词典（修订本）》中的解释为：①肖像，画像。②形象。③物体通过光学装置、电子装置等呈现出来的形状。随着新科技的发展，出现了相对于手工绘制及原始光学图像的活动图像的概念，这是当前使用最多的影像内涵，它是随着电影、电视及其派生技术而出现的，主要指电子和数字成像技术制作的可复制图像，包括电影、电视、计算机、网络、数字技术等高新科技主控和传播的图像。现代影像是科学与艺术的结合，科学技术的发展为影像的创造、制作、储存和传播提供了先进的方法，使得影像成为绝佳的信息传播媒介，推动摄影、电影、电视、录像、网络艺术、多媒体艺术和数字艺术等艺术形式不断发展。

科学不断地更新创造，改变着人们的生活方式、感知方式和意识形态，也丰富着影像艺术作品的创作，从摄影、电影到电视都是在图像技术和新技术资源的利用下产生，各类新型视频播放产品的出现，以及网络技术、数字技术的发展冲击着艺术的观念和形式，丰富了艺术创作的语言，也给艺术创新带来了无限的可能性。从传统的胶片摄影、摄像，通过拼贴和暗房的多次曝光和多底合成获得图像的方法，到现在通过电子存储的光信号和数字信号处理的方法获得图像，使艺术创作有了极大的便利性和自由度，任意复制、剪切、粘贴、删除和任意切换、拼接都成为可能，设计师可以更加自由地发挥他们的想象力，同时也丰富了艺术表现的语言。

二、多维的视觉形式与风格

（一）平面的延展

设计，始终都追随着时代的脚步、社会的进步和科学文化的发展。伴随着各类事物的不断发展和变迁，为了适应新的需求，设计的方法和形式也在不断地变化更新。突破"平面"的桎梏，使之更加直观、立体地展现，并更加注重与受众的交互性，成为突破口之一。

（二）空间的跨越

设计师充分考虑到空间的作用，抛却了空间的界限，将视觉元素任意在空间中进行安排、组合，形成二维平面空间与三维立体空间的跨越时，形态将更加丰满、立体，博取受众更高的视觉关注度。如此，具有三维空间的立体形态就成为二维平面元素的有力依附体，为其提供了空间跨越的有力桥梁。

（三）语义的表达

视觉信息传达设计是"给人看的设计"，要能通过可视的各类形象特征将信息主动传达给受众，明确传达语义。用来承载语义信息的视觉形象必须是准确的，只有这样才能准确传达信息内容。

（四）功能与表现

1. 实效性

视觉信息传达设计又称为"给人看的设计""告知的设计"，设计师要通过某种视觉形象表达信息内容，并且要准确、有效，使受众能够准确地接收、识别。这种对信息设计的有效性、识别性就是实效性。

设计师通过恰当运用各种可识别的视觉语言，将信息准确、快速、有效地传递给受众，受众接收后加以消化理解。信息能否被受众容易地接收理解主要与设计师对视觉形象的选择、加工有关。恰当选择、合理加工能够产生易于识别理解的形象，反之则不能。此外，健康的设计心态，在设计之前充分的相关调研及设计过程中擅于对各种设计形式的把握都将对信息传递的实效性产生影响。

2. 模糊性

视觉设计的本质则在于人脑对客观世界的反映，由于反映本身存在着复杂的情况，即很多时候包括已知部分、未知部分和知之不多部分，这时人们的认识就处于不精确的、模糊的状态，这就是模糊性。但它并非说这种思维本身是含糊不清的，而是指以反映客观事物模糊现象为对象的一种思维形式。"精确兮，模糊所依；模糊兮，精确所伏"，这是我们的祖先早就悟出的"模糊性"与"精确性"的辩证关系。用相对而有限的"模糊"部分来表现"精确"的整体，给人的感觉才是优美的、完整的，这是因为"人拥有一种根据不完整的信息造成完整形象的能力"。

从某种意义上说，人感知世界和认识世界主要是靠视觉来完成的。因为视觉对一切有形的物体都是有感的。针对一个具体的视觉对象，它向我们提供的信息量愈少，我们对该视觉对象的模糊感就愈大。但与此同时，正是由于这种模糊感，也使得我们对其的想象范围得以扩大，不必被既定的已知形态所束缚，可以尽可能地展开想象的翅膀，丰富形象的内涵，这也恰是设计者想要达到的效果。就像很多文学作品和影视作品，并不直接把故事的结局告诉给读者和观众，而是留下一个不甚明了的结尾，结局究竟如何要靠读者和观众自己去揣测。在视觉信息传达设计中，则是利用"意象"的手法处理视觉元素，采用一形（型）双关或多关的手法对信息进行表述。

3. 交互性

交互的实质是人类行为的互动。视觉信息传达设计的内容涵盖了人类生活的方方面面，与人的联系甚密，在设计、传播信息的过程中更加注重人与人的情感、行为的沟通。接收信息的人会对所收到的信息进行识别、认知，并产生心理和行动上的反应，这就形成了人与信息之间的相互"交流"，这种你来我往的交流过程就是人与信息的"交互"过程。这种"交互性"的产生，增强了信息与受众的沟通交流，能够使受众深入地了解信息内容。

在视觉信息传达设计领域中，交互性并不单指人机交互，而是泛指包括人机交互在内的所有可以让人与信息进行沟通交流的设计形式。设计师需要通过对视觉信息进行理解和设计，创造出用于交流和表达信息的交互产品和交互方式，实现信息与人之间的交互行为。这一过程需要设计师对信息发布的媒介和环境有细致的了解，以方便利用媒介及周围环境的特点进行信息的发布，引发互动行为。进行交互的方式则是以视觉交互为主，触觉交互、听觉交互、味觉交互等其他感官为辅，交互行为是多感官共同作用的结果。

4. 跨界性

视觉信息传达设计是一门综合性的设计类别，具有极强的跨界性。首先设计领域具有跨界性，设计是融合了设计学、心理学、营销学、社会学、传播学等多学科的综合学科；其次信息具有跨界性。设计的灵感来源于生活，除了平日里积累的视觉信息资料外，无意间听到的优美音乐、品到的甜美小食、闻到的特殊诱人的气味等，都可以是激发灵感的触控点。这些信息的获取都是通过视觉以外的途径得来，但它们最终都会被转化为视觉符号加以传播；再次发布媒介具有跨界性。随着社会的不断进步、科学技术的不断发展，设计师设计思维、设计视角不断拓展，可用于进行视觉信息发布的媒介已经越来越多，已经超出了传统意义上对信息发布媒介的界定。传播媒介的跨界性使其成为众多跨界形式的佼佼者。

第五章 视觉传达设计与其他学科

第一节 视觉传达设计与美学

一、视觉传达设计的美学特征

在我们的生活天地里，美可说是无处不在、无处不有。自然界有美，社会生活中有美，艺术作品中更是有美。美具有无限的渗透性：它既有感性的层面，又有理性的层面；既有物质性的层面，又有精神性的层面。说到视觉传达设计，就一定离不开美学。视觉传达设计中的美学不是感性的纯艺术，也不是理性的黄金分割，它是感性与理性的结合，是传统文化与现代文明的融合。它有自己鲜明的美学特征，与广义的美学有着共性与个性的交融。

从构成来说，设计美是多元的。这种多元性不是指它的要素多元，而是指它是多种美的形态综合的产物。设计美严格说来不能与艺术美、自然美、科学美、技术美并列，因为它自身包含有诸多的美。与其说它是美的一种门类，还不如说它是美的一种现实中的存在。

（一）美学范畴

在设计方面，至今人们对于设计形态的界分仍然有着较大的相对性，一些次元的细类究竟属于哪一形态也难以最终确定。现有设计形态范围之间所存在的交叉混杂情况的进一步发展，可能导致两个方向：一是它们的归并融合，形成较为明确的综合的新形态；二是继续分化，出现更多更细致的分支。

1. 概念

设计美在生活中是不可或缺的，运用极广。人们对它的界分各持己见，一直没有定论。先人讨论过的有艺术设计美学、技术美学到现代设计美学等几种不同的说法。总之，设计的美学领域变化十分迅速，它在不断地融合、细化和扩张，并且向多元化方向发展。

（1）技术美学

技术美学总体上是在艺术的生活化和技术化以及生活和技术的艺术化两个方向上发挥其作用的，可以说属于实用美学领域。按我们的理解，技术美学主要研究大工业生产中的美学问题，它与工业设计相对应。也就是说技术美首先以观念形态存在于工业设计之中，然后借助于大工业生产得以实现。但是像广告设计、环境设计、建筑设计都不能完全说是工业设计，它们有一些特殊的美学问题是技术美学不能替代的。

（2）艺术设计美学

"艺术设计美学"是一个新的概念，它的提出是建构在"技术美学"这一提法之上的，而且比它更全面、范围更广。艺术设计，包括工业设计，但不只是工业设计，还有广告设计、环境设计、建筑设计、室内设计、服装设计等都属于艺术设计。艺术设计是人类文明的重要组成部分，它虽说主要建构在人类物质文明领域，但对精神文明有重大的作用。

（3）现代设计美学

现代设计美学首先是作为一门新兴的部门美学而存在的。它与技术美学从目前来看没有什么区别，主要考虑到现代设计在世界范围内正处于蓬勃发展阶段并且变得更为复杂，以"技术"做修饰语和限定词容易让人产生误解，不如直言"现代设计美学"来得直白和有针对性。现代设计美学在考虑技术和艺术相结合的同时，还需要综合分析大量社会的、文化的、经济的、心理的和生理的等诸多因素。

以上三种提法，都是已存在的。而我们的意图是把概念缩小至"视觉传达设计美学"，作为美学发展的一个分支提出来，在它们的共性中延伸出自己的个性。在这样的意义上视觉传达设计美学可以被定义为一种哲学概括，与一般所说的设计理论并不等同。

2. 传统"美"意识的扩展

视觉传达设计本具有一定的审美因素，但它又不是纯粹的审美活动，它的这一特点使它对美产生了一定影响。其中，最重要的一点就是对传统的"美"意识的扩展和再认识。在视觉传达设计美的门类上，除了传统的三大类——艺术美、自然美、社会美外，技术美、科学美等也在其中得到了很好的体现。

（1）自然美

自然美概念曾经一度受到压制，直到康德站出来为它辩护。康德是"看不起完全人工的、与自然强烈对立的传统艺术的美学哲学家之一"。因为如果没有那难以捉摸的、被称为自然美的维度，对艺术真正欣赏则是不可能的。自然中的杂乱与秩序是人类永远学习和分析不完的，尽管现在杂乱的程度已经可以由计算机来控制，自然美对于设计的意义仍然是不可替代的。设计从中汲取营养，从而创造了另一个世界。

（2）艺术美

设计美中的艺术美主要适用于人的视觉器官。这类设计对视觉形式美要求很高，各种平面广告、影视广告、路牌广告就是典型的例子。这些广告设计除了承担信息传达的功能外，还承担满足人们对视觉形式美的需求。从历史上看，包豪斯学院正是通过对绘画的分析，找出其中的视觉规律，特别是韵律规律和结构规律，从而建立起现代的色彩设计方式的。严格地说，艺术美也是从自然美过渡来的。

（3）社会美

社会美集中体现在以社会问题、社会现象为题材的设计作品中。比如一些药品的电视广告设计，就常会涉及社会道德问题。在各种反映社会问题如环保、战争、失业、妇女儿童保护、教育的视觉传达设计中，表现出的美就是典型的社会美。对这些作品的欣赏，常常伴随着道德情感，如公益广告等。

（4）技术美

技术美之所以为美，根本的还在于它能超越功利，给人一种高层次的精神愉悦。"美"必然包含着对目的性与规律性的双重肯定，设计中所体现出的技术美正是这二者统一的典型。如包装设计中的容器形式的设计、材质的选用都是很有技术性的。

（5）科学美

科学美本质上又是一种理性美。法国科学家彭加勒称之为"深奥的美"，他还说："这种美在于各部分的和谐秩序，并且纯粹理智能够把握它。"因此，在视觉传达艺术设计中，科学美的形式多表现为由大量数学比例、等式构成的符号系统。

3. 传统美学与现代设计艺术

今天我们所说的"艺术"较之"古典艺术"已经发生了巨大的改变。传统美学的发展受到了各种社会因素的冲击，如果要在未来全新的社会中继续存在下去的话，那它的实体与功能都将完全有别于过去。现代设计艺术不论是在艺术观念、艺术手段，还是在艺术题材、艺术形式方面都体现出这一点。这是设计艺术自身发展的必然结果。

（1）艺术观念

传统艺术观念将艺术的世界与现实的世界隔离开来，强调艺术世界的理想性；而现代大工业生产则将人类物质生活不断向精神领域扩展。在这种环境下成长起来的现代艺术，有时就刻意模糊艺术与生活的界限。其次，传统艺术对工具理性、物质功利持排斥态度，认为纯艺术不涉及物质文明。相反，一部分现代设计艺术却直接赞扬物质文明的巨大社会效应，并且大力弘扬工具理性的地位。一些设计师热衷于描绘现代化生产的产物，如机器、车轮等，刻意强调现代生活的高速度、高节奏。大量现代设计和大工业生产的直接产物，如塑料、钢铁、合成原料等也经常出现在设计艺术作品中。

（2）艺术题材与手段

艺术观念的改变直接导致了艺术题材和内容的扩展。传统艺术题材集中在人物、风景上，而现代设计艺术中既有工厂、机器，又有战争、性爱。艺术已经扩展深入一切社会现象和社会生活中。政治、艺术与技术的结合产生了大量优秀的平面设计作品。在创作手段上，以前使用的物质媒介仅有一些普通颜料和画笔、刻刀、刮刀等工具，后来涌现出的大量新兴合成颜料，以及马克笔、喷笔等，极大地扩展了艺术的表现空间。到了20世纪80年代，电脑辅助设计技术开始在世界范围内普及，大大拓展了设计的领域。此后，一场新的设计技术革命悄然兴起，计算机在很大程度上改变了视觉设计的面貌，开创了视觉设计的新纪元。随着工业时代、电子时代、数码时代、网络时代的发展，设计的概念也随之拓展。

（3）艺术形式

同样受到影响的艺术家此后也更趋向于抽象化的表达方式，如同现代艺术自身的发展就是从具象一步步走向抽象的。最显而易见的就是标志设计形式的发展趋势：从繁复走向单纯明快，从具象走向抽象。包豪斯学院"三大构成"都立足于从基本的元素中展现出秩序的理性美感，设计造型普遍以抽象形态为主。现代艺术无疑也从中汲取了营养。

（二）基本特征

以上对于视觉设计美学范畴的分析，同先前已有的关于美学的讨论一样，大家也许会发现还是没有找到定论。但是按照当代学术研究的观点，试图对某一学科观念下一个一成不变的定义，是既危险也无必要的。事实上，学科的确立和发展都基于一种"默认的前提"。我们可以对"设计美是什么"争论不休，但是在面对实在的设计作品的时候，人们的态度会趋于同一，即起码会将它作为设计来看待，这正是所谓"默认的前提"。基于这种"默认的前提"对话，双方才能处于相同的语境下展开实质性的讨论。

1. 艺术性

人们在初次面对一个设计作品未细加品味时，首先吸引他们的必定是作品的色彩、构图等能直接焕发人们的审美想象和激情的元素。不同的艺术门类有不同的艺术语言，油画的艺术语言是色彩，中国画的艺术语言是笔墨，雕塑的艺术语言是形体。通常所称的艺术性是指作品中所塑造的形象在反映客观存在和表现主体思想情感方面所达到的准确、鲜明、生动的程度，以及其形式、结构、语言、表现技巧的完善程度。一幅优秀的设计作品，其艺术性在于它能非常准确地捕捉表现事物的本质特征，寻找非直观的视觉元素，经过艺术性夸张，表现其深刻的内质。视觉功能至上，恰如其分地把握视觉语言，使人一目了然。艺术性是设计作品最基本也是最普遍的特性。

从古到今，设计的艺术追求都在设计品中体现出来。中国的仰韶、马家窑、屈家岭、大汉口出土的彩陶品种丰富，除各种造型都能表现出各自的功能外，又具有极为动人的美感。在这个基础上，先祖们运用黑、红颜料在陶坯表面画上动植物或几何形的纹样，其艺术的魅力使无数近现代艺术家为之倾倒。可以说它们是原始艺术与原始设计的完美结合，是原始设计追求艺术的成功典范。随着历史发展与社会进步，人类社会发生了翻天覆地的变化，设计作品的艺术性在很大程度上又在于其作品的整体和谐。"美在和谐"这个命题，远在西方古希腊和中国春秋时代就已经被提出。直至今日，当众多的关于美本体的命题都被逐一驳倒时，似乎只有"美在和谐"颠扑不破。

"和谐"的确是人类一直孜孜追求的最高境界。美对人类的吸引不仅在于它的感性形式，而更多地在于它能将人引向那幽远、深邃而又快乐无比的彼岸世界。现实的感性的形式是物质的、有限的、短暂的，而它的意蕴却是精神的、无限的、永恒的。

2. 传达性

传达性是视觉设计的主要功能，具体来说就是设计中的线条、色彩、图形、图像等一切造型要素都应当服务于一个共同的目的，即传达真实、准确、有效的信息。所谓传达，是指信息发送者利用符号向接收者传递信息的过程。它既可能是个体之间的传达，也可能是个体与大众之间的传达，包括所有的生物之间、人与自然、人与环境的传达。一般可以归纳为"谁""把什么""向谁传达""效果、影响如何"这四个程序。

传达设计的过程，是设计者将思想和概念转变为视觉符号形式的过程，而对接收者来说，则是个相反的过程。比如说 CIS 设计中的标志设计，虽然它只是一个造型单纯的符号，却把企业的理念、规模、经营内容、产品特性等主要要素传达给消费大众，具有极强的说服力和传达性。

设计师是信息的发出者，传达对象是信息的接收者。信息的发送者和接收者必须具备部分相同的信息知识背景，即是说，信息传达所用的符号至少有一部分既存在于发送者的符号贮备系统中，也存在于接收者的符号贮备系统中。只有这样，传达才能实现，否则，在发送者与接收者之间就必须有一个翻译或解说者作为中间人来沟通。所以，信息传达设计中作为发送者的设计师必须根据接收者的知识背景与传达内容来选择符号媒介，这是传达设计的基本原则。

随着现代通信技术与传播技术的迅速发展，人类社会加快了向信息时代迈进的步伐。视觉传达设计也正在发生着深刻的变化，例如传达媒体由印刷、影视向多媒体领域发展；其符号形式由平面为主扩展到三维和四维形式；传达方式由单向信息传达向交互式信息传达发展。在未来更高级的信息社会，平面设计也将有更大的进步，渗透更多的领域。

3. 包容性

视觉传达设计美具有很强的包容性，它涉及的面非常广，与许多学科都有着这样那样的联系。一件成功的作品，首先是艺术与技术综合的体现，同时又需要综合分析大量社会的、文化的、经济的、科学技术的、心理的等诸多因素。

企业形象设计包含的内容是非常丰富的，不仅仅是设计那么简单，还有更多的工作是社会属性的。对于企业而言，设计的目的并不是单纯局限于谋求一定的物质利润，而是扩展到造成良好的社会舆论、树立良好的社会形象及帮助维持良好的社会秩序这些方面。CIS企业形象设计目的的演变最能够说明这一趋势。早期的企业如IBM导入CIS，主要是为了统一视觉识别，规范企业内部管理，以谋求更多的市场份额。

艺术设计中有一项重要的设计原则是"禁忌"原则，即设计时必须充分注意各个民族的宗教仪式、风俗习惯、礼仪规范等，避免使用触犯民族情感的形态、色彩。这种"禁忌"就属于文化心理层面。如白色在中国代表死亡与哀伤，在西方则象征纯洁、喜悦与文雅，在设计中使用不慎，则可能触犯民族情感。人类的任何物质活动、精神活动不可避免地受到文化传统、人文背景、社会环境影响。设计作为人类活动之一，自然也受到文化的影响。这种影响可能是潜移默化的，也可能是自觉的、有意识的。

视觉传达设计界受到高科技的影响最大，科技的每一次突破，设计艺术都发生了翻天覆地的变化，如目前各种印刷出版物、包装装潢、广告制品、电影电视录像、模拟信号产品、计算机程序和数字化的音像制品等都是信息时代占主流的产品形式。高科技性对当前的视觉传达设计的影响既有表层的，如设计对象、设计手段、设计效率等；也有深层的，如设计思维、设计观念等。而且信息时代还提供了大量以视觉传达艺术、符号学和数字化的信息传达技术为基础的电子信息产品，如数码图像、商业插图、桌面出版、计算机直接制版、彩色数码印刷、电脑三维动画、影视数字化后期制作等。

二、视觉传达设计的审美感知

（一）眼的感知

人们认识一个物品的视觉形象一般经历三种反应过程：其一是光学反应，即物的反射光映入眼睛并在视网膜上成像；其二是生理反应，经眼部肌肉的扩张与收缩来获取信息，并经视神经系统传到大脑；其三是心理反应，有意识地将到达大脑皮质的刺激信息进行分析并做出判断。在设计美的创造活动中，有的设计师是将自己的审美直觉，如设计对象的形态、色彩及质感等变化关系忠实地加以描述。

1. 视知觉

一切设计都必须有一个中心或重心，以造成视觉上的整体感和安定感。中心或重心可以是设计的主题部位，也可以是特定的观察中心。确定中心或重心的目的，是避免由于视线散漫而给接收者造成混乱的印象。同时，设计也是对整体的设计，每一个局部都不容忽视。因为整体感和安定感的形成，不单要考虑视觉中心的确定，而且要考虑各个视点的相互联系与协调。

（1）视觉流程

心理学实验表明，人们看东西不可能一眼就看清楚整个对象，而是有一定的先后顺序，这种先后顺序即是视觉流程。视觉流程具有以下特点：第一，在瞬间视觉范围之内，一般只存在一个焦点或中心，且焦点或中心显得最清楚，最容易被觉察；第二，看一个具体事物通常是先通观全体，然后将视线停留于某一局部，由某一局部转移到另一局部，最后形成对整体的视觉形象；第三，视线停留的地方通常是上方或左边，然后由上方转向下方，由左边移向右边，也就是"最佳视域"的问题。

各种设计要素应当按一定的层次进行安排，以造成视觉上的连续感、秩序感和韵律感。而且人们的观看除了定点的相对静止的审视对象，更多的是运动的观照，即移步换景，多视角、多方位地感知。连续感、秩序感和韵律感的形成，在设计上与视觉引导（设计要素的安排）有着密切的关系。

面对一幅大型的街头广告牌，受众一般首先会感受到它的整体氛围，或者说一般地它首先是以自己的整体氛围和大体形象使行人转过头来看，甚至停住脚看上几眼。进而观者可能会较仔细地来看广告画面中从主体形象到辅助场景、从大字标题到小字说明的一个个细节，然后他会将这些细节再一次组合起来，较全面、深入地了解和把握广告设计图像。面对一件家具，受众一般也是依次经历大体造型感知，部件、结构及装饰的感知和细节组合的感知这样几个阶段。在这种整体—局部—整体的视知感受过程中，第一步的完形感知或整体氛围的直觉具有促使受众观看下去的诱发性，它是对设计大体关系的概括提炼。

（2）视觉的特性

1）能动性

阿恩海姆在《艺术与视知觉》一书中指出："一个人在某一时刻的观察，总要受到他在过去看到的、想到的或学习到的东西的影响（积极的或者是消极的影响）。"这种潜在的经验图式对观察的影响，在设计活动中是无时不有的。熟悉传统沙发造型的人，在看到仿佛巨大手套的波普风格沙发时，一时会搞不清那到底是坐具还是雕塑。熟悉几何抽象画家蒙德里安绘画的观者一眼就能从服装设计大师依夫·圣·洛朗设计的蒙德里安风格的时装中看出两者之间的联系，而不了解蒙德里安画风的观者则可能只是将它看成大格子式样。过去的视知觉经验和知识修养有助于我们正确地观察面前的对象，也可能妨碍我们正确地观察，这取决于观看者视知觉经验和知识修养的正确程度及水平高低，还有它们与观察对象的关系如何；另外观看者的即时心境和需要也起着重要作用。

2）可变性

物体的形状感知随着观看距离、视点、光照等的变化而变化，在不同的环境背景和照明条件下，物体的颜色感知也有所不同。比如许多服装店通过营造一种不同于通常环境、光照的空间条件，使店中服装的颜色、形状和质地看上去都比平常更漂亮，以达到引起顾客购买欲的目的。

3）感觉阈限

人的感觉器官对外界事物的反应总是存在着一定的局限。太小或太弱的刺激无法觉察，而太强的刺激又可能导致回避觉察。前者存在着一个下阈限，后者存在着一个上阈限，下阈限或称为绝对阈限，是可被觉察的最小刺激值；而上阈限则是可被觉察的最大刺激值。

除了绝对阈限之外，还有所谓差别阈限，人们对于超出阈限值的刺激一般都能觉察出来，但对于超出阈限上的任何变化或差别，却不一定能觉察出来。例如，到集贸市场买水果，首先挑选的总是最大、最成熟或质量最好的几个，但挑来挑去，挑到后来就觉得好像一个样。换句话说，水果与水果之间只存在极微小的差别，其差别的程度已无法觉察。所谓差别阈限，指的就是最小的可觉差。人们只有在差别阈限以上，才可能觉察出事物之间的差别，而在差别阈限以下，就不可能觉察出来，习惯上把它们看作相同的事物。

接近差别阈限的弱刺激构成细微的变化，可以造成既富于变化又相对统一的感觉。如企业形象设计中的视觉识别设计，其基本系统中字体、色彩和图形等，在应用系统中往往表现出细微的差别，但这些差别又以不破坏企业形象的统一为限。

4）联觉

一般来说，设计是以视觉形态呈现给人的，它给人的刺激首先是视觉刺激。一件设计作品的视觉刺激可以引起人的各种感觉，包括听觉、味觉、嗅觉、触觉以及温度感觉、速度感觉、运动感觉等在内。例如流线型的造型往往给人以柔和及运动的感觉，而直线型的造型则给人以坚固及稳定的感觉。

在设计中，联觉的运用包括两个方面的意义：一是通过特定的色彩和造型避免不好的、令人不愉快的感觉，或在一定程度上改变人们的感觉；二是通过特定的色彩和造型唤起多种感觉，以强化设计的艺术魅力。尤其是那些只能单凭视觉来把握的设计，要唤起其他的感觉，就只能发挥联觉的作用。

2. 知觉

在认知活动中，感觉是人脑对直接感觉器官的外界事物的个别属性的反应，而知觉则是人脑对直接作用于感觉器官的客观事物的整体反应，同时也是对感觉器官所获得的各种信息的选择、组织和解释过程。与感觉相比，知觉具有自身的特性：①整体性，即知觉是对事物的整体反应，而不是各种感觉信息的简单相加；②组织性，即知觉具有将各种相互接近、彼此类似或前后连贯的元素进行归纳、概括和分类的能力；③封闭性，即知觉具有将不完全刺激归纳、补充为完全刺激的能力，如将一个有缺口的圆形看成是一个完整的圆形；④选择性，即知觉具有将知觉对象从背景中分离出来的能力。

3. 记忆力

直接知觉范围内的认识活动的丰富性已令人瞠目了，然而，就知觉而论，它还不仅仅限于眼睛对外部世界的录制，感知活动永远不是单独进行的。它只不过是无数同类活动之中最近的一种，这些同类活动发生在过去，但又一直存在于记忆中。同样，现在产生的经验，也会被储存起来，与过去产生的经验混合在一起，成为将来知觉活动的前提条件。

人们对于知觉对象的记忆是有普遍性的。但是记忆痕迹的形状不会永远不变，因为它内部固有的力，还有周围区域中其他记忆痕迹对它施加的压力，会从两个相反方向上竭力改变它。一方面尽力削弱它，使之变得更加简单、单纯；同时又保留它，在条件允许的范围内使它那与众不同的特征更加突出。当这些突出特征能唤起敬畏、好奇、蔑视、有趣、羡慕等反应时，同样也会被记忆保留和歪曲，在这种情况下，它们会比真实的样子更大、更快、更丑或更讨厌。

大量试验证明，如果我们向被试者出示一个特定形状，并告知他要尽量忠实地把这一形状保留在记忆中，"因为要对你的记忆力进行测定"，这时，他就会想尽办法去记住或保留这一图形的突出特征，甚至会回想起某一个圆的轮廓线上有一个小小的中断之处。很明显，这样一种细节在其他情况下是肯定会在记忆中消失的。

在知觉和记忆活动中的这两种对立倾向，可以在视觉艺术中找到相应的表现，或者说，在艺术中得到了明显的展示。对于古典意义上的"美"的追求，曾使艺术品的形状更加简化，其结构关系中的紧张力也被尽力减小。另一方面，表现主义倾向又热衷于图形的歪曲，通过前后上下的不一致造成紧张、相互干扰和避免简单的秩序等效果。这样一些风格化的形式，部分取决于题材，部分又取决于绘画再现的目的，同时还取决于艺术家或某一个时代的一般的世界观和态度，而处于古典主义和现代表现主义这两种极端的倾向之间的广大区域，则由各种以不同比例展示出这两种倾向的多个层次组成。

某个人留在我心中的形象，是从他的多个方面和他所处的多种情景中攫取出来的精华，是不断对他的原形中某些典型特征突出、放大和修改之后的产物。相似的记忆痕迹之间，会相互联系、相互加强或相互削弱，乃至相互替代。用库尔特·勒温的话说：记忆与知觉相比，其流动变化性更大，因为它更加不受事物的现实形象的限制。其结果是储积起大量视觉意象，有些意象清晰明了，有些则模糊无形；有的是整个物体的相貌，有些则仅仅是它们的一个片段。

（二）意的感知

这里的所谓"意"，是指涉及人的心理方面的感知，包括了客体在欣赏时的感知，以及主体在创造时的感知。设计过程总的来看，首先是一个认识过程，因为任何设计都必须解决某个或某些具体问题，而且为了解决这些问题，设计者必须保持清醒的头脑，充分意识到各种限制条件。

我们并不否认记忆对眼前知觉活动的强大影响，但是，假如知觉对象本身没有一种"形状"，任何一种过去获得的形状，都不可能运用到现在看到的东西上。换句话说，除非知觉对象有着自己的身份或个性，否则我们就不可能把它区别出来。假如眼前知觉活动中的输入物本身不具有某种形状，它又怎么能归入到过去的范畴中去呢？我们应该记住的一点是，假如没有直接的知觉活动对原材料的最初造型，就谈不上对这些材料的进一步装配和加工。

1. 图形错觉

人们普遍有过这样的视知经验：身材比较丰满的人穿上竖线条款式的服装会显得苗条一些。同样大小的一排方形图案放在从一点放射出来的一组线条背景上，它们显得变形了。一幅方形的室内装饰画，如果四边完全相等的话，它看上去像是一个竖高一些的长方形，只有让它竖边略短于横边，看起来才像正方形。广告画面上一样大小的圆形，如果其中一个是画上光芒的太阳，而另一个圆内有向心线条，例如车轮，那么太阳的圆形会显得大些。这就是心理学上所说的"错觉"或"视错觉"，它是由于物象对比及经验的影响而产生的一种错视，是一定条件下对客观事物不正确的知觉。

错觉是人们日常生活中存在非常广泛的一种心理现象。错觉的外延非常大，它既包括几何图形错觉、颜色错觉等视错觉，也包括空间定位错觉、轻重错觉等其他感觉错觉和各感觉之间相互作用而形成的错觉。错觉在形式上可表现为大小的错觉、长短的错觉、上下的错觉、角度的错觉、方向的错觉、面积的错觉、平行的错觉、分割的错觉、对比的错觉、色彩的错觉等。例如，同等大小的圆形，放在不同的面积中，使人感到大面积中的圆形小，而小面积中的圆形大。方形的横向分割中线，使人感到上面的一半大，下面的一半小。被称为米勒-莱依尔错觉图形的两条相等的横线，一根在两端连接内向的斜线，一根在两端连接外向的斜线，使人感到横线不等。

在艺术设计中，对错觉的利用主要包括两个方面的考虑：一是利用错觉纠正视觉上对线条、色彩和形体等方面的偏差，以形成特定的心理效果，如安定感、舒适感等；二是利用错觉以获得某种特定的艺术效果，如公共集会场所的建筑物多采用垂直线，给人以高大、宏伟的美感。视错觉可以用来塑造一些有趣的和有吸引力的图形。

2. 联想与想象

设计几乎没有唯一的答案，即使是最完美的设计方案，也不过是无数可能答案中的一种。面对同一个具体的问题，可以有无数可能的解决方案或设计方案。为了在无数可能的设计方案中获得最完美的设计方案，突破某些惯例或传统的设计方法，并将设计构思用形象的方法或视觉形式（图画模型等）表现出来，设计师还必须具备联想和想象的能力。

所谓联想，就是人们由当时感觉的事物回忆起有关的另一个或另一些事物的一种神经联系。依照反映事物之间关系的不同，联想一般可以分为接近联想、相似联想、对比联想、因果联想和推理联想等几种。从认识论的意义上说，联想可以激活人的思维，加深对具体事物的认识。从设计创造的意义上说，联想是比喻、比拟、暗示等设计手法的基础。形态和色彩均可引起人们丰富的联想。

想象是建立在知觉的基础上，通过对记忆表象进行加工改造以创造新形象的过程。阿恩海姆曾指出："所谓想象，就是为事物创造某种形象的活动。"从这个意义上说，一切新的设计都是想象的产物。想象一般可以分为无目的无意想象和有目的有意想象。在有意想象中，又可根据其独立性、新颖性和创造性的不同，分为再造性想象和创造性想象。再造性想象的形成往往依赖于现成的事物、形象或语言的描述，主要表现于受众的接受过程之中。从设计的角度而言，占据主导地位的是有意的、创造性的想象。

就想象所涉及的形象而言，想象可以涉及过去的、现在的或将来的事物，甚至可以是现实中根本不存在的事物，如科幻小说或动画片中的某些事物。想象在本质上是超现实的、自由的，尤其是在纯艺术创作领域，想象甚至可以超越一切现实的限制，包括时空的限制。就设计而言，想象作为思维的辅助，目的仍在于解决某些现实问题，因此设计者的想象是有限度的。设计者的想象最终要付诸实现，就不能仅仅停留在构思或草图的阶段。

但是想象又必须突破过去经验和惯常思维的限制，才可以说是创造性的想象。只是在过去已经存在的设计作品上做一些修修补补的工作，谈不上是真正的创造。因此，真正优秀的、富有创造性的设计，总是给人耳目一新甚至出乎意料的感受。设计师的自由也受到元素的选择与其在设计中的用途以及传统风格的限制。他们期望一幅画要配上一个框架、一块地毯要饰以镶边、一篇文章要留出页边空白。如果这种限制与习惯有一天被打破了，那一定是创造性思维的结果。

创造性想象的方法很多，主要的有以下两种：一是将相关的各种构成要素进行重组，突破原有的结构模式，创造出新的形象。在建筑设计、家具设计等立体设计中，根据新的需要或新的功能要求，对人们已经习惯了的空间分割或组合进行重新安排，即可形成新的设计形象。二是借助于拼贴、合成、移植等方法，将看似不相干的事物结合起来，以形成新的形象。

在设计过程中，所谓"创意"，根本上即是创造性想象的代名词。"创意"不只是确立一个个抽象的设计主题，而更主要的是要构想出一个独特而具体的设计意象或形象。从这个意义上说，想象与联想在设计中的作用是有区别的，联想可以促进新形象的创造，但一般要受制于既存事物，而想象则要求尽可能突破一切限制。

3. 关于"灵感"

（1）神秘灵感

指突然闪现出来的具有内在主动性的奇思妙想，它一般比较偏向于由抽象到具象的思维轨迹。牛顿居然把天体运动中的月球想象成一个被大力抛出的石头，这种惊世骇俗的突发奇想既不是直接从经验事实中归纳出来的，也不是从既定的逻辑前提出发演绎得到的，但它却完全符合客观事物的发展规律。

（2）混沌灵感

指处于饱和的受激状态下，由外因触发反射或蜕变出来的思维结果。混沌灵感始于具象而后朝着理念的抽象性世界再转化表现出来。然而进行艺术设计时，坐在那儿，咬着笔杆苦等灵感，灵感是不会出现的。因为灵感不是凭空产生的，一是靠对问题了解的准确性和深度。只有一个人专注于某一问题时，才有可能出现"灵光一闪"。二是靠平时相关知识的学习，要有多方面知识的积累。平面设计有很强的包容性，与多门学科互相渗透，像美学、数学、语言学、心理学、社会学、市场学、经济学、营销学等。三是靠艺术表现技巧，离开它就不能准确表达自己的构思。尤其是现在科技发展如此之迅速，如果跟不上时代的步伐，哪怕只是没学好电脑，就好比是在设计中缺胳膊少腿。

灵感更多地来源于人的潜意识，同时也要求具有心和智两方面素质：一方面要求具有不满感、好奇心、成就欲、专注性等心理因素；一方面要求具备流畅力、变通力、超常力、洞察力等智力因素。在艺术设计领域里，灵感被认为是思维定向、艺术修养、思维水平、气质性格以及生活阅历的综合产物，是一种高级的直觉思维方式。

4. 视觉传达设计的心理要求

绝大部分视觉传达设计都是围绕产品的宣传和推销来进行的，它常常是提供某种关于产品或服务的信息，多半属于二维平面设计。在现代社会条件下，视觉传达设计主要服务于商业，其所传达的信息也主要是商业信息。从实用方面考虑，视觉设计同工业产品设计一样，都应当考虑实用、经济、有效等方面的要求，具体来说就是设计中的线条、色彩、图形、图像等一切造型要素都应当服务于一个共同的目的，即传达真实、准确、有效的信息。从这一点考虑，视觉设计要求以强烈的色彩对比、富有动感的构图、新奇独特的造型等手段，造成强烈的视觉冲击力，以吸引受众的无意注意。吸引受众无意注意的方法，主要在于增加刺激物的强度。

其次，视觉传达设计所传达的一切信息必须是可记忆和可理解的。只有使接收者理解并记住有关的信息，才能最终达到设计的目的。否则，设计就成了一种无用功。为了加深受众的记忆和理解，在设计时应当减少识记的材料，降低理解的难度，突出传达的重点和特点，采用简洁的线条、色彩和构图。这种方法，我们可以在日趋抽象化的现代商业广告设计、标志设计和包装装潢设计中找到大量的例证。

除了刺激受众的视觉，吸引受众的注意，加深受众的印象，强化受众的记忆和理解之外，视觉传达设计还应当激发受众的联想、想象和情感体验，从艺术化和审美化的角度考虑，这正是其侧重点。因此，优秀的设计作品既要传达真实、准确、有效的信息，同时又不限于只是满足这一简单的目的。它还需要有某种情调、有某种意境，使受众形成丰富的联想和想象，甚至产生强烈的情感体验。这种心理上的要求一方面体现了人类的多重心理需要，另一方面也可以推动视觉设计向艺术化和审美化的方向发展，增强设计的感染力和说服力。在这一点上，视觉设计同工业产品设计一样，都必须把人摆在设计的中心地位。

视觉传达设计虽然受到理性、法则和社会公众需求的限制，而不能像纯艺术那样具有浓厚的个人情感表现色彩，但这也只是一种程度上的差别。

设计师的工作目标不是创造一些千篇一律的、毫无生气的或完全机能化的东西。设计师虽然常常为了他人的要求而克制自我的表现，但是他的作品事实上自觉或不自觉地，而且毫无疑问地所要表现的，恰恰正是他自己，包括他自己的经验、个性、价值观念和个人偏见，也包括他自己的情感和爱好以及对设计语言的理解和感受。

从受众角度看，所谓满足受众的要求和愿望，其中也包括满足受众的情感要求和审美嗜好。设计中所使用的色彩和形态，本身即可激起受众各种情绪和情感体验。这种情绪和情感体验，反过来又制约着设计师的设计。在一个完整的设计构思中，必须把受众的情绪或情感要求纳入进来。有些关系到个人生活的设计，如商品包装设计、服装设计、家具设计和私人住宅的室内设计，其配色方案往往同个人的喜好和习惯有着直接的关系。

三、视觉传达设计与美的法则

在视觉传达设计作品中，构成审美愉悦的因素可以分为两大部分：一部分是构成要素本身；另一部分就是这些元素的组合法则。这些法则是人类在创造美的活动中，根据人类美感的共通性，不断熟悉和掌握各种组合因素的特点，并对各种组合因素之间的联系进行研究而总结出来的，它包括了生活和自然中各种元素的有规律组合。

E. H. 贡布里希曾说："自然秩序产生的前提是物理法则要能够在没有相互干扰的孤立的系统中起作用。"就好像我们看到扔进了石头的池塘，水面泛起不断向四周扩展的环形波纹时并不会感到惊奇，因为大家知道，池塘里的水是一样均匀的，所以，投石泛起的波纹也会一样均匀地向四周扩展，除非遇到障碍物或受其他因素影响，如碰到水流或微风。这些因素的作用会使均匀扩展的波纹秩序变得越来越复杂，最终会使人不仅难以看清其形状，并且难以估计其变化。自然吸引我们的多是那存在于似乎有无数相互作用的力量的环境里的出人意料的秩序；而一件设计作品的引人注目之处也许是它的秩序，也许是它的混乱，正是混乱与秩序之间的对照唤醒了我们的知觉。

早在旧石器时代向新石器时代过渡时期，先民们就已经在磨制石器的加工过程中显现出对光滑与对称的审美追求。经过漫长时间的简化和应用的实践，人们逐渐形成了对统一与变化、调和与均衡、节奏与韵律等审美构成法则的认同，并遵循着这些规范与秩序从事美的创造活动。一方面有机体在探察、审视周围环境的过程中始终具有能动性，另一方面有机体这种和谐与有序的秩序感也正是形式美构成的根本法则。

1. 多样统一

多样与统一是一切艺术领域中处理形式的基本原则，也是构成形式美极为重要的法则之一。结合共同的要素，把相同或类似的形态、色彩、肌理诸要素做秩序性或划一性的组织、整理，使之有条不紊而相互发生关联或共通的作用，是为"统一"。统一法则具有以下特征：

（1）主次

处理好视觉构图的主要部分和从属部分的关系，是实施统一法则的前提。一般情况下遵循主调部分视觉优先的程序，两者和谐则统一，若不协调则分裂而产生混乱。

（2）反复

将单一图形或某种基本造型元素以同一形式连续出现，多次重复，使造型表现具有统一魅力。这是一种单纯的形式美。通过形象的秩序化、整齐化，呈现出统一的、有节奏感的视觉效果。如仪仗队，同样身材的整齐队伍，迈着一致的步伐，显示出整齐雄壮之美。反复属于整齐的范畴，是一种整体的美。

（3）集中

由向心力和离心力构成，向心力具有收敛与统一的权威，离心力则有伸展与变化的特点。

统一是美好的根本秩序。多样与统一是寻求静止与运动之间、变化与有序之间的结合。变化的因素越多，动感越强，统一的因素越多，静感得到体现。一般说来，统一可表现高尚权威的情感，也可以达成平衡及调和的美感。然而过分统一，将会失去生动而流于呆板。例如大小、形态、色彩完全相同，且做等距离排列时，便会产生单调的感觉。所以在讲究统一的同时，还需要注意到变化的问题。所谓"变化"，是在异质的诸要素中求变化。

多样统一法则在运用之中又是多样的、富有创造性的，如利用主题来统一全局，所有造型均围绕一个特定目标定格调；利用线的方向来形成指示性清楚的趋同感；选择形态与大小统一的元素形成富有亲密和谐的视觉同一性；运用色相变化统一方法，以一色或多色来控制主调；依靠彩度变化衬托主题，用鲜艳或沉着的色彩来突出重点；利用材料的质地变化，形成触觉差异或触觉视觉化效果等等。巧用多样统一的法则，可收到意想不到的效果。

2. 调和对比

调和与对比的法则是变化与统一的具体化，宇宙间的一切事物都存在既调和又对比的相互关系。形的方圆、大小和色彩的明暗、鲜浊，都是构成对比的因素。有调和才有秩序，有对比才有生气。当两个以上不同性质或不同分量的物体在同一空间或同一时间接近时，可以呈现出视像上的对比，彼此不同的个性更为显著。当两种构成要素共同存在时，若差距过大，即造成对比；若构成要素相近，则对比刺激变小，就能产生共同秩序使两者达到调和的状态。

"对比"是指两种以上要素相互关系所显示的内容在质量和色彩方面产生很大差异，形成强烈对照的现象。对比能使形态互为反衬，通过搭配，增强作品的表现力。对比包括形态对比、色彩对比、排列对比、质地对比、感觉对比等，也包括粗与细、简与繁、多与少、疏与密、刚与柔、动与静、轻与重、强与弱、显与隐、冷与暖的对比。对比现象的强弱与否，依对比要素的配置关系而定。一般而言，不同的要素结合在一起，彼此刺激，会产生对比的现象，使强者更强、弱者更弱；大者更大、小者更小。亦即经由对比的关系可以增强个别要素所具有的特性。在平面设计中，巧妙地利用对比手法，可以增强视觉冲击力。

"调和"是对比的内在制约，是对比的适度标志。指的是两种以上要素相互关系所显示的内容，表现全体、统一而不是分离、排斥的现象，形态彼此和谐、协调、相近，具有共性。"调和"在视觉上可使我们产生美感。因此，调和的原则一直是人们关心的课题，尤其色彩或形体都是须不断探讨的问题。调和是异中求同，如色彩中的红与橙、橙与黄、黄与绿、绿与蓝、蓝与青、青与紫、紫与红。在同一色彩中的层次变化，如浓与淡也属于调和，调和在变化中保持一致，使人感到融和。在形上如线的粗细与形的大小均影响其效果，但只要在形态上能一致，也可产生调和感。

调和的手段是多种多样的，条理、呼应、重复、次序等，是形成调和最常用的手段。对比与调和对设计美的形成十分重要，在设计中，要善于权衡二者的关系，根据实际情况，灵活处理。在对比与调和的辩证统一中，侧重于对比或侧重于调和，能产生特别的美学意味。

3. 均衡对称

大千世界的万千姿态，无非对称与均衡，它是自然力和物体力的综合体现。图案艺术设计正是集中地展示和强化了这种体现。均衡是平衡关系中的不对称，是一种以动感为主导的平衡；对称原理所构成的形态关系是一种以静感为主导的平衡。平衡，是视觉形态秩序再造所要达到的最基本要求。任何完美的艺术作品，都能生动地体现出在其形态关系间独具匠心的平衡关系。艺术中的平衡原则，并不是艺术家主观、随心所欲的产物，而是客观世界的本质规律在艺术中的反映。人类对于平衡的理解和对平衡的要求均来自生活。

平衡在设计作品的构图中，起着十分重要的作用，是构成艺术形象整体谐调的基本保证。平衡既是形成造型秩序的基本手段之一，也是再造形式美感的基本关系要素之一。因为视觉组织的平衡关系，对视觉形象所产生的动、静感受，有着最为直接的影响力。

(1) 对称

对称是指由两个以上的单元形状，在一定秩序下向中心点、轴线或轴面构成的引射现象。在设计美构成中除最常见的两侧对称和放射对称之外，还表现为移动、反射、回转、旋转等形式。人类具有天生的对称观念，对称的形式具有单纯、完整而又丰富变化的视觉美感，会使人感到稳重和安静，所以制造工具、建造房屋、美化生活等，都运用对称形式。通常对称的图形具有单纯简洁的美感，以及静态的安定感，但易流于单调、呆板，这时可用倾斜、旋转、错位等变化，改变呆板感觉。

一副圆规可以有两种用法：一种叫"平移"，即把两点之间的一段距离平直地从一处移到另一处，这样沿轴线一段一段地平移，就能画出有节奏的直线。第二种用法是把圆规的一脚固定住，用它来画圆圈或称"旋转"。把圆规转动180°就画出了反射线。把圆规转动90°就画出了轴线，这条轴线使反射线的两边呈对称分布。用平移法和旋转法就可能得出移动、反射、回转、旋转等各种对称关系。移动对称是等间距移动对称轴，使相同的单元形态有规则地重复排列而构成的对称性。移动对称的形态关系构成简便，节奏明晰，可无限重复。

反射对称也称为轴对称，其特征是当以一条中心线划分形态时，中心两侧的形态可呈现出一种完全对映重合的"镜像反映"关系。在"镜像反映"的形态关系中，中心线是构成反射对称关系的对称轴。反射对称是人们最熟悉的一种对称形式。当人们评判一个人的相貌是否美观时，最基本的标准就是五官端正。五官端正，则是指位于人的面部，竖中轴线两侧的眼、耳、口、鼻等器官，是呈左右反射对称状态。如果某一个五官左右两侧不能形成反射对称，那么，在公众的感知中，会普遍视为是一种丑。反射对称的例子在自然界还有很多，例如鸟类的翅膀、植物的花瓣、矿物的晶体……反射对称是一种在对称轴两侧，以等量和等形的精确平衡为特征所构成的绝对均齐形式，所以也是一种呼应关系最严谨、稳定感最突出的对称形式。反射对称所构成的形态关系，有利于表现庄重、稳定、严肃、严格、坚实、成熟、安静等视觉意境。反射对称在体现出其严谨、统一、稳定、庄重感的同时，也能显现出一种处于极端平衡状态中的保守、拘谨、刻板意味。

回转对称是由反射对称演化而来的一种对称形式。它的形态特征与反射对称的不同之处在于，对称轴两侧的形态虽然具有等量、等形、相对呼应的特征，但是，在对称轴两侧的形态动势，是以头尾相反的方向安排的。回转对称中运动方向的强烈矛盾，导致其造型整体产生明显的跳跃感。所以，回转对称既能保持形态在对称轴两侧等量等形、相互呼应的对称特征，又能在整体对称关系中构成较强的运动感。

旋转对称的特征是以一个点为中心，将对称轴按均等的角度，呈放射状顺向重复排列，从而构成在视知觉中具有旋转运动趋势的对称秩序关系。

（2）均衡

均衡为异形同量，呈等量不等形状态。相对于对称而言具有活泼感，它依靠中心构图保持平衡，由一种平衡的内在张力在起作用，从而获得一个富有变化的美的存在。视觉艺术中的均衡，是一种在形态运动关系中构成的，以重心平衡为主导、以心理感受为依据的知觉平衡。均衡是对称形式的一种变体，从视觉效果上可以让人感到平衡，并能使画面灵巧、活泼。设计上的"均衡"，并不是实际重量的均等，而是从大小、重量、方向和材质上获得的感觉，通过一条看不见的杠杆判定上下、左右的关系，以免给人造成不安定的感觉。

均衡与对称对视觉形象特征的影响有很大的不同。对称的视觉艺术形象在知觉特点上以静为主、静中带动，并且在具体形态特征上，还具有重复性和机械性、理性、装饰性强等特点。均衡的艺术形象在知觉特点上以动为主、动中有静，并且在具体形态特征上，还具有多样性、自由性、感性和抒情性强等特点。

均衡与对称的形态结构区别在于：在对称形态平衡轴两侧，形态的配置既等量又等形；在均衡形态的平衡轴两侧，形态的配置虽等量但不等形。

人对于在特定空间中形态关系的均衡感受，不仅限于形态重心与整体边框关系的中心轴相重合。人对均衡的感受，还应包括因形态的具体特征所形成的整体运动趋势对视觉心理平衡的影响力。形态的不同具体特征，可形成对不同方向以不同强度显现出的扩张力。因此，在对视觉形态的均衡感进行整体调节时，需要给这些可在心理上感知到的扩张力一些必要的视觉空间。由于人们在感受画面整体均衡关系时，会自然而然地将生活常识中运动惯性力对平衡重心的影响与具体视觉形象特征相结合，这样就使均衡形态的平衡重心线，产生随着运动惯性方向，形成心理感觉的偏移现象。这种重心随心理惯性偏移，就构成了处于动态中的视觉形象，与处于静态中的视觉形象在整体边框关系中平衡重心的位置差别。形态的运动方向越统一、明确，给人造成的平衡重心差就越大。均衡的平衡关系，具有可灵活调节、富于变化的特点，相比较之下，均衡比对称具有更大的适应范围和对形态再造的更多趣味性，处理不当易生杂乱。

（3）比例

在运用均衡对称这一法则从事设计活动时，应着重把握好比例。比例是指事物的整体与局部或局部与局部之间面、线、点、色等的比例关系。

在人类的历史中，比例一直被运用在建筑、家具、工艺以及绘画上。尤其是希腊、罗马的建筑中，比例被当成是一种美的表征。除了建筑之外，有几个理想的比例，古代的学者就把它公式化，作为设计的基本原理，以便求得统一与变化。

由于整体和局部之间客观上存在着一定的比例关系，因而容易形成整体和谐的美感形式。在设计中，比例是决定构成设计作品各部分大小及相互之间的关系的重要因素。

第二节　视觉传达设计与自然科学

当代设计的发展随着信息社会的到来而进入了一个新的时期，设计师将面对更加快速变化的市场、更加复杂的商业环境。要表现和反映这一变化的社会和时代，要应对这一时代科学技术诸方面对设计艺术的挑战，要使设计适应严峻竞争的社会，设计将如何创新发展？首先我们必须静下心来，不论从横向还是纵向围绕设计艺术进行一番深入细致的探讨和研究。

视觉传达设计从属于设计艺术范畴，所以它具有设计的共有的属性和特征。由于视觉传达设计本身的从属性、服务性、审美性以及受服务对象的实用性和材料质地的限制，它既要有审美的情感表现，又不能脱离物质材料和实用功能独立发挥。而设计美不同于自然美和艺术美，它是多种因素统一协调的结果，是一种观念，是基于一定生产力和生产关系之上的精神活动的感受。

人类认识自己、认识世界不外乎两大范畴：一是自然科学和技术；另一个是社会科学，是哲学范畴的，它包括文化、艺术、伦理和法律等诸多方面。现今，不仅自然科学向社会科学渗透，而且社会科学向自然科学渗透也很明显。实践证明，只有掌握了这个脉搏，设计决策才会经得住时间和历史的检验。由此可知，我们的视觉设计美学也是自然科学和社会科学发展的必然产物，也是研究科学与艺术融合的规律，即设计观念的研究。而且设计作为一种交流和沟通信息的媒介更要依靠科技的进步和社会发展的成果。设计师必须把一些与现代设计有关的自然和社会科学的研究成果合理地、适当地加以利用，这种了解和利用常常有助于开拓思路、转换观念。当然我们还要了解运用一些与设计有特殊联系的新兴科学技术，以便自己的设计能紧跟时代潮流，并且经得住时代的考验。过去，当社会经济活动追求狭义财富时，对事物和现象的研究也只能是在狭义的思维中，把社会活动同自然界运动分隔开来，所以搞设计的人员对自然科学了解甚少在过去也能胜任。

我们知道，任何大科学家在进行重大研究和发明创造时，如果没有丰富的想象力，光有严密的逻辑思维能力，是不能成功的。同样，设计师光有形象思维而没有一定的逻辑思维和社会组织能力，也不会成为设计大师。我们绝不能把两者看成是一个从属于另一个，而要把它看成是一个共生的东西，而这两者的结合才是人类文明的摇篮。

设计的目的在于把我们对世界的有关认识放到特定的空间和时间的形态中去实现。现代科学技术给我们展示出另一个充满诗意的状态和境界的艺术世界。人类在不懈地追求着的诗意般的生活境界，正是从科学研究的深境中所揭示的诗意状态中认识到的。我们所说的这种诗意的抽象概念在科学的微观和宏观世界里并不抽象，它的存在状态和形式是美妙而真实的。从宏观世界的天体结构至大无极到微观世界的细胞、基因、粒子等形态结构，都无穷无尽地存在着抽象的现实。我们表现的这个世界，似乎是抽象的，其实是写实的。抽象形式存在于宇宙间的一切结构中，它是生命存在的共象，它们存在的状态和共象构成了具象的世界。现实世界不仅是具象的，而且是抽象的。抽象形态和形式体现的诗意，这正是科学的内在本质。因此，"美的是科学的，科学的也必然是美的"。

人类世界由方程、函数、形、色、观念、文字、音符所组成，艺术和科学是构成人类社会的最基本元素，而设计艺术正是把科学和艺术里最基本的元素有机而巧妙地加以组合和创造，从而影响和推动社会的前进和发展。设计与科学技术结合，互为表里，同步发展，作为设计艺术的一个基本特点，自古及今都是如此。令人惊叹的金字塔、万神庙等人类文明进程中科学与艺术成果映射的深层人文景观和精神，无不闪烁着科学与设计艺术的神采。换而言之，设计艺术和科技有着某种"同根性"，它们之间有着某种具体的内在联系，如几何学中的点、线、面，同时也决定着设计学的透视结构。

我们能够理解艺术与科学殊途同归、不可分离的思想内涵，但是我们怎样才能将它们的思想融会贯通在我们的艺术与科学的创造实践活动中呢？人类通过知识的积淀和已经掌握的先进的科学技术手段，探索和揭示宇宙之理和人类生存的诗意境界，发现了生命微观世界中蕴藏着的美的形式，也看到了科学微观世界的艺术形态，并以浪漫的诗意语言、色彩来表现和提升它的美学境界。

一、人体比例

从苏格拉底时期开始，一直往下，贯穿着一条人类对美的认识的主线，这就是认为美是建立在比例和数的基础上的。组成美的基本成分有四个：清晰、对称、和谐和生动的色彩。柏拉图说：美在于恰当的尺度和大小，在于各个部分以完美和谐的方式连成统一的整体。他将这种比例的概念扩展开来，用于阐释所有事物的美，他谈到文章的长度要适当、绘画的结构要精确、诗歌中语言的运用要恰到好处，等等。圣奥古斯丁也认为美在于物体的形状和各部分之间的平衡，他认为等边三角形比不等边三角形要好看得多，因为它的各个部分是那样地平衡；正方形，由于各边相等，也很美；还有圆形，也是美得圆满的；最美的是圆点，因为不可分割而格外纯粹，是众美之中最美者。所有这些理论的一个共同特点就是：一切事物中美的性质都是同样的，不论是一个美丽的妇人，还是一朵鲜花、一处风景，或者是一个圆环。

在设计中，设计美的理性内容是指建立在数学和几何基础上的对称、均衡、比例、尺度、秩序、协调等形式美法则，它们也反映了设计的造型规律，对于设计的欣赏和创造，同样起着支配作用。

人体是大自然的一部分，是大自然的最完美的造物。研究人体就是研究大自然。在设计师看来，人体本身包含着自然界最微妙、最生动的形式因素，所以历来的设计师们都把研究人体作为研究大自然的最高阶段。我们在探讨平面设计的数理比例关系时，无不关注到人类最亲近、最自然的身体的比例上。

二、黄金律

在希腊哲学发展的早期，人们一直试图在艺术中发现一种几何律。因为，如果艺术是和谐的，而和谐又是合乎比例的话，那么就有理由把这种比例看成是确切的东西。有史以来，众所周知的黄金分割律不仅在艺术中运用广泛，而且在自然界里到处可见，人们经常将它奉为神明。在 16 世纪，不少作家把黄金分割律同三位一体的上帝联系在一起。阿基米德曾在他的两道几何题中有过这样的描述："把一条已知的线段分为两部分，使全部与其中一部分构成的长方形面积等于按其余一部分构成的正方形的面积。"通常的公式是：把一条已知的线段分为两部分，使较短的一部分与较长的一部分之比等于较长的部分与全部之比。这样得出的分割律是 5：8（8：13、13：21，等等）。但这种分割律从来不是十分精确的，在数学里，该比例总是一个无理数，而这就进一步增加了黄金分割律的神秘色彩。自 19 世纪中期以来，人们对黄金分割律进行了认真的研究。黄金分割律常常被用来确定门窗、画框、书页或杂志版面等矩形的长宽比例。据说，一把精细的小提琴的每一部分都是按照黄金分割律制成的。埃及的金字塔也是如此，哥特式教堂也不例外。在视觉传达设计中，也常常用到黄金分割律，以期处理画面构图上下空间的关系、前景与背景的关系以及各种横向间隔的关系。

为什么黄金分割会使人产生美感？其中有两个原因：一是它能寓变化于整齐之中。过于强调整齐的形体，就易流于呆板单调；而有变化太多的形体，也会流于散漫杂乱。由于它整齐，显示其秩序；由于它变化，显示其活跃。两者相互依存、衬托，辩证地统一于艺术的整体之中。正如美学家朱光潜所说的："黄金分割一方面是整齐，因为两边都是相等的；一方面它又有变化，因为相邻两边有长短的分别。长边比短边长的形体很多，而黄金分割的长边却恰到好处，所以最能引起美感。二是它能使人产生快感，这是因为在人们的潜意识中有着一种符合黄金分割的比例，它是产生快感的来源，这就是长短边之间以及长短边之和与长边之间具有相同的比值。"

三、几何法则

在各种不同的形式中，我们可以把那些既无复杂性又无特殊性的自然形态或普遍的抽象形式视为"中立的"，几何形是一种典型的抽象形式，因此可以被认为是中立的。几何形因其张力和轮廓线的简洁，人们喜爱它甚至胜过喜爱任何其他的中立形式。导引设计者通过几何法则的图案来表现自我的心理原因尚不清楚，但这些原因无疑是可以从生理角度予以解释的。出于本能，我们把纽扣按直线和规律的曲线钉在自己的衣服上，把时钟放在壁炉的正中，这种原始的、先天的本能冲动，也驱使设计者把自己的意愿浓缩排列在几何化的图案里。

在设计时，要在近乎无休止的组合中取得一种完美的和谐，设计师不仅要用到黄金分割律，而且也会用到其他一些几何法则。这种组合过程中的无止境性，排除了对艺术品的整体和谐进行机械性解释的可能性。因为，这些几何法则虽然像用于比赛的计算器那样严格刻板，但若有人的本能和情感参与，仍可用其取得良好的效果。众所周知，诗歌中一个完全符合规则的音韵会单调得令人难受。故而，诗人在使用韵律时是享有一定自由的。

艺术家塞尚的计算方式找出了适应他计算方式的"数"，以这种"数"去实现他的"世界是立方体"的观念。他的"数"由他的计算方式所决定。他找这个适应的"数"，凭靠他的认识，得到一种独特的、属于他个人的几何法则，这种凭精神得到的法则造就了他构图的形式风格而被世人所称道。

在严守几何法则的基础上，设计可能走向另一条途径。如由于严守几何法则的缘故，希腊古瓶的美往往给人一种冷漠和缺乏生气的感觉，而粗制滥造的民间陶罐常常给人一种生机勃勃的喜悦之情。日本人经常有意毁掉陶罐在制作轮盘上形成的完美形状，因为他们认为真正的美并非十分规则的。变形可以说是背离规则的几何和谐的结果。从广义上说，变形可以说是无视自然界中特定的比例关系，但它也是几何原则的一种变异。或者说，变形总是以非常普遍而又互相矛盾的方式存在于一切艺术之中。

第三节　视觉传达设计与社会文化

一、时代风尚设计

时代是一面镜子，"美"是这面镜子上的聚焦点。设计，又是时代的镜子，反映着时代的特点。"美"属于时代，时代造就了设计师。设计师创造美，也创造着时代。

艺术设计具有双重性质：既有物质产品的使用性，又有不同程度的精神方面的审美性。作为物质产品，它反映着一定社会的物质文化水平；作为精神产品，它的形象又体现了一定时代的审美观。

时尚和设计的关系还体现在：一方面，随着经济的发展、人们生存要求的变化、大众审美趣味的转移等，促使设计必须时时以新的姿态不断演变。另一方面，艺术设计又影响着人们的生存方式。我们知道，时代发展的主要推动力是科学技术的不断发展变化，新技术一旦运用于生产、运用于社会就会产生生产力的新飞跃。当今，随着以计算机网络为代表的信息时代的来临，社会经济活动逐渐转向信息生产、信息加工、信息处理、信息传播等形式，这为艺术设计的发展提供了更为广阔的空间。

不同的时代，时尚有着不同的定义和形态。现代意义的设计是社会现代化的产物，具有知识经济的特征，更具有高科技的特征。而且设计涉及人们社会生活的方方面面，设计无所不在。因此，21世纪是一个设计的世纪，其设计的专业化程度更高，设计的空间更广阔，设计的影响力更大，不仅是经济的、文化的，也将是精神的、民族的。

时代，意味着不断地运动、前进。停止会生锈，保守没有出息，设计是随着运动而变化的，它是设计生命力的象征。设计是人类有意识的活动，是人类根据自己的需要，运用现有条件，提出人类对生产和生活的认识。这里的需要包括了人类基本的物质生活要求，也包括了一定的历史时期人的社会结构的观念，即受宗教、文化、伦理、道德的约束。而随着人类对自然认识的不断加深，这个需要也在不断地发展，这一进程同样受到生产力发展而不断进步和充实，并不是僵死不变的。因此我们说，如果有人认为设计就是简单地相加，而没有观念的转变，那只能是停留在传统的、过时的手工艺人技巧纯熟的训练上，停留在小生产者的观念上，这就不可能产生时代所需的美感，而只会走向它的反面。

时代在前进，人类生活水准在提高，生活节奏在加快，生产效率在突飞猛进，但同时面临能源短缺、工业垃圾日益增多等诸多困惑。这些都要求伴随人类生活和工作的产品应该简洁明快、新颖亲切，具有一种与信息时代相关联的现代感，包含一种同现代生活相符合的精神。现代设计是新时代的产物，它与时代的脉搏和步伐同步，随生活一起前进，造成了五彩缤纷的世界。现代设计使现代人的生活变得更加完美，而生活对现代设计寄予了新的希望。所以，我们应该更多地关注更新的科技研究和发展，这样有高级的科技奠定基础，促进精神文明的更新，才能使设计有广阔的天地。而且，顺应知识经济的发展方向是艺术设计发展的必由之路。

二、生活方式的影响

设计是一种创造行为，是"创造一种更为合理的生存（使用）方式"。就如同半导体和液晶微电子技术的出现一样，有新的生活方式和使用方法来引导，做成"随身听"，技术就有了价值；否则放在仓库里，先进的技术就只是僵死的东西。只有像现代生活中的青年人对它产生了强烈的需求，用它来学外语、听音乐，这时它才有意义。而在此时，我们明显地看到决定性因素不是先进的技术，而是新的观念和新的生活方式的引导，我们才有了美感。

视觉传达设计能够促进社会经济的发展，主要表现在它不仅满足了人们不断增长的物质需求，也满足了人们的精神需求。其次，视觉设计所带来的，不仅是精神上的愉悦与享受，更重要的是，它可以改变人们的生活方式。因为设计是把预期目的和观念具体化、实体化的手段，是人们进行的活动的先期过程。它的本质是人们对将要实施的活动做出艺术化的设想和筹划。

随着社会的发展，设计在我们日常生活中起着越来越重要的作用。设计就像人要穿衣服一样，它是在装扮整个社会。设计的好坏，不仅体现了整个社会的精神面貌，更体现着一个国家的经济、文化发展水平。我们的设计目的不是简单的艺术镶嵌，满足一时的需要，而是要创造一种美好的、理想的生活方式。

中国的改革开放加剧了市场竞争，社会对设计从认知到认可，经历着萌芽、发展、成熟、发达的进程。毋庸置疑，设计与经济和商业互动，商业的繁荣突出了设计的竞争，设计也是文明社会对高品质生活的需要。作为科技与艺术的结合体，设计更能体现现代文化多样性和人性的多元化。设计教育家张道一先生说的"合着生活的脉搏，渗透于衣食住行用"，揭示了设计的生活本质。随着生产的发展、生活质量的提高，设计本身的存在形式也在形式上不断地发展和变化，不断地向着高一级形式发展。

今天，我们生活在一个全球经济一体化趋势不断加强的时代。随着经济的繁荣与科技的进步，全球的交流已成为历史发展的必然趋势。在科学技术方面，电视广播已将世界各地的信息及时地进行交流，而远程通信及电脑网络的普及，使得人类的生活方式大大改变，全球之间瞬间地交流与沟通已不是梦想。在经济与贸易方面，全球一体化趋势不断得到加强，市场的概念已由一地区、一国、一洲发展到全球，这使得任何一个国家和地区都能购买到其他国家和地区的商品。生产方式与经营方式的全球化，大大促进了商品的世界性流通，从而大大改变了人们的生活方式。同一品牌的食物、音乐带、时装、电器等各种消费品充斥世界的任何一个商品柜。

第四节　视觉传达设计与其他艺术

一、书法的线条表现美

书法是中国汉字的书写艺术，特指以毛笔并通过汉字的结构、章法、墨色、书体来表现汉字的艺术。它是中国文字在书法家审美观的长期运用和发展中形成的特有艺术，是中华民族的优秀传统文化之一。中国书法是以汉字作为表现对象，离开汉字就没有中国书法。而最早的汉字是由图画来表现的，所以汉字作为纯书写符号的存在，是在逐渐失去画意，使图画线条蜕变为点画组成的书写线条后完成的。书法线条的产生，是促使汉字发展最为活跃的因素。

书法其实是由长短粗细不等的线段，按照一定的结构规律，表达作者的思想感情的艺术。通过线条横竖、直曲、长短、粗细、方圆、轻重、虚实、浓淡……随机幻化，因势赋形，表达特定的感情和意趣，似乎均可由简约的线条生化变幻出来。因此说，书法艺术是线条的艺术。当然，这种线条并非任一自然线段，而是指那种彻底摆脱了图画性质，从而适合文字点画书写的线条。

现代社会强化着一种简约意识，而简约意识是人类社会实践的产物，是宝贵的带有概括性和抽象性特征的人类意识。因为简约，线条本身便为书者提供了寄托和浓缩情感意绪的无限空间，书法被认为是人们表达情感的一种手段。因为简约，书法给欣赏者也提供了自由思考的无限空间。因为书法线条向人们展示的是一种内涵极丰富的艺术表现形态，恰如"道"那样，是"恍兮惚兮"的"无状之状，无物之象"。

总之，书法的表现性使它被广泛地运用在视觉设计中，它既可作为文字信息说明，又可成为图形或符号来表现主题意图。鉴于书法本身就是一种线条艺术，它的笔法的轻重浓淡、笔画的伸展疏密的变化可以产生无穷韵致的效果，让人回味无穷，它的这种形式感可以使设计作品产生强烈的视觉冲击力。书法艺术作为我国的精华和国粹，有着独特的民族精神和传统风格的体现，在设计中往往可以反映出深厚的文化底蕴。书法这种传统形式在日本的设计中保留得很好，结合本国特色和现代形式走出了一条具有日本风格的书法表现之路。

二、摄影的再现美

摄影的艺术效果取决于创作者是否从这个题材中发现或感觉到了视觉美点，经过处理让观众能够看到创作者曾经看到过的东西，体会那种心境、感受和意味。从某种角度来说，自然界的东西无所谓美与丑，只有艺术家才有能力发现美，并把它展示给其他人。自然美的照片并不能自动成为一幅美的作品，一些照片即使聚焦清晰、曝光正确、印放得当，如果缺乏趣味，无论是剪裁、遮挡还是增添什么景物，都不能弥补拍摄时所缺乏的东西——这就是摄影家心目中超越题材固有的美所认识、所发现的美的因素。

由此可见，摄影创作的好坏和自然物的面貌关系并不像想象中的那么大。好的摄影作品是由某种具象或抽象的美构成的，它和机械地模仿自然是两回事。惟妙惟肖不能作为摄影作品的出发点，也不是评价的标准。效果好的照片是既不违背自然形式，又力求高度简化，敢于大胆处理线条、形状、色调和质感的那些作品。艺术就是要选取这些视觉美点，让它们占据主导地位，去掉那些无助于突出中心思想的东西，或者把它们降至从属地位。

摄影的最重要的特点还在于艺术家应有从普通题材中提取这种基本视觉美点的能力，并且用一种能对观众产生刺激作用的方式记录下来的方法。画笔、颜料仅仅是画家的工具，它们不能保证艺术创作的成功，正像丁字尺和三角板不能保证产生优秀的建筑一样。对于相机来说也是这样，作为摄影家的工具，它可以有助于产生艺术品。如果在非艺术家的手中，即使懂得技术知识并且用心去做，也产生不了艺术品。可以说，相机虽然是一种灵敏、精密的工具，但它归根结底还是要按照操纵它的那个人的思想行事的。在视觉设计中，我们要把握的也是一样，虽然我们已有了电脑等先进的制作工具，或者有一些文字、图形、色彩的素材，没有思想和创意及合理的组织和安排，那只能算是拼凑，这样是创作不出好的作品来的。

在商业高度发展、商业广告铺天盖地的今天，商业摄影在商业设计中所占的地位是举足轻重的。商业摄影是商业艺术，即公共信息传播艺术。商业摄影可以对商品进行细腻表现甚至美化处理，真实而优美地传达给受众信息。不仅如此，它还是设计中渲染气氛的很好的手段。

在商业摄影中，构思是关键，是一个设计思维过程，它从自然呈现的混乱事物之中找出秩序，把大量零散素材组织成一个可以理解的整体。构思是对这些素材的反映过程，也是探求途径的过程。摄影师从题材中发现有表现性的线条、色调、形状和质感，在其中体会到兴奋、舒适、爽口、高品质等感受，然后通过构图，把它们纳入取景器，给以合理安排，来表达他要传递的商业信息，使观众一目了然，把他们的注意力导向他发现的那个最有趣、最重要的部分，从而进一步了解作者的意图。

三、民间艺术的纯朴美

民间艺术是中华民族千百年来民众创造并享受的文化，是民众智慧的创造，一般说来，民间艺术是艺术的一个基础层次，总体来讲是民族文化的一个重要部分。许多民间艺术杰作，成为"华夏一绝"被传承和保留下来。例如中国剪纸、刺绣、扇艺、风筝、泥人、中国结、木版年画、民间玩意儿等。作为中国民艺学，还要在探讨人类文化的共性中找出中国文化的个性，即中国民间艺术的民族形式和民族气派。我国的民间艺术丰富多彩、争奇斗艳。

（一）剪纸

剪纸是中国最为流行的民间艺术之一，是以纸为加工对象、以剪刀（或刻刀）为工具进行创作的艺术。剪纸在民间流传极广，历史也很悠久。考古发现，其历史可追溯到 6 世纪，但人们认为它的实际开始时间比这还要早几百年。新疆曾出土了距今 1500 余年的剪纸作品。作为传统民间艺术的一种，剪纸在民俗活动中占有重要位置。民间剪纸往往通过谐音、象征、寓意等手法提炼、概括自然形态，构成美丽的图案，色彩多为大红。

（二）面具和脸谱

傩堂戏所戴面具，主要流传于黔东、黔北、黔南一带的土家族、苗族、布依族、侗族、仡佬族和汉族之中，其演出总是和"冲傩还愿"的习俗结合在一起，很少作为戏剧单独表演。傩面具一般用柳木或白杨木制作。白杨木质轻，不易开裂；柳木在民间被认为是辟邪之物，用它制作面具，有求吉祥之意。傩面具制作工艺复杂，重视色彩调配，浑厚凝重大方，造型丰富，制作时往往有范本参照。

还有一种地戏不用戏台，在村野旷地演出，故名，主要分布于贵州安顺和贵阳周边地域。整个演出活动中，演员都要佩戴面具，当地群众称为"脸子"。地戏面具是独具风采的表现人物的装饰符号，面具用木质细腻的白杨、丁香、白果、楸树等木料制成，刻工精细，着色讲究，以武将最有特色。艺人制作面具，要参照"地戏谱"和民间传说，有一定规矩，有的还有口诀。

（三）中国结饰

中国传统装饰结又称"中国结"，是中国特有的民间手工编结装饰品。中国结始于上古，兴于唐、宋，盛于明、清，经过几千年时间，它从实用绳结技艺演变成为今天这种精致华美的艺术品。中国结的特点是：每一个结从头到尾都是用一根丝编结而成，每一个基本结又根据其形、意命名。把不同的结饰结合在一起，或用其他具有吉祥图案的饰物搭配组合，就形成了造型独特、绚丽多彩、寓意深刻、内涵丰富的中国传统吉祥装饰物品。

中国联通的标志就是运用传统的中国结的典型造型而设计出来的。整个造型新颖雅致，具有浓郁的文化底蕴，又准确地表达了通信公司的经营理念。

第六章 视觉传达设计的要素与不同领域

第一节 视觉传达设计中的色彩要素

一、色彩概述

（一）色彩的构成

光是色彩产生的原因，色彩是光作用的结果。色彩的产生是光对人的视觉和大脑发生作用的结果，是一种视知觉。这是因为人眼观察到的物体的色彩，是物体吸收了某些光又反射出来一些光所产生的。物体在正常的白色日光照射下所呈现的颜色叫作固有色。固有色是个相对概念，往往在绘画的明暗关系的中间色调体现得最为明显。

人对色彩的感知需要四个条件，即光线、物象、健康的眼睛和大脑。由于光、媒介、视觉器官千差万别，所以世间也产生了各种色彩的差异。

1666 年，英国科学家牛顿解开了色彩的产生之谜。他将透过小孔的阳光用三棱镜进行分解，产生了包括红、橙、黄、绿、青、蓝、紫七种颜色的光谱。随后，牛顿对每种色光再进行分解试验，发现每种色光的折射率虽然不同，但不能再分解。他又把光谱的各种色光用透镜重新聚合，结果又汇合成了同日光相同的白光。由此，牛顿得出两点结论，即白光是由很多种不同光混合的结果；两种单色光相混合可出现另一种色光。

（二）色彩的表色体系

为了完整形象地描述色彩，通常用色立体来表达。色立体是指将色彩按照三属性，有秩序地进行整理、分类而组成有系统的色彩体系，借助于三维空间形式来同时体现色彩的明度、色相、纯度之间的关系。色立体是依据色彩的色相、明度、纯度变化关系组成的一个类似地球仪的立体模型，它可以使我们更清楚、更标准地理解色彩，更确切地把握色彩的分类和组织。色立体有美国孟塞尔色立体、德国奥斯特瓦尔德色立体、日本 P. C. C. S 色立体三种。这三种方式，适用于印刷品、染织品、陶瓷等均一表面色的物品，但不能表现透明、半透明的颜色。孟塞尔颜色系统是目前国际上被广泛采用的一种表示颜色的方法。

孟塞尔色立体，连接南北两极的轴为明度标轴，北极为白色，南极为黑色，南北极之间为由浅至深的灰色，北半球是明色系，南半球是深色系；色相环位于赤道线上；球面到中心轴的垂直线表示纯度系列标准，越近中心纯度越低。

孟塞尔色立体的中心轴（N）由下到上为：黑—灰—白的明暗系列，并以此为彩色系各色的明度标尺，以黑为 0 级，而白为 10 级，共 11 级明度。中心轴至表层横向水平线为纯度轴，以渐增的等间隔均分为若干纯度等级，由于纯色相中各色纯度值高低不一，这就使色立体中各纯色相与中心轴水平距离长短不一。

（三）色彩的分类

1. 无彩色

无彩色是由白色、黑色及白黑两色相混产生的各种深浅不同的灰色系列组成。白与黑被称为极色。由白渐变到浅灰、中灰直到黑色，中间是过渡的灰色。此类色系里没有色相与纯度，只有明度的变化。

从物理学的角度来看，无彩色不应包括在可见光谱中，不能称为色彩。但从视觉生理学、心理学上来讲，它们具有完整的色彩性质，应包括在色彩体系中。在色彩中，无彩色在视知觉和心理反应上与有彩色一样具有重要意义。当某一种色彩分别调入黑、白色时，前者会显得较暗，而后者会显得较亮，如果加入灰色则会降低色彩的纯度。

2. 有彩色

有彩色包括可见光谱中的全部色彩，它以红、橙、黄、绿、青、蓝、紫为基本色。这七种基本色之间不同量的混合产生的千千万万个色彩都属于有彩色。有彩色系中的任何一色都具有色相、明度、纯度三个属性。相对于无彩色而言，有彩色要复杂得多，一般用色相、明度和色度这三组特征值来确定。

（四）色彩三属性

色彩有三种属性，即色相、明度和纯度。这三种属性是紧密联系、不可分割的，基本决定了色彩性质的变化。因此，在认识和应用色彩时，必须同时考虑这三者的关系。下面我们分别介绍三个要素。

1. 色相

色相是指不同色彩之间相互区别的相貌或名称。色相能够比较确切地表示某种颜色的色别名称，它可以用来称谓对在可视光线中能辨别的每种波长范围的视觉反应。例如玫瑰红、橘黄、柠檬黄、钴蓝、靛青、翠绿等。

色相是有彩色的最重要的特征，它是由色彩的物理性能所决定的，它的数量并不是一个确定的数，从三棱镜中分出来的是七色——红、橙、黄、绿、青、蓝、紫，但每两种颜色之间并无明显的分界，而是一个渐变的过程。所以，不同的研究呈现为不同的划分方法，色相就出现有 8 种、20 种、24 种，甚至 100 种等。它们的排列是根据光的波长秩序，表示的方法就是"色相环"。

2. 明度

明度是指色彩的明暗程度，在三要素中最具有独立性。明度一般用明度轴来表示。同一色在强光照射下明度就高，反之，在弱光照射下明度就低。

在无彩色中，明度最高的色为白色，明度最低的色为黑色，中间存在一个从亮到暗的灰色系列。在有彩色中，任何一种纯度色都有着自己的明度特征。

色彩有明度上的差别，这是由于光的振幅不同而产生的。产生明度上的变化可能有三方面的原因：一是由于光源的强弱或投射角度不同，一个彩色物体表面的光反射率越大，对视觉刺激的程度越大，看上去就越亮，这一颜色的明度就越高；二是由于同一种色相中含白色或黑色的量不一样多；三是物理色的色相在明度上本来就存在差异，因光源一样，明度上就仍旧保持着相应的差异。

为了更有效地使用色彩，我们应该了解每种颜色的标准明度。这种标准明暗在色轮上看得很清楚，色轮上的颜色按光谱色本身的明度也是不等的。在由红、绿、蓝紫与品红、黄、青六色组成的色环中，前三种颜色明度偏低，后三种颜色明度偏高。明度最高的为白色，明度最低的是黑色。在黑与白之间存在着一系列的灰色，任何一个有彩色加白、加黑都可构成该色以明度为主的序列。红、橙、黄、绿、青、蓝、紫各色按明度关系排列构成色相的明度秩序，其中黄色最亮，紫色最暗。明度在色彩的三要素中具有较强的独立性，可以不带任何色相的特征而通过黑白灰的关系单独呈现，而色相与纯度必须依赖于一定的明暗才能显现。

3. 纯度

纯度又称鲜度、彩度、饱和度，具体是指色彩的鲜灰程度。我们的视觉能辨认出有色相感的色，都具有一定程度的鲜艳度，比如绿色，当它混入白色时，虽然仍旧具有绿色相的特征，但它的鲜艳度降低了，明度提高了，成为淡绿色；当它混入黑色时，鲜艳度降低了，明度变暗了，成为暗绿色；当混入与绿色明度相似的中性灰时，它的明度没有改变，纯度降低了，成为灰绿色。

不同的色相不但明度不等，纯度也不相等。在人的视觉所能感受的色彩范围内，绝大部分是非高纯度的色，也就是说，大部分是含灰的色，有了纯度的变化，才使色彩显得极其丰富。

一般来说，含有色彩成分的比例愈大，则色彩的纯度愈高，反之亦然。可见光谱的各种单色光是最纯的颜色，为极限纯度。在调和色彩的过程中，也会有同样的认识，某一种色相只要与任何一种其他色相混合，就会导致色彩鲜艳度的降低，色彩学上称为"减色混合"。所以，减色的程度越高，色彩的纯度就越差。

当一种颜色掺入黑、白或其他颜色时，纯度就会产生变化。当掺入的色彩达到很大的比例时，视觉上原来的颜色将失去本来的光彩，而变成掺和的颜色了。在这种被掺和的颜色里并非不存在原来的色素，而是由于大量地掺入其他色彩使原来的色素被同化，人的眼睛无法辨别。有色物体色彩的纯度与物体的表面结构有关。

二、色彩的心理属性

（一）色彩联想

色彩联想指当人们看到某一色时，时常会由该色联想到与其有关联的其他事物，这些事物可以是具体的物体，也可以是抽象的概念。色彩的联想可分为两大类，一是具体联想，另一个是抽象联想。色彩联想分为具体联想、抽象联想、自由联想等几种方式。

1. 具体联想

具体联想是指看到色彩联想到具体事物。具体联想来源于人们的日常经验。比如红色让人联想到血、夕阳、火、红旗等，绿色让人联想到草地、原野、军装、森林、青山、植物等。

具体联想在色彩设计中往往易于打动人们的心灵，因为与人们休戚相关的事物为人们熟知且与感情的距离最近。但同时具体联想也因不同的文化环境有所不同。

2. 抽象联想

将色彩与某种抽象的因素联系起来，或用色彩表达某种抽象的意义，称为抽象联想。抽象联想和具体联想的交互作用相辅相成，为创作表现提供了从目标意义到基本结构的参照和把握某一主题的结构要点。这将对实现前面讲过的"画画应成为有表现意义，有组织结构的整体"起到积极作用。

（二）色彩感觉

利用人们对于色彩的共性感觉，在色彩的配置上充分考虑色彩的心理效应，就能使色彩成为符合设计的有意味的形式。下面我们介绍一些色彩的共性的感觉。

1. 色彩的冷暖感

色彩本身并无冷暖之分，因为冷暖是人们触摸东西之后才产生的感觉。冷暖感本来是属于触感的感觉，然而即使不去用手摸而只是用眼看也会感到暖和冷，这是由于一定的生理反应和生活经验的积累的共同作用而产生的。

作为人类的感温器官，皮肤上广泛地分布着温点与冷点，当外界高于皮肤温度的刺激作用于皮肤时，经温点的接受最终形成热感，反之形成冷感。

不同色光的照射可引起人的肌肉机能、血液循环的不同反应。实验表明，在红色光线下，身体会不自觉地分泌出更多的肾上腺素，人的温度感觉、血液循环速度、血压、脉搏随之升高；反之，在蓝色环境中则会降低。

同样的材料，只要重新涂上寒暖色，不光是"用眼看的形象"，而且"用手摸的形象"也会产生大的变化，这是感觉的深化。

在色环中以橙色为中心的半个色环上的色彩，不同程度地显得暖和，这一系列称为暖色，橙色最暖；以青色为中心的半个色环上的色彩不同程度地显得清冷，称为冷色，青色最冷。所以我们将色相环上的色相大体地分为两个部分，一部分称为暖色，如紫红、红、橙、黄、黄绿；另外一部分称为冷色，如绿、蓝绿、蓝、紫。

色彩的冷暖不是一成不变的，橙色在冷色环境下显得更暖。而蓝色在纯度、明度、大小、形状、色彩肌理及环境色彩不同时，其冷暖也会发生变化。

2. 色彩的轻重感

轻重感是物体质量作用于人类皮肤和运动器官而产生的压力和张力所形成的知觉。色彩的轻重感是由于人们接受物体质量刺激的同时，也接受其色彩刺激所形成的条件反射。反过来，色彩刺激总是伴随着重量感觉，因此有些色彩显得重，而另一些色彩显得轻。例如码头上的集装箱因为采用了明亮的黄绿等色，给人以轻松的感觉。

决定色彩重量的主要因素是色彩的明度。明度低的显得重，明度高的显得轻。白色和黑色的抽象图形并置，黑色总是比白色图形显得沉重。另外，色彩的质感也影响色彩的轻重感。质感细密、表面坚硬的感觉较重；质感粗松、表面柔软的感觉较轻。

3. 色彩的软硬感

色彩的明度决定了色彩的软硬感。明度越高显得越软，明度越低显得越硬。色彩的软硬感与轻重感有着直接的关系。明度对比强烈的显得硬，对比弱的显得软。

通常情况下，明度低、彩度高、重而有收缩感的冷色显得坚硬，生活中机械设备大都偏向于这类色调，这种配色往往适合严肃庄重的场合。明度较高、彩度较低、轻而有膨胀感的暖色显得柔软，生活中棉麻制品也大都属于这类色调，这类配色往往运用于轻松愉快的娱乐场合。

（三）色彩通感

在心理学中，以一个领域的感觉引起另一个领域的感觉称为通觉。从一定程度上来说，视觉、听觉、味觉、嗅觉是相互联系着的。

1. 听觉感

色彩与音乐的关系密切，色彩的音乐感是通过音乐元素视觉化来实现的。一般来说，色彩听觉所表现的声音与色彩的关系体现为：高音会产生明亮、艳丽的色彩感觉，低音会产生灰暗、沉稳的色彩感觉。

据科学实验研究表明，随着钢琴从高音到低音，会产生"银灰—灰—青—绿蓝—蓝绿—明红—深红—褐—黑色"的色彩感觉变化。不同种类的音乐旋律会产生不同种类的色彩感觉，如欢快的音乐旋律——明亮的高纯度黄色系列；悲哀的音乐旋律——黑暗的蓝色系列；柔和的音乐旋律——粉红、粉绿、粉蓝组合的粉色系列；舒畅的音乐旋律——黄绿系列；阴郁的音乐旋律——灰紫、灰蓝组合的灰色系列；兴奋的音乐旋律——鲜红色系列；强有力的音乐旋律——纯正的蓝、黑、白色组合的系列；庄重的音乐旋律——暗调的蓝紫色系列。

色彩的传达性在许多方面同音乐很相近，色彩有明快与隐晦之分，色彩有高亢与低沉之区别，色彩有调子，能体现情绪。

声音的高低可以用不同明度的色彩来表示：高的声音明亮，低的声音黑暗。而色彩的纯度可以由泛音决定：泛音少的声音是鲜艳的，泛音多的则有灰暗感。

2. 味觉感

色彩的味觉感受并非统一的，甚至同一民族的同一人群对色彩的味觉感受都会不同。所以色彩的味觉应该说是极其主观的、个人化的。关于色彩与味觉的通觉，多半是从生活当中得到的经验，虽然看到的是颜色，但也好像能感觉到味道。通过生活经验，人可以将自己的味觉记忆与许多食品的色彩对应起来，因此，色彩会给人以甜、酸、苦、辣的味觉感。糕点、糖果的粉红色和乳白色、黄色给人的感觉是甜的；白色有时会使人联想到白糖的甜味或盐的咸味；辣椒的红色产生辣的感觉、给人以刺激感；青绿的蔬菜给人以新鲜感；海水的蓝色是咸的感觉；浓绿的茶色，咖啡的茶色、灰色产生苦的感觉。黄、白、橙、红给人以甘甜的感觉；绿、黄绿、紫给人以酸甜或酸涩的感觉；黑色、褐色则产生苦味。可以说，大多数人表示某种味道时，用的色是基本相同的，就是该味道物的色相，或是该味道几种物的色相之综合。

色彩的味觉体验不确切但又真实地存在，我们可以在一组色彩图形中毫不犹豫地找出它们各自不同的味觉倾向。因此，我们无法忽视对它的研究与把握。尤其是设计师，或许有一天会涉及与味觉有关的产品，当我们建立过这种概念，就会胸有成竹地去应对它。

3. 嗅觉感

色彩的嗅觉与色彩的味觉一样是一种比较主观的感受，尽管色彩唤起的嗅觉刺激对每个人而言是不一样的，但是，当几种具有不同的色彩效果的画面出现在你的眼前时，也许你会立即指出它们各自的嗅觉倾向。比如最能发出芳香的色相是黄绿色，这大约和苹果、梨、芒果、香蕉等很多水果是黄绿色调的生活经验有关系。红色是辣的气味，粉红、乳黄色是香的气味，亮的绿黄色是酸的气味，深绿褐色是腐烂的臭味等。

三、色彩设计的要求与运用规律

（一）色彩设计的要求

色彩设计作为形式美的因素之一，有其自身发展的规律与要求，找到并掌握美的要求，将有利于形式美的创造。色彩设计的要求体现在掌握色彩的对比与调和两个方面。

1. 色彩的对比

色彩对比是指两种以上的颜色，由于相互影响而显现出的差别，它们之间的相互关系就是色彩的对比关系。色彩对比可分为以下六种：

（1）明度对比

明度对比是指不同明度的色彩并置在一起形成的对比，明度差别越大，对比越大，反之越弱。明度对比在色彩对比中占着重要的位置，色彩的层次、体积与空间关系主要依靠色彩的明度来实现。

色彩明度可划分为九种明度对比调，配色的明度差在三度以内的色，属于明度的弱对比，称为短调；明度差为四至六度的色，属于中对比，称为中调；明度差别在七至九度以上的色，属于明度的强对比，称为长调。

（2）色相对比

色相对比是因色相之间的差别所形成的色彩对比。色相对比的强弱，决定于色相在色相环上的距离远近和角度。对比中的两色在色相环上的距离越远，色相之间的对比就越强，反之，距离越近，色相之间的对比就越弱。在 24 色相环上任选一色作为基色，可把色相对比分成以下几种：

第一，邻近色对比。它是距离 60°左右的对比，是色相中较弱的对比，邻近色对比的特点是色相间相差较小，往往只能构成明度和纯度方面的差异，属于同一色相中的对比。

第二，同类色对比。它是在色相环上 15°以内的对比，是色相中最弱的对比，这种对比在视觉上色差很小，同类色对比常被看作是同一色相、不同明度与纯度的色彩对比。同类色单纯、统一、柔和。

第三，对比色对比。它是指在色相环上 100°以外的对比，是色相中的次强对比。对比色对比，色彩对比效果强烈、鲜艳，具有饱满、华丽、欢快、活跃、动感等特征，但容易产生不协调、凌乱、炫目的感觉。

第四，互补色对比。它是在色相环中处于 180°的色相对比，是色相中最强的对比，使色彩对比达到最大的鲜艳度。

（3）纯度对比

纯度对比是指因色彩的纯度差异而呈现的色彩对比效果，对比的强、弱取决于色彩的鲜艳与灰暗差别程度。纯度对比较之明度对比、色相对比更柔和、含蓄。

各主要色相的纯度色标分为三段，接近无彩轴的为低纯度色，距离无彩轴最远的色段为高纯度色，其余的称为中纯度色。

第一，低纯度对比。低纯度色彩纯度比较接近，差别不大，画面以灰色基调为主，给人自然、平淡的感觉，如运用不当，容易产生单调、粉气或脏等感觉。

第二，高纯度对比。高纯度色彩在画面中面积较大，可形成高纯度色调。高纯度色彩效果鲜艳、活泼、引人注目，但运用不当会产生过分刺激的效果。

第三，中纯度对比。中纯度色彩占大部分面积，呈现一种调和画面，具有统一、和谐、文静、朦胧之感。但把握不好，易产生平淡、缺乏生机的效果。

（4）冷暖对比

色彩的冷暖并非为肌肤的温度感觉，而是人们视觉色彩的一种心理反应，这种视觉上的冷暖感觉包含着更多的心理及联想因素。

在色彩体系中，人们把橘红色定为暖极色，天蓝色定为冷极色。一般来说，暖色指红色、黄色、橙色；冷色指蓝绿、蓝紫、绿等色；黑色偏暖；白色偏冷；灰色、绿色、紫色为中性色。

冷色代表阴影、透明、镇静、流动、远、轻、湿、理智、冷漠、后退；暖色代表温暖、阳光、热烈、刺激、浓厚、近、重、干。

（5）补色对比

补色对比具有强烈的鲜明度与视觉刺激，补色对比的对立性使对方的色彩更加鲜明，个性更为突出。互补色中最典型的补色对比是三原色红、黄、蓝与三间色绿、紫、橙，构成了互补色对比的三个极端。黄紫对比是三对补色中最具冲突的一对，明暗对比强烈，色彩个性悬殊。

（6）面积对比

色彩的面积对比是指各种色块在构图中所占量的对比，也就是色块大小和多少的对比关系。色彩的明度、色相、纯度的对比与色彩面积的大小有关。同一种颜色面积小、易见度低，则色彩会被底色同化而难以发现。

在色彩构图时，有时会觉得某些颜色太跳而显得触目，某种颜色又力量不足，未能发挥作用，此时便要调整画面的色彩关系。调整时除了要改变各种色彩的色相与纯度外，合理地安排各种色彩所占据的面积是十分必要的。

2. 色彩的调和

色彩调和是指两个以上的颜色有序、和谐地组织在一起，从而使整体色彩形成和谐统一的美感。色彩调和可分为类似调和、对比调和两种主要调和方式。

（1）类似调和

类似调和是强调色彩要素中的一致性关系，追求色彩关系的统一感，达到色彩调和的目的。类似调和又可分为同一调和、近似调和两种形式。

第一，同一调和。同一调和是指在色相、明度、纯度中以及它们的组合关系中都含有同一要素，避免或削弱尖锐刺激的对比感，使配色显示出一种简单、统一的协调效果。

第二，近似调和。近似调和是指在色相、明度、纯度三要素中保持某种要素接近，变化其他要素而获得调和效果。

（2）对比调和

对比调和是以强调色彩的变化组合而达到和谐的视觉效果的一种色彩调和方式。在色彩的对比调和中，明度、纯度、色相三要素都处于对比状态，色彩效果强烈、生动、活泼、富于变化。色彩对比调和要达到变化统一的和谐美，只有依靠一种组合秩序来实现，称为秩序调和。

（二）色彩设计的运用规律

1. 冷暖变化规律

在一幅作品中，冷暖对比得当会使画面活泼、悦目，冷暖对比愈强刺激愈强。当画面中冷暖色的面积及纯度相等时，画面的冷暖对比较直接、强烈，但画面效果容易过于单调，这时可以通过降低它们的纯度或明度，即使它们互相融合形成新的灰色来调整画面的色调感，丰富作品的层次与厚度。

暖极色、暖色与中性微冷色，冷极度色、冷色与中性微暖色的对比为中等对比。以冷色基调为主构成的作品给人以寒冷、清爽、空气感、空间感；而以暖色基调为主构成的作品给人的感觉是热烈、热情、喜庆。

色彩的冷暖对比关系是一对非常复杂的关系，它可以使色调呈现出丰富的效果，在各类设计作品中，对色相冷暖的应用正是取得优秀效果的关键因素。

2. 纯度变化规律

纯度对比可分为强对比、中对比和弱对比。当画面中高纯度色与灰色同时使用时，可以形成强烈的纯度对比。当画面中色彩的纯度处于相邻的两个阶段时，便会形成中对比纯度，这种对比具有统一、和谐而又有变化的特点。如果画面中色彩的纯度差别小，处于同一阶段内时，柔和感强，清晰度低，视觉效果差，容易出现粉、脏、灰的感觉。

利用纯度变化可以产生数不清的中间灰色，这些色彩在配色实践中有很重要的作用，因为带有色彩倾向的灰色，有柔和而悦目的视觉效果。如果用色过于强烈、刺目，就可以运用低纯度的灰色进行调和。

3. 明度变化规律

明度在色彩诸属性中具有相对的独立性和特殊性，明度对比的效果要比色相和纯度对比的效果强得多。每一种色相都有自己的明度特征，色彩因明度差别而形成的对比称为明度对比。具体来说，就是将两个或两个以上不同明度的色彩并置在一起所产生的色彩明暗程度的对比。

明度对比可以直接影响其他两要素的色彩对比效果，人的视觉对于明暗对比是极其敏感的。在色彩构图中，突出形态主要靠明度对比。色彩的层次、形状和空间关系也都是靠色彩的明度对比来实现的，特别是明度对比能够决定颜色形体的认识度。因为我们主要是通过明暗对比手法塑造空间中的形体结构关系，表现形体的质感、量感和体感的。明度对比强，色彩的认识度就高，图形也越清楚。因此要想使一个色彩的形态产生醒目、有力的影响，必须使它和周围的色彩有较强的明度差。反过来说，要想削弱一个形态的影响，使其变得含蓄，就应该缩小它和背景的明度差。

第二节 视觉传达设计中的编排

编排设计在整个视觉传达设计领域具有极其重要的地位。通过巧妙而有艺术感染力的编排，可以使设计作品清晰、有条理地传达给观众。巧妙而有艺术感染力主要遵循编排的视觉流程、编排的形式、编排的原则。

一、人的视觉流程与编排空间构成

（一）人的视觉流程

1. 视觉流程的概念

视觉流程是指视线作用于画面空间的过程。人们阅读版面时，一般都是由左到右、由上到下、由左上沿着弧线向右下方流动。所以，编排视觉流程是一种视觉的"空间运动"，视线随着版面的各视觉要素在空间沿着一定的轨迹进行运动，从而形成一定的视觉习惯。

心理学家格斯泰在研究版面规律时，指出版面在一定尺度的空间范围内，不同的部分有着不同的视觉吸引力和功能。版面上半部的视觉诉求力强于下半部，版面左侧的视觉诉求力强于右侧。在版面设计不同的视域、不同的重心、不同的导向会产生不同的心理感受。

设计画面与视觉元素都是静止的，而观者的视线则是流动的，设计者应利用诸种元素间的差异，做出有序的配置。有计划地调整视觉元素之间的综合关系，能使画面获得自然严谨的视觉秩序，对信息传达次序亦能起到引领和带动作用。设计师还必须了解人类的生理和心理的视觉规律，明确人们的"最佳视域""最佳视域区""最佳焦点"和普遍的"视觉流程"，才能设计出好的版面。编排设计应结合主题，按信息传达具体目的来制定视觉流程，这也是版式设计的基本要求。

2. 视觉流程设计

从种类上划分，视觉流程基本上可分为重心诱导、位置关系、导向式、形象关系、散点式五种；若从视觉顺序的角度划分，则又分为反复式与单向式两种。

（1）重心诱导流程

重心诱导流程适用于信息传达主次划分不十分明确的主题。版式设计中的元素编排，往往将观者的视线开端含蓄地安排在版面的重心位置，关键在于，这种组织方法需要在版面中配置一个在动势、方向上与重心点相反的形态，从而使画面整体获得足够的视觉张力。

（2）位置关系流程

位置关系流程适用于追求单纯感的设计，它是编排设计的常规技巧，清晰有条理。在视觉浏览方向上强调秩序性，如上下、左右或对角关系的顺序关照，往往利用人的自然视线过程组织画面，引导视线逐点向既定方向前进。

（3）导向式流程

由潜在（虚示）或显在（明指）骨骼引导的视觉流程，转化为视觉元素间的组合关系，主要有两种：以连接的形态引导出视觉主体和以分离但相互呼应的形态（动作、姿势或眼神）引导出视觉主体。

（4）形象关系流程

形象关系流程所使用的形式手段，是利用形象吸引力分清主次秩序。在对视觉元素的布局安排上，主要以点、面的对比关系衬托视觉主体，而面通常是背景，是画面的底层，点则是画面的视觉主体，处于前层。一方面是以形式的手段加强视觉主体，从而达到更为有效的信息传递，面与点之间往往存在明度、色彩、大小、虚实的对比关系，并以此将点衬托出来。另一方面，从设计创意的角度看，面是设计所营造的整体情境、氛围的载体，而处于其中的点，则被这个面烘托和包裹，使主题印象得以深化，形成一个更加有力的信息传达的整体。

（5）散点式流程

散点式流程应用于视觉元素多样且须同时展示的设计，比如需要将产品做全景式展示的商品广告，散点式构图可以营造丰富充实的品牌印象，增强人们的购买欲望。

（6）反复式流程

反复式视觉流程是将视觉元素较为平均地散布，或是将其导入一个视觉循环系统，在视线游走的过程中，对设计元素进行反复关照。这类视觉样式多被应用于需要将视觉元素并列展示的设计，或是画面具有强劲动势及视觉张力的设计中。

（7）单向式流程

单向式视觉流程是指版式设计中的强势诱导因素占据主动态势，逐步推展出视觉主体的设计手法。比如位置关系、形象关系及导向式的视觉流程，都是按照既定顺序将视觉传达的主体加以突出，视线的流动过程是以单向秩序为主。

（二）编排空间构成

编排设计的版面通过空间分隔可将各种信息按照功能、逻辑有序地组合和分列。对版面空间构成的把握主要反映在理性化的分隔、感性化的分隔以及虚实空间三方面。

1. 理性化的分隔

理性化的分隔最常见的表现为网格设计。网格设计又称网格系统，是现代国际上普遍使用的一种编排构成方式。它是在版面确定好比例的格子中分配文字和图片，重视版面的连续性、清晰度，给人以整体、严谨的秩序感。这种方式广泛应用于各种书籍、杂志和样本设计中。

2. 感性化的分隔

感性化的分隔打破了网格设计严谨的分隔方式，是按照设计者的感受来界定版面区域划分的编排构成方式。版面空间中信息的主次顺序、形象之间的平衡关系主要通过直觉来处理，通过自由的编排方式来表现设计者的创意。

二、编排设计的原则

（一）形式与内容统一原则

编排设计是传播信息的媒介，形式必须符合主题的思想内容，两者的相互协调统一是编排设计的首要前提。在设计过程中应将各种形象元素以及各部分的形式组合构成一个秩序化的整体，如主次强弱、动势趋向、肌理效果、虚实效果等，从而形成层次分明、条理有序的信息传递系统，达到更有效的阅读。

（二）趣味性与独创性相结合原则

编排设计中的趣味性，主要是指形式美的情趣。趣味性可采用寓意、幽默和抒情等艺术表现手法，以构成生动、活泼的版面视觉语言。

独创性主要是指突出个性化的特征。编排设计是实现和完成创意的一种手段，趣味性和独创性都能使主题表现富有个性化。

（三）主题突出原则

编排设计的最终目的是使读者清晰了解版面诉求的内容。编排设计要使诉求主题鲜明突出，就应注意编排版面的空间层次、视觉的主从秩序。主体信息的明确有助于增强读者对版面的视觉注意力，对版面的空间层次、主从关系、视觉秩序及彼此间的逻辑条理性的把握与运用可以增强对传达内容的理解。

（四）深入探究创意原则

要对设计任务要求的预设受众、资金投入等进行通盘考虑，仔细研究并选择设计手段，立足于信息传达的目标要求才能确保信息传递的准确性与力度。

（五）简洁原则

突出视觉形象个性的简约化设计是现代编排设计发展的一大趋势。简洁精练的表现语言能强化主题，使视觉焦点处于最佳的视域，避免各部分孤立分散、语义模糊以至于降低传达的效力。编排设计应在突出重点的基础上达到整体协调的效果。

三、编排在视觉传达设计中的应用

（一）海报设计中的应用

海报设计在版式设计上的重点在于突出画面的整体效果，在色彩与构图关系上注重明晰、有力的对比关系，因为这可以提高画面的视觉传达效力。由于在传播范围频率、距离上有较为特殊的要求，海报设计的风格感亦较为明确，这就要求设计中的图文元素从内容确定到版式规划的高度和谐。

（二）包装设计中的应用

包装设计在版式编排上要解决一系列的问题，如标签、纸盒、提袋等系列设计，这些往往在多变的媒介之上展开，而其设计则在平面、半立体、全立体的不断变化的框架中进行，尤其是在纸盒上展开的设计。这个立体的框架包含了从多个角度观看的侧面，所以重点在于把握总体协调统一。比如包装正面往往是产品品牌、品名集中展示的区域，背面多为功能叙述性信息文字集中的区域，底面通常加注产品批号、生产日期等，两侧及顶面则会有较多的留白。当然，也有大幅跨越面界间的装饰图形或图像，以延伸的方式统一几个侧面单元。由于包装设计是最具商业特征的平面设计类别，在设计上大多选择软性的沟通态势，所以在包装设计中常采用富于魅力的情境、情调、情节刻画来推动销售。

当今国际包装设计发展趋势倡导"绿色包装"，一是由于环保观念早已深入人心，此外亦是新的人文观念提倡淡化"包"与"装"的概念。

在绿色包装概念影响下，现代包装设计表现的显著风格是清新、质朴与怀旧、浪漫的完美融合。在材质上多使用自然色或再生纸材。印刷方面，色彩亦被控制在极少的数量，单色、双色印刷已成为流行风尚。换言之，包装设计不再如从前以物质功能为主要诉求点，而从追求精神消费的角度展开设计，这就使包装设计在版式编排上的人文风格非常明显。简约的构图、自然的形态、细腻的风格，处处展现平实、内敛的生活观，而新的无毒、可降解材料的问世则带给设计师新的创意灵感。这类材料摆脱以往的华丽光泽，并且在承印效果上存在局限。但正因如此，包装设计的个性化、人文化观念才具有个性表达的空间。

（三）报刊版式设计中的应用

报刊是普通且廉价的大众媒介，它的内容丰富并贴近生活；作为国家及地方政府的媒介工具，又具有一定的权威性和可信度。报刊在信息传达的内容上最为多样，信息类别十分丰富。它最显著的特征为时效性，所以它成为快速、集中传递信息的代表媒介。报刊版面编排是以方寸计算的，信息量十分庞杂，除少数专业性报刊之外，大部分报刊都以平易、务实的面貌示人。作为一个报刊中的单元要素，要良好地展示自己，在版式设计上须注意以下几个方面的问题。

1. 特异性

单元版面存在于庞杂纷乱的整版报纸空间中，要具有一定的编排上的特异性。当然，以什么形式去构成特异形象，是要依据周围既存条件来进行定夺的。

2. 色彩

报刊是以特殊纸材印刷的媒介，在承印效果上，对细腻的色彩及灰变层次辨识度不够理想，所以在版式设计中对于照片的处理，要特别关注色彩的"保鲜"度。要尽量使用单色、纯色，避免使用灰度较高的色彩，也要放弃多层次的色彩关系。

色彩的运用有如下作用：可以使版面增加特定的气氛，如红色用于节假日报道，给版面以欢快的气氛；如果对全版中局部套色，这个局部就可以因与其他稿件在色彩上的强烈对比而显得分外醒目；套色或彩色印刷可以使版面由于色彩的变化而更加绚丽，从而取得一定的审美效果。可见，色彩不仅是一种美学符号，还是一种情感性的编辑符号，组版者可以通过色彩来传递诸如热烈与沉重等多种情感意义，使受众在接受文章内容之前，就有一个准确的情感匹配，引起受众情感的共鸣。

3. 明确秩序

由于报刊是信息量极大的媒介，所以在密集的整幅版面中，单独的一幅设计要特别强调在构图上的秩序性。比如标题与内文、图片间清晰的条理与划分，画面元素间有序、均衡的视觉关系等。为保持信息传递的快速性，还要注重标题的醒目处理，在空间、形态及色彩处理上突出标题的影响力。

总的来说，存在于报刊版面中的平面设计具有许多设计性因素，在设计表现上保持自身的均衡、和谐，并适时地拉开与环境的距离，是单元版面获得成功的基本要点。

第三节　视觉传达设计造型的形式原则

一、对比与统一

（一）对比与统一的内涵

1. 对比

对比又称对照，是以相异、相悖的因素为组合，各因素间的对立达到可以接纳的高限度，是各种处于对立关系的视觉造型因素的并置。

对比关系主要通过色调的明暗、冷暖、形状、大小、粗细、长短、方圆等；距离的远近、疏密；黑白、轻重；方向的垂直、水平、倾斜；数量的多少；形态的动静等方面因素来达到。把色彩、明暗、形态或材料的质与量相反的两个要素排列或组织，并强调其差异性，使人感受到鲜明强烈的感触。处理对比关系时，视觉要素各方面要有一个总的趋势、有一个重点，处处对比则会失去对比的意义。

2. 统一

统一亦称调和、和谐，是对形态构成要素共性的加强或差异性的减弱。它在某种程度上弱化了对比的突兀性，协调了矛盾要素之间的关系，使无秩序化的事物变得合理有序。

统一有形态、大小、方向、色彩、质感等的调和，常给人一种丰富和稳健的审美感受。

（二）对比与统一的关系

对比与统一是相对而言的，没有统一就没有对比，它们是一对不可分割的矛盾统一体。

对比统一涉及的是事物质的关系，强调的是质的异中有同或同中有异。对比是具有显著差异的形式因素的配置，如形体的大小、色彩的色相与色度、光线的明暗、空间的虚实等，对立的差异性因素组合的统一体，会给人以鲜明、振奋、醒目的感受。统一在较为接近的差异中趋向调和，是按照一定的次序做连续的逐渐的变化而得到的效果，使人感到融合、协调。如果只有对比，没有调和，形态就会显得杂乱；如果只有调和，没有对比，形态就会显得毫无生机。

1. 多样性的统一

由于事物形态自身量和质的特性，体现出组成要素的不同，决定其呈现出形态的多样，具有丰富性和绝对性。而统一的一致性是相对而言的。整体的统一性是任何设计形态的基本要求。在格式塔心理学中，艾伦菲尔斯提出完形质的概念，指出知觉对象虽然是由许多要素组成，但知觉心理却把它们构成一个统一的整体。尽管构成要素是零散的，也能形成完整的整体知觉。构成要素的多样性在一定限度内的改变，不会影响整体的知觉。

多样统一是寻求和强调形态要素的一致，进行归类整理，借助调和、呼应、均衡、律动等，给人以一种完整的知觉，形成一定的相对秩序，产生形式美。所以，在艺术设计的构成要素中，要使要素之间既具有跳跃性和相异性，又具有相对性和接近性，总是在尽可能多样中寻求统一，使单调的丰富起来，使复杂的一致起来，在变化、多样的同时兼顾整体。

2. 统一的多样性

在统一的基础上寻求变化，是让造型形式丰富起来，使趋于呆板和平整的形式发生一定的变化和差异。但是，这种变化是在统一的度的限定下进行的。

多样与统一是相辅相成的，是矛盾对立的双方在一件艺术设计作品中有机的体现与中和。没有多样只有统一会单调乏味，只有多样而无统一则会造成杂乱无章。因此，设计中要在统一中求多样、在多样中求统一。

二、对称与均衡

（一）对称与均衡的内涵

1. 对称

对称是指两个以上的形状，在一定秩序下朝中心点、轴线、柱面辐射的现象。常见的手法有对称、移动、反射、回转等方式。单元通过上下、左右移动，可以产生二方连续或四方连续的图案。均衡、对称给人沉着安全、统一的视觉心理效果。

在对称形式法则的设计中，一切部分的形态要素都是在严格意义上的核心力量与均衡基点的作用下反复出现的，因此，当我们进行对称形式的设计时，从设计美的整体形式着眼，努力紧扣定位于核心周围的各个基点（支点），就能善于规律性地、构合有致地展示出设计的对称魅力。对称不能被理解为简单的等份性的划分，而是要调动一切关于形式美的法则，使对称形式下的形态比量在丰富而又对比的状态中显现出来，进而达到高度完形意义的形态比量关系。

2. 均衡

均衡是两个以上要素之间构成的均势状态，或称平衡。利用力学上的杠杆原理使不规则的形体达到平衡。一个距离视觉中心较远、意义次要的小形体可以借助距离视觉中心近而意义较重要的大形体达到平衡，这是不规则形体获得美感的另一个原则。

设计艺术中，主要有三种均衡形式：稳定均衡，是指物体的底座扩大和重心下移，提高物体的稳定程度。不稳定均衡，是指重心下面一点支撑物体，稍受外力作用就会倒下，呈现不平衡状态。中立均衡，是指重心移动而物体是平衡的。平衡原理要求我们在设计中重视产品的综合要素，给人稳定舒适的感觉。这表现在处理形色、质量、运动的空间、光感效果时，要注意其用意和分量，对形体轻、薄、小、巧的产品要加强稳定安全的设计，对重、厚、大、拙的产品要加强轻巧的艺术设计。

均衡的构思规律有着特殊的意义，它可以满足复杂的艺术设计要求。在平面设计中，把握知觉平衡的原则，通过各组成部分之间的疏密、大小、粗细、聚散、多少、远近、方向、重心、轻重、高低、明暗以及色彩对比，自由增减局部的形和色，调整图形均势，使其左右上下分量相近以求得平衡效果。

从严格意义上讲，对称可以被看作是均衡的一种较完美的形式。只是对称是有条理的静止的美，而均衡则是打破静止局面，遵循力学的原理，以同量不同形的组合取得平衡安定的形态，追求一种活泼、自由、轻快的富于变化和动感的美。

在均衡形式原则的探究上，当代设计家们已经创造出新的设计举措——非均衡的均衡。这一概念成为原有均衡形式的持续，而并非另立的割断，与严格意义上的传统均衡形式相比较便不难看出，非均衡的均衡状态在本质上仍然没有脱离均衡美的视觉感受，只是在审美心理的层面上拓宽了均衡形式美的内涵，并使作品在审美视域上具有更广阔的空间，满足了当代审美心理的需求。

非均衡的均衡法则，从概念角度使我们意会到一种更高意义上的均衡形式美感在作品中的贯穿；也突破了原有一个"力点"的平衡限制，把作品中所有形态的量感分散到多个意象性的"力点"上，使我们感到作品整体的气势和群体扩展的程度可冲破基本力点的狭窄视域，从而获得恢宏而带有动感意味的平衡式美感。在这种视觉状态下，如果是平面设计画面，则通过对之转动，从侧置、倒置等不同的方向可欣赏到各种基于同一画面但不同视觉感受的抽象审美效应。

（二）对称与均衡的关系

如果说对称具有形式美规律及其法则静态意义上的核心地位，那么，均衡便具有形式美规律及其法则动态意义上的核心地位。然而，均衡形式法则的概念与对称形式法则的概念相比有其更大的自由度，这种自由度是在相对的意义上产生的。

三、节奏与韵律

（一）节奏与韵律的内涵

1. 节奏

节奏本是用来形容音乐美学效果的，它指音律的高低起伏所形成的规律变化。节奏可以使生活变得有序，也可以使物体富于动感，当然这也是各种设计活动常用的形式规律之一。

构成节奏的要素有点、线、面、块、体、比例、纹理和色彩等。在设计中，节奏美的法则主要通过画面形态的有机分布表现出来。因为单一的视觉要素在设计中难以形成节奏的效果，而群构效应不仅可以体现出合乎作品审美需要的"形态场"，以同化的势力范围取得量度上的和谐感，而且可以把诸如接近、同类、闭合、连接、经验等多种因素纳入作品的节奏处理中，以此取得无论是内在群构还是外在群构的美的统一体。

艺术设计中的节奏关系，主要是通过视觉元素在一定空间范围内间隔的反复出现而被感知的，包括组成部分的数量、形式、大小等增加或减少的有规律的变化，即是一种"空间的秩序"。同一视觉元素的反复出现，可构成视觉认知中虚实、强弱的反复对比，从而使人感受到节奏。在实际设计中，如果审美对象所体现出的节奏，与人的生理自然秩序形成同步感应状态，人就感觉到和谐、愉快。所以具有美感的节奏，既是一种客观与主观的统一，也是一种心理与生理的统一。

2. 韵律

韵律是指图形形式上的优美情调，也是节奏与节奏之间运动所表现的姿态。韵律的本质是反复，所以，反复是形式韵律美的基石。

在视觉艺术中，形态、色彩、线条诸要素均可在反复中显示韵律美的特征。例如，单一的线形态扩展到点、线、面、色等综合设计时，韵律美的形式法则就起到了关键作用。

只有使被设计的作品拥有韵律关系的和谐性与秩序感，作品的整体美感才具备高度的艺术感染力。

与韵律形式并存，且有着类似美感效应的表现因素是渐变。如果说韵律属于形态的反复而显示其美感特征，那么，渐变就是形态、色彩在这一反复过程中被引用于视觉条理化的推移和演变结果。在单个形态的秩序排列中，虽然相同形态的不断反复能够形成强烈的韵律效果，但与此同时若能结合渐变处理，其形式将变得更富于层次。

同样，辐射是视觉形式表现的概念之一，吸收了空间表现的因素，辐射形式始终将线性化的视觉结构聚集于形式发端的中心，犹如在太阳闪光的景象中，太阳就是置于宇宙空间使阳光射向四方的光源体一样。可以说韵律与辐射相结合，无形中在现代设计经验中形成了一种视觉化的表现新模式，基于这一模式反映出来的审美关系使得辐射的美感必然体现出韵律的反复特征，而韵律的作用又使得辐射借助渐变手法把自己凝固在由近到远向纵深发展的富于韵味的视觉态势之中，从而为知觉提供了一个富于张力的韵律形式。

（二）节奏与韵律的关系

如果说节奏美是艺术形式条理性、重复性、连续性的表现，那么，韵律产生的美感则是一种抑扬关系有规律的重复、有组织的变化。二者的相互关系是：节奏是韵律的条件，韵律是节奏的深化，节奏与韵律冲击人的心扉，触动情感，掀起波澜，营造出情感氛围。韵律在视觉形象中往往表现为相对均齐的状态。在严谨平衡的框架中，又不失局部变化的丰富性。

四、整体与局部

（一）整体与局部的内涵

1. 整体

整体统辖局部，局部服从整体，这也是形式的重要法则。整体的形成就是要通过统一的手法，使画面形成一个鲜明的有机整体，而局部则需要变化，并且从属于整体。

2. 局部

局部在画面中不应是孤立存在的，它的形式不但是美的，同时还应与整体形成有机的联系。

（二）整体与局部的关系

我们通常所说的"主从"关系，也是指整体与局部的关系，常以形、色、质的对比衬托，利用动感的视觉诱导和将重点设置在视觉的中心位置等手法，达到主次分明又相互协调的目的。

局部与整体涉及前边谈过的统一性问题，整体关系的重要性远远大于局部关系。在总体设计中，内容主次的把握，黑白灰的安排，点、线、面的处理，画面布局分寸的控制等，都应做统筹规划，以使局部服从于整体。

第七章 情感化设计

在现代工业设计中，情感化设计是将情感因素融入产品中使产品具有人的情感。它通过造型、色彩、材质等各种设计元素渗透着人的情感体验和心理感受，这正是工业设计人的动力和目标，也是工业设计学科蓬勃发展的源泉。情感化的设计只是一种创意工具，表达和发挥设计师的思想和设计意图，随着时代的发展，这种创意工具将变得日益锐利。情感是"在人的认识过程中，周围环境的刺激物对人们发生了具有一定意义的信号作用而引起的比较稳定的态度和体验"，包括喜、怒、哀、乐、苦、悲等心理状态。艺术中的情感的概念，不是一般科学意义上的概念，而是某种诉诸感觉的概念。"艺术家意在表达的一切概念都应该是某种诉诸感觉的概念，或者说，都是诉诸感觉的生命形式。这种概念没有必要是真实发生的情感概念，艺术的意义又是一种想象出来的情感和情绪，或是一种想象出来的主观现实（存在）。"随着信息社会的来临，人与人之间的交往越来越少，情感也越来越淡漠。人类文化学者认为，人类存在着一种不可根除的情感，即对于寂寥空间的恐惧和对于空白的一种由压抑而转化生成的填补冲动。正如约翰-奈斯比特所说："无论何处都需要有补偿性的高情感。社会中高技术越多，我们就越渴望创造高情感的环境，用设计软性的一面来平衡技术硬性的一面。"作为人的创造性活动，设计不是摒除激情或情感，而是要创造一种中性的、能容纳和激起使用者的情感的东西。这种东西是一种境界，一种崇高的境界。如果说新设计哲学的兴起给设计的情感化引出奠定了坚实的理论基础，那么科学技术与社会经济文化的发展为设计的情感化铺设了强有力的时代物质基础，物质上的富足使人们更加注重自我的情感需求。"当标准化设计思想被终结之后，所有的生活形态或商品的存在意义，就已经转变为取悦社会大众心态为主的行为了。"在现代化大规模生产的体制背景下，虽然造就了大众社会的形成并且使普通百姓成为社会舞台的主角，但是社会大众所能得到的却仍然只是基本的物质的充实而已。随之而来的是人们免不了要进一步追求原来只有王公贵族们才能够享受到的精神生活。过去产业界所奉行的标准化与规格化的思想，能够为我们带来的仅仅是物质生活的最基本的条件，或者也可以看成是帮助社会大众追求理想生活品质的一个过渡性阶段。但是，追求精神生活不仅是人的本性所在，而且也是每个人所应该享有的基本权利。我们现在所处的新世纪具有新感觉，充满灵气和情感，宽容、开放和多变性成为当今时代的定律。我们已从信息时代进入感受的时代，消费者期盼被产品的体验所感动，激情和情感将带给普通设计一些特殊的东西，过去的千年已经扩张了人类的物质产品，当人们经过了物质生活得以满足的时期后，满足情感、扩展心灵必然会成为新世纪生活环境构筑的基本方向。作为设计师，我们必须充分重视人的情感需求、自我意识，调动人们生活的激情，为人们带去更多可以获得愉悦和感动的产品，与消费者产生心理层面的互动，提高产品的亲和力。

第一节 情感化设计的意义

一、社会的发展，情感的诉求

科学技术的发展，使得消费者和制造商对产品满足人的心理需求方面提出了更高的要求。随着人们消费需求的提高以及市场竞争的日益激烈，人的感性心理需求得到了前所未有的关注，人们已经不再满足于单纯的物质需求，人的需求正向着情感互动层面的方向发展，同时它又是一种开放式互动经济形式，主要强调商业活动给消费者带来独特的审美体验，情感化设计在产品设计中的所占比重会越来越大，设计出更多满足消费者心理需求的产品，将会是市场的必然趋势。

二、一切都是为了打动你

产品真正的价值是可以满足人们的情感需要，最重要的一个需要是建立其自我形象和其在社会中的地位需要。当物品凭它的特殊品质成为我们日常生活的一部分时，当它提高了我们的满意度时，爱就产生了。从而交易也产生了！

第二节 情感化设计的目标

一、产品形态的情感化

形态一般是指形象、形式和形状，可以理解为产品外观的表情因素。在这里，我更倾向于理解为产品的内在特质和视觉感官的结合。随着科技的发展，产品的功能不仅是指使用功能，还包含了其审美功能、文化功能等。设计师利用产品的特有形态来表达产品的不同特征及价值取向，让使用者从内心情感上与产品产生共鸣，让形态打动消费者的情感需求。漂亮的外形、精美的界面由此提升产品的外在魅力，并最快传递视觉方面的各种信息。视觉的传达要符合产品的特性、功能与使用环境、使用心理等。

二、产品特质的情感化

真正的设计是要打动人的，它是要能传递感情、勾起回忆、给人惊喜的产品。生活的情感与记忆只有在产品/服务和用户之间建立起情感的纽带，通过互动影响了自我形象、满意度、记忆等，才能形成对品牌的认知，培养对品牌的忠诚度，品牌成了情感的代表或者载体。

三、操作的情感化

巧妙的使用方式会给人们留下深刻的印象，在情感上会越发喜欢这种构思巧妙的产品。这种巧妙的使用方式会给人们的生活带来愉悦感，从而排解人们来自不同方面的压力，所以得到用户的青睐。产品的情感化设计也是对产品设计过程中明确的指向性和丰富的表现性的展现。好的设计产品，从工程学角度，应该具备良好的功能；从心理学角度，应该容易操作使用，使人感到愉悦，不会让人搞不懂，不知道正确的使用方法。有时，人们常常买一些吸引人的产品，哪怕它们并不好使用，只为喜欢它们，它们能让人高兴。设计师愈来愈认识到，产品不只是实现功能的总和，真正的好的设计可以满足人们的情感需要。

作为人的创造性活动，情感化设计在更深层面上体现出对人性的关怀和体贴，它以一种轻松的方式诠释着设计师对生活的理解和向往。把对人情感需求的充分关注融入设计之中，满足实用性以外的需要，设计出令人快乐的产品，为人们带去更多可以获得愉悦和感动的产品，激发生活的热情，让生活丰富多彩。作为设计师，我们要设计出有情感的产品，必定首先是一个有爱、懂得热爱生活和感悟生活的人，才能创造出更好的体验。

第三节 情感化设计的主要理论、方法及研究趋势

在设计中考虑消费者的情感诉求，是产品创新设计的重要发展趋势。通过对国内外相关文献的综述，本文论述了情感化设计的概念，重点分析了情感化设计中的感性工学理论、三层次理论和情感测量及参数转换的方法和技术，同时把情感化设计的主要研究领域分为产品造型、功能和文化三部分加以论述。最后，针对产品创新设计和相关技术的发展现状，提出了情感化设计研究中存在的问题和主要发展趋势。

随着设计和制造技术的不断进步，产品种类日益繁多，卖方市场逐渐转变为以消费者为导向的买方市场。在买方市场形态下，仅仅依赖产品实用功能方面的创新已经不足以获得消费者的青睐，因为市场上不同品牌的同类产品在功能、质量、价格等基本品质方面已经差别不大，尤其是消费类产品，如汽车、手机、电器、家具等，产品的同质化趋势非常明显，竞争日趋激烈。因此，现代社会越来越强调"以人为本"的理念，反映在产品设计领域就是注重消费者情感方面的诉求，改变以前仅仅重视产品实用功能的设计传统，从而实现在产品设计中既重视理性又重视感性，做到两者的有机结合。

同时，消费者在购买产品时，情感因素的影响也日益加大，这意味着如果产品具有相同功能、质量和价格，消费者会选择更能触动其情感的产品。市场营销学的最新研究证明，对于购买决策而言，理性思考只是起辅助作用，对产品的选择过程更多是一种源于习惯和无意识的相对运动的过程。因此，消费者购买产品时的情感因素有时超过理性思考。

总之，"以人为本"的理念促使设计师更多地从消费者的情感角度来设计产品，尊重其情感需求，并创造新的情感需求。从新时代的消费者行为来看，他们越来越重视产品带来的情感刺激和其背后蕴含的情感意义。因此，产品如何满足消费者的情感需求日益显得重要。产品的创新设计不仅要包含产品的实用功能，而且要包含满足消费者感性需求的情感诉求，这是情感化设计成为产品设计领域研究热点的重要原因。

一、情感化设计概念

何谓情感化设计？学术界和工程界的提法不尽一致，目前也没有统一的定义。在日本和韩国一般称为"感性工学（Kansei engineering）"，并设有"感性工学学会"等相关研

究组织。欧洲学术界基本接受感性工学的提法。在我国，工程学术界一般也接受日本感性工学的相关概念，称之为"感性意象或感知意向"，有的学者在此基础上将感性意象与人工智能结合，提出人工情感理论，也有的学者称之为"感性设计"，而部分艺术设计学院的学者则与美国学者保持一致，采用"情感化设计"的提法。在英文里，情感化设计一般用"affective design"和"emotional design"来表示，很多时候两者可以互换，但也有一定的区别。前者一般指带给消费者积极、正面情感的产品设计，如喜欢、快乐等情绪反应；后者则具有一定的中性色彩，既包括正面情感，也包括负面情感，如痛苦的回忆等。从词语的内涵分析，"emotional design"包含的范围要大于"affective design"。

本文采用"情感化设计"一词来描述产品设计中对消费者情感加以考虑的相关学术研究，主要考虑其通俗易懂，便于学术界不同领域学者之间的交流。另外，本文的"情感化设计"不仅包含有形产品的创新设计，还包含服务等无形产品的创新设计。

二、主要理论与方法

情感是具有强制性和压迫性的人类体验，把消费者的活动、思想、感觉、渴望、目标、习惯和价值观等转换到产品设计之中将会触发用户积极的情感反应，从而促使购买行为的产生。然而，知易行难，虽然国内外学者对情感化设计的理论和应用进行了广泛研究，至今仍没有产生通用的、结构化的情感化设计理论。

情感化设计的主要研究包括消费者情感因素的测量、分析、建模，情感因素到产品设计参数的转换等，很多文献对情感化设计的不同侧面进行了研究，所用理论和方法繁多。但纵览情感化设计的大量中外文献，可以发现，目前公认的能够形成理论体系的仅有日本的感性工学理论和美国 Donad. A. Norman 教授提出的三层次理论。下面主要对这两种理论和情感测量以及参数转换的相关方法进行介绍。

（一）感性工学

"感性工学"最早由日本马自达汽车集团前会长山本健一于 1986 年在美国密歇根大学发表题为"汽车文化论"的演讲中首次提出。它是一种运用工程技术手段来探讨"人"的感性与"物"的设计特性间关系的理论及方法。在产品设计领域，它将人们对"物"（即已有产品、数字或虚拟产品）的感性意象定量、半定量地表达出来，并与产品设计特性相关联，以实现在产品设计中体现"人"（这里包括消费者、设计者等）的感性感受，设计出符合"人"的感觉期望的产品。感性工学也是一种消费者导向的基于人因工程的产品开发支持技术，利用此技术，可将人们模糊不明的感性需求及意象转化为细部设计的形态要素。

感性工学起源于日本，最早应用于汽车行业，后来在住宅、服装、家电产品、体育用品、女性护理用品、劳保用品、陶瓷、漆器、装饰品等领域得到了广泛应用，并取得了很多成果。随着感性工学在应用实践方面的成功，逐渐传播到了西欧及美国、韩国和中国等国家和地区。尽管感性工学仍有一些问题尚待解决，比如如何处理不同个体对感性的理解差异、如何定量描述产品要素与感性术语的映射关系等，但其仍不失为到目前为止最具人性、最有效的情感化产品开发支持方法。在有形产品设计领域，基本等同于本文所指的情感化设计。

（二）三层次理论

在《情感化设计》一书中，Donad. A. Nor-man 教授以本能、行为和反思三个设计的不同维度为基础，阐述了情感在设计中所处的重要地位和作用，强调从这三个层次进行产品创新设计，将可能引起消费者的惊喜，产生购买冲动。

在三个层次中，本能层次是指产品给人带来的感官刺激和反应，它可以迅速地对好或坏、安全或危险做出判断，并向肌肉（运动系统）发出适当的信号。这是情感加工的起点，由生物因素决定。行为层次则是大多数人类行为之所在，指消费者必须学习掌握技能，从产品的使用中触发情感，获得成就感等。它的活动可由反思水平来增强或抑制，反过来，它还可以增强或抑制本能水平。最高水平是反思层次，这个层次是由于前两个层次的作用，在消费者内心产生的更深度的情感、意识、理解、个人经历、文化背景等多种因素交织在一起的复杂情感。

Norman 教授在书中所指的设计是一种广义的设计，不仅包括产品设计，还涵盖软件、交互、游戏、服务设计等方面。三层次理论更多地具有一种哲学意味，不是具体的设计指南。

（三）情感测量方法

情感的准确测量是产品情感创新设计的重要前提。但是因消费者一般用口头语言、肢体语言、面部表情、行为等方式来表达情感，加上情感表达本身自有的个性化、动态性和易变性，语言表达的双关性、多义性等特性，导致各种情感之间的差异很难被精确界定，这些都给消费情感需求的量化带来了很大困难。

目前，消费者情感因素主要通过生理学和心理学两种手段来测量。

1. 生理测量法

从生理角度研究消费者情感产生的生理神经信号，借助传感器等测量仪器，通过测量消费者的脑电波、心跳、皮肤汗液、电位、呼吸、表情等生理指标的变化，了解人们情感状态，获取情感信息，如韩国某研究所开发了类似的测量软件。但是，对于思维层次或者精神层次的快乐情感的测量，由于缺乏面部表情和相应的生理信号，这种方法存在很大困难，只能采用心理测量法。

2. 心理测量法

以问卷形式调查人们当前的情绪状态、心理感受，或者通过分析消费者的口语报告获取情感信息。其中最常用的是语义差分量表，它由若干表达情感体验的词汇和量尺构成，量尺由两个意义相反的形容词作为两极，根据程度差异均等地划分为 5~7 级，由用户依据情感认识程度选取相应的等级做出判断。传统上，做调查时，一般采用图片、幻灯片或者实物来向消费者展示产品的不同造型或功能。随着信息技术的发展，为了增加消费者对创新产品的体验深度，虚拟现实技术、三维造型和基于互联网的调查技术也得到了广泛的应用。为了提高测量的准确度，两种方法可以结合起来使用。

（四）情感参数转换方法

情感测量的结果还需要转换为产品的相应结构参数或者创新功能，才能最后完成情感化设计的要求。由于消费者的情感是主观感受，其语义表达因人而异、因文化而异，受时间、地点和环境的影响很大，所以很多情感化设计的论文应用了因子分析、聚类分析、多维尺度分析、人工神经网络技术、数据挖掘、灰色关联度分析、模糊数学和粗糙集等理论对消费者情感加以提炼，最后得到可以实际应用的情感化设计参数。对于情感参数的转换，并没有标准化的方法和技术，还需要结合特定的情感需求和产品功能加以选择。

除了对消费者的情感进行测量外，设计师对产品的不同情感诉求也需要在产品设计阶段加以考虑和转换。

综上所述，情感化设计的理论既包含最新的理论体系，也包含已有技术的最新应用，正处于不断发展之中。

三、主要研究领域

当前，对于情感化设计的研究主要集中在以下几个领域：

（一）造型与情感

造型是产品的实体形态，一般涉及产品的外观、材质和色彩等属性，是产品实用功能的表现形式，同一产品功能可以采用多种产品造型。造型研究侧重于通过某一消费品的市场调研确定消费者的感性意象，从而确定产品的创新造型或相关参数的改进。

产品的物理造型在产品市场成功中扮演重要角色，是设计师与消费者交流和刺激其反应的重要方式。对于产品造型与消费者情感关系的研究文献很多，相关方法和技术也相对成熟。

（二）功能与情感

功能是指产品所具有的某种特定功效和性能。

消费者的情感不仅与产品的造型相关，与其实用功能也密不可分。从功能角度分析，产品的可用性、易用性、可靠性都会影响消费者对产品的不同认知，从而产生愉悦、惊喜、信赖和美好回忆等情感反应。相对造型而言，由产品实用功能带来的情感反应更加具有持久性，也是消费者产生二次购买动机或推荐其他用户购买的重要原因。

Norman 教授在其《设计心理学》和《情感化设计》两本专著中，探讨了产品的功能与用户情感反应的诸多关系，是情感化设计理论的经典著作。在《设计心理学》一书中，作者强调消费者在使用产品时产生的很多沮丧、挫折等消极情感都是因为不恰当的设计造成的。为避免这种情绪，最好的方法就是使得产品没有使消费者产生挫折感的那种功能或者设置反馈功能。同时，作者也指出，随着技术的发展，产品操作方法越来越复杂，导致易用性越来越差，都可能使消费者产生惧怕心理，从而影响购买决策。《情感化设计》一书中讨论的行为层次的设计，可以被认为是功能与情感关系的研究案例。文献则从功能角度探讨了如何为老年人建造智能住房，如何让老年人喜欢智能住房，消除其孤独感等消极情感的建筑方法。

目前，从实证角度研究产品实用功能和消费者情感关系的文献尚不多见，很多研究处于思辨阶段，还未有定量的研究方法出现。

（三）文化与情感

不同的文化有着不同的表达方式和选择标准，产品设计也必须结合特定地区和国家的文化传统，才能很好地与消费者产生共鸣。

同样的产品造型、同样的实用功能在不同的地区往往市场效果大相径庭，很多时候就是因为文化因素在起作用。例如，仅仅快乐这种情绪，就可能因不同的社会价值观而具有不同的产生机制，如不同的宗教信仰、道德判断等。因此，文献通过实证研究发现，在不同的文化背景下，产品的实用功能和娱乐功能的比例不同，消费者的购买动机大小也随之不同；并指出对娱乐和使用功能的设计折中可以促进市场的成功，否则将导致消费者产生负面情感，如难过或负罪感等。

目前，对于与文化有关的情感体验研究的文献相对比较少，很多研究仅局限于刺激消费者产生初次购买动机的情感类别。随着经济和市场的全球化，文化对消费者情感的影响也会越来越重要，如何在产品设计中融入文化因素是未来的一个研究重点。

综上所述，产品的外观造型、实用功能以及产品使用的文化背景因素都会直接或间接地影响消费者对产品的情感反应，它们不是在时间上的前后关系，也不是单一的相关关系，而是三种因素交织在一起对消费者的复杂刺激，消费者的情感反应既可能短暂也可能持久，取决于刺激的强度和深度。因此，在情感化创新设计中，必须综合考虑多种情感因素，才能取得竞争的优势。

第八章 情感理念与视觉传达设计的关系

第一节 文字设计中的情感体现

在视觉传达设计领域，汉字字体设计既是视觉上的装饰设计，也是文字内涵的视觉化传达，其中包含了文字内容及其表现主题的感情色彩。利用人的视觉感知对字体设计所进行的指导，是建立在文字的含义及其情感的基础上的，在看似严谨或随意的设计中，总有一条线索牵引着设计的进行。

一、何谓汉字

汉字是产生并应用于汉族人群中的文字，它是由原始社会时期用于记录事件的刻绘符号发展而来的象形表意的词素音节文字，是一种由笔画构成的方块形符号。汉字自形成文字系统以来经历了甲骨文、金文、小篆、隶书、楷书、草书、行书、宋体等发展变化，文字书写由刀刻、毛笔书写、雕版印刷、硬笔书写发展为今天的数字输入，笔画从尖锐的刻线，到流畅圆润的墨线，再到蚕头雁尾、横细竖粗的笔画造型，并逐渐形成了象形、会意、形声、指事、转注、假借等造字方法。

二、汉字的情感化表达

汉字的情感化表达，指的是汉字作为语言符号在象形表意的功能基础上，传达文字信息时表现出的感情色彩。在视觉传达方面，通过汉字文字的造型传达情感也有着悠久的历史。

汉字通过文字造型传达情感的悠久历史得益于汉字的传统书写工具——毛笔，在汉字漫长的演变历史中，隶书、楷书、草书、行书等多种字体的演变都是在以毛笔为书写工具的基础上进行的。毛笔易弯曲且富有弹性，能随意弯曲扭动以表现刚柔、曲直、粗细、润涩的线条变化，而这些变化中暗含了创作者的情感。

在表现创作者的情感方面，草书、行书最具代表性，利用毛笔的书写特点，通过文字的整体气势、章法、形体、用笔、线条、墨色、点画，完成创作、错综变化、虚实相生，体现书法的节奏、气韵、意境。

古代书法艺术所传达的汉字情感，多是由创作者的精神状态、性格特征、情绪变化所决定的，而现代视觉传达设计中的汉字字体设计所传达的情感往往是由主题需要烘托氛围所决定的，其视觉形象受到设计者的个人特点的影响，但更多地受到主题需要的左右。

当代的字体设计已经摆脱了书写工具的制约，数字化时代的到来使得字体造型千变万化。在视觉传达领域，汉字不仅仅是信息的载体，也是一种图形符号，是表现文字内容、传达文字所包含的情感的图形符号。

三、汉字字体造型中情感的表现基础及表现方式

在视觉传达设计中汉字字体设计作为一种文字造型和图形符号既是为了传达文字含义，也是为了从视觉和认知心理的角度营造特定的视觉氛围。以汉字的含义、情感、造型和音调为立足点，下文主要从汉字的象形性、传情性、图形性、音调性四个方面进行汉字字体设计中字体造型的情感化表现的设计方法的研究。

（一）文字含义——象形性

1. 文字含义

汉字是象形表意性文字，现代汉字具有抽象概括的象征性。而字与字组合而成的词语，又因双重含义的组合而具有了复合性的更复杂的含义，且汉字组合灵活多变，结构独特，含义传达隐晦，善用借喻移情。

人们将两个具有相似性质的事物名称组合在一起，使其表示特定的概念，如"糖葫芦"，这是取其外在形象的含义组合，而"瓜分"则是取其内在属性或规律的含义组合，形象生动。又如"细心"和"心细"由一组相同的文字组成，但因排列顺序的不同形成了两个词性不同，含义也不尽相同的词语。

2. 象形性的表现方式

对于以文字内容直接表现主题且文字内容具有具体所指事物的汉字进行字体设计时，利用文字的视觉形象表达字形字义是最主要的设计手法之一。这一手法具有多种表现方式，具体事物形象对文字或其局部的替代是最直接的表现方式；通过联想利用相关事物与文字的结合是进一步的表现形式；提取事物形象的特点，结合字体的变形传达概念特征是

最为巧妙的表现手法。

（二）文字情感——传情性

1. 文字情感

汉字中有一些是客观表达某一具体事物的词汇，如"腿""苹果"等，这类词汇在某一区域文化中可能具有某些感情倾向，甚至会在历史传承中形成某些特定的含义，如"桃子"放在民俗情境中往往会使人联想到"长寿"。但是还有一些词汇自产生之日起便具有相应的心理感应，如"飞""跳""推"等表示动作的词汇，使人自然而然地产生"动"的联想，这使得某些文字在进行字体设计时应考虑到动势的传达。在设计"喜怒哀乐"等表达情绪的词汇时，要考虑到汉字的视觉形象对情绪的影响；在设计"威严"等表达综合类情绪感受的汉字时，要考虑到字体形象的视觉效果对心理感知方面的影响。

2. 传情性

汉字对情感的传达以及设计的需要，使得汉字的字体设计不仅是象形性的字体造型更是传情性的图形符号。在文字的造型方面，如果说象形性的体现更重形似，那么传情性的体现则更重神似。通过笔画的粗细、曲直、润涩、点线面、色彩、质感等方面的影响，形成或舒缓、或险峻、或内敛、或飞扬、或质朴、或秀丽的视觉感受，传达压抑、轻快、活泼、张扬等视觉信息。例如：柔美的汉字形象，优雅纤细，富有亲和力；强硬的汉字形象，视觉冲击力明显，笔画厚重有力、节奏分明，富有张力；带有哀伤情绪的字体设计，有一种无力感，且字形内敛。

（三）文字造型——图形性

1. 文字造型

汉字的形态分为独体字和合体字两种。独体字没有偏旁，而组合字则是由两个以上的单体组成，且组合形式丰富，可分为：上下组合、上中下组合、左右组合、左中右组合、全包组合、上包组合、下包组合、左包组合、右包组合、半包组合；而点、横、竖、撇、捺、提、钩、折是汉字的基本笔画。

2. 图形性

针对汉字字体设计造型中情感的表达，从视知觉的角度将汉字视为图形进行设计，在遵循汉字的基本笔画结构和组合形式的同时也应顺应设计的需要进行组合结构的变形，夸大、缩小、简省、位移、共用、替换；笔画的粗细变化、拉伸、缩短、变形和共用等都会造成汉字通过视觉所传达情感的不同。有意识地改变某些笔画和结构特点，可以达到从视觉角度传达情绪的目的。

例如，将日常使用的点、横、竖、撇、折钩等笔画概括为圆形、直线、曲线、方形、三角形等常见的几何图形或其变形形式。通过叠加、合并、破除等手段，利用力场、体积、空间、光线的不同，结合具体的表现要求，辅以相应的色彩和机理，进行概括组合或细化处理。根据汉字字体设计所体现的内容、主题、情绪和对象的不同，选择不同的表现形式，以此达到通过视觉感受传达汉字情感的目的。

（四）文字发音——声调性

1. 文字发音

汉字的读音具有声调性，声调是指发音的高低、升降、长短。同一种发音有平调、升调、上音、去音、轻声五种不同的调性。同一个汉字作为不同的句子成分或处在句中的不同位置，即使发音相同，音调也可能为了整体的"平仄"而发生改变，其原则是保证语句的响亮清晰，易于分辨和传达，在客观上造成了汉语发音抑扬顿挫、节奏鲜明的特点。

既然声调造就了汉语的语调节奏，而语调又能在一定程度上表现出文字信息的感情色彩，那么声调与情感表达间也必定存在一定的联系。如"郁闷"两者均为短降调，给人消极沉闷的心理暗示，而"开心"为具有长短变化且由低到高的平调与升调，给人积极活跃的向上感。借助这种读音间的声调变化进行的设计也是表现文字视觉情绪的一种方法。

2. 声调性

在汉字字体设计中，尤其是针对所暗含的情感较强烈的字体设计中，汉字发音声调性的辅助功能愈加强烈。在视觉上表现为笔画上的结构变形（省俭、添加、曲直变化等）造成的字形疏密的变化对视觉空间的影响；以及在多个文字的排列组合中上下错位、疏密不一、大小多变的情况下对视觉感受的影响，造成人的视觉情感的变化。

（五）综合性的表现方式

以上表现方式，在字体设计中并不是单独出现的，在具体的设计过程中往往是以某一方式为主，设计者在有意或无意中利用了其他手法作为辅助，以更好地表现主题。这些方式互相结合、交替使用，才能设计出在视觉上更具情感表现力的字体。

第二节　招贴设计中的情感体现

　　情感作为一种主观能动的反映，第一时间左右着人们的思想，本部分从情感的角度出发，借用情感设计的三种水平，阐述了加强招贴设计中的情感化设计对于招贴设计本身所具有的重大的现实意义；并从中国特色文化的角度出发，讲述了运用中国传统文化元素的招贴给人感官上带来不同寻常的审美的享受和情感的体验。

　　如果说艺术品是将情感呈现出来供人观赏的，是由情感转化成的可见或可听的形式，那么招贴亦是如此。以情感展现出来的招贴作品，是将自己作为一个生命活动的投影或符号呈现出来，具有一种与生命的基本形式相类似的逻辑形式。它能够充分激发人们的美感，并满足人们所期待的较高层次的情感需求。因而，注重情感设计的招贴作品不但能够满足人们对于感官美的诉求，更能够深层次地愉悦心灵，从而使人们对招贴的诠释产生浓厚的兴趣。

　　一件成功的招贴设计作品往往会吸引人们来关注，让人们安静地去欣赏并与之交流。设计师设计的不仅仅是一件作品，而是在设计一种与人进行情感沟通的方式。招贴设计需要"情商"高的设计师，一般的设计水准很难满足需要。很多招贴设计不够新颖独特，设计的整体感不强，信息传达不够到位，应该传递的思想精髓和意境完全没有体现出来，很多效果与设计本身的风格也极不搭配，整个设计就显得空洞乏味，没有一点儿情调。缺乏情感投入是做不好设计的，设计传递的是一种思想、一种情感交流、一种生活方式，这需要受众能与之共鸣。不管我们的设计外观有多漂亮，如果没有体现出生活的"情感元素"，那都是失败的！

一、招贴设计中的情感体现

　　如果说艺术是舍弃理性的刹那情感体验，那么富含强烈情感的艺术作品必定令人"痴狂"。招贴设计是情感的载体，招贴独特的表现力无时无刻不牵动着人们的情感。白居易曾说："感人心者，莫先乎情。"情感是人对一定事物或一定的现象形成的情绪态度。

　　招贴作品在具有一定目的性地体现商业价值时，它的创作意图明显是围绕如何吸引目标消费者的注意，学会与消费者产生情感的共鸣。伏特加的招贴设计在 20 中始终如一地将瓶形作为广告创作的基础和源泉，它对瓶形的表现大胆新奇，充分运用夸张、对比、象征、寓意、联想等多种表现手法，将艺术性与娱乐性完美结合。强烈的视觉冲击力以及幽默诙谐的寓意无时无刻不牵动着消费者的情感。

招贴设计中的情感体现在两方面上，一方面是在所运用的色彩方面，另一方面是在构图安排方面。

色彩的构成和运用是情感表达的主要因素，也是吸引受众最直接的因素。在招贴设计中色彩的运用是必不可少的，想要体现情感，就必须做到合理运用色彩，运用色彩吸引观众，与观众产生共鸣，是至关重要的。

不同的颜色会使受众产生不同的心理感受。每种色彩在纯度、明度上略微变化就会产生不同的感觉。世界之所以美丽就是因为它具有红、橙、黄、绿、蓝、靛、紫；人生之所以美丽，是因为它沉浸着酸、甜、苦、辣、喜、怒、哀、乐。正如诗人泰戈尔所说："美丽的东西都是有色彩的。"人们对色彩的感觉是一般美感中最敏锐、最普遍的一种视觉形成。

经过分析我们会发现每种颜色都有着各自不同的性格特征：红色是一种刺激性较强的色彩，具有革命性、愤怒、热情、活力、喜庆、奢华的感觉。由于红色富有强烈的刺激性，同样它又象征着危险，因此红色被用为警示符号和禁止符号，同时也给人以恐怖的象征。橙色，也是一种激奋的色彩，具有轻快、欢欣、热烈、温馨、时尚的效果，橙色的刺激性相比红色要弱，应用在警示符号上级别低于红色。黄色，亮度最高，有温暖感，象征日光，同时也象征着神圣和至高无上。它又带有浓郁的宗教色彩，具有快乐、希望、智慧和轻快的个性，给人感觉灿烂辉煌。绿色，介于冷暖色之间，具有和睦、宁静、健康、安全的感觉。与大自然中草木同色，因此绿色象征着自然、生命、生长、青春、活泼等，同时又象征着和平、环保，在交通信号中又象征着前进与安全。蓝色，象征着永恒、博大，最具凉爽、清新，是色彩中最含蓄、最内向的颜色，给人以纯洁透明的感觉，同时也意味着幸福与希望。和白色混合，给人感觉平静、理智。紫色，是优雅、高贵的色彩，另外，紫色因与夜空、阴影相联系，所以富有神秘感，容易引起心理上的忧郁、压迫和不安。

人们对于色彩的概念及认识也随着时代及社会的变更而改变。在过去，白、黑两种色彩意味着纯洁和黑暗，它象征不同色彩的对立面，极为不协调。黑色具有深沉、神秘、寂静、悲哀、压抑的感受；白色具有洁白、纯真、清洁的感受。但是，现在的艺术设计中，将这两种色彩大量运用在现实生活中，让人看了，却没有以往的那份孤寂与对立，相反，却有着一种舒畅与活泼的感觉，白色显得明亮及快捷，而黑色则更添一份重量及稳定感，这里，色彩顺应了时代，时代也就接受了色彩。

在构图安排方面，平面构成的空间、比例、疏密、粗细、重叠，可以给人的情感注入活力。格式塔心理学认为，形的意义是相对一种被分离的整体来说的，是和画面构成紧密联系在一起的，形强调了形与形之间的构成关系。所以平面构成的运用是体现情感的手段之一。

所谓合理的构图安排，就是将点、线、面合理地组合在一起，并且体现出情感的魅力。点是一切形态的基础，点的集中能起到吸引视觉的作用，点的偏离则使人产生不稳定感和动感。线是点运动的轨迹，直线表达出平静、力量、坚定感；垂直线具有严肃、庄重等特征；水平线是最单纯的线，使人联想到地平线，具有平稳安定感；斜直线则有飞跃、向上、冲刺的感觉；锯状的线给人以焦虑、不安定的感觉；曲线表达动感、弹力、柔和感。面具有一定的位置、方向、长度和宽度，点的密集排列形成面。

在招贴构图中要学会大胆取舍，残缺或不完美更会吸引观众，往往会带来意想不到的效果。"设计，要有爱"，设计通过情感与人之间产生的共鸣，把受众和作品很自然地连接在一起，让人们以一种愉悦的心情来了解作品，以此来强化对作品的认知。设计师作为情感的导演，通过设计的手法将其生动地展现出来，用一个充满情感化的设计打动受众。

生活需要热情，设计需要"心"情。不能让受众产生情感上共鸣的设计作品，是无趣、无力的。从最原始的情感出发，在生活中发掘灵感，汇集成设计，让设计从"心"开始。

二、中国特色情感化的招贴

情感根植于文化。泰勒定义文化：文化或者文明就是由作为社会成员的人所获得的，包括知识、信念、艺术、道德法则、法律、风俗以及其他能力和习惯的复杂整体。中国特色文化骨子里讲究的是"精、气、神"，一种被凝练的具有中国特色的精神气质。靳埭强先生深刻意会了中国文化的精髓，注重本源的、民族的、传统的内涵价值，他的作品以中国传统文化元素为基底进行深入构思，对古钱币、砚台、儒家文化、水墨文化的体会都颇为深刻，并将这些元素娴熟自如地应用于设计中，达到了形式与意蕴的完美结合，设计效果更是浑然天成，不单给欣赏者以感官上美的享受，更能令我们因出生在这么一个伟大的民族而自豪不已。他把传统的笔墨神韵融入招贴设计之中，通过水墨变化的层次，营造一种深远的空间关系，从而表达自身内心的悠远豁达的意境，于作品中表现出民族的审美心理和价值取向，浸透了中国民族文化的内涵，提升了观赏者的审美情趣。

第三节　标志设计中的情感体现

标志是具有象征意义的视觉符号，以特定而明确的图形、文字、色彩等造型元素和"言简意赅"的造型艺术形式来表示事物、象征事物的内涵。标志虽然造型上精致简洁，但却包含诸多的审美和情感特征，如鲜明、准确、简洁、凝练等等。

产品设计在不同的经济形态下呈现出不同的风貌，在当今物质产品极大丰富的商品经济时代，人与产品的关系从人迁就产品转向了产品主动适应人，产品设计也必然向以满足消费者情感需求为中心的情感设计发展。设计与符号学联系紧密，现在普遍采用的英文design 就是"做记号"的意思，研究与运用符号学的一些原理，使之更好地为情感设计服务，正是本部分的研究目的。

一、设计符号学

所有能够以形象（包括形、声、色、味、嗅等）表达思想和概念的物质实际都是符号。

面对一个陌生的产品，消费者首先接触到的是产品的外形、材质、颜色等表象信息，这些表象信息就是产品向消费者传达的一种符号。这个信息的编码者就是设计师，产品作为符号的载体将编码传达给消费者，作为译码者的消费者再根据自身的文化背景、生活经历、社会经验等将编码在大脑中转化成设计师所要传达的信息。例如，斯达克的柠檬榨汁机，外形怪异而且非常难用，但是这款不能榨汁的榨汁机却能使用户一见钟情。究其原因，就是这款榨汁机"使人愉悦"，设计师通过他的设计传达了他对于生活的态度，用户在接触到他的设计时，大脑受到设计符号的刺激也产生了愉悦的心情。

由此看来，产品作为一个转述者，重要的并不是产品本身（能指），而是其形式背后所体现出来的思想观念（所指）。要使消费者完全领会到产品所传达的思想，最根本的就是作为编码者的设计师，从使用者的需求出发，在心理上理解使用者的物质及情感需求。

二、情感设计系统中符号学研究

设计符号学认为，设计者应当努力了解使用者在使用产品时的视觉理解过程。比如，用户会在门的什么位置寻找把手开门？什么形状的把手会让用户理解为是推的？什么形状的把手会让用户理解为要去拧开？什么样式的把手给用户一种高档的感觉？什么材质的把手会使得用户感觉舒适？什么颜色的把手会让用户感到厌恶？也就是说，产品通过形态、材质、颜色等给使用者传达符号信息，帮助使用者更容易了解和使用产品。同时，产品应当对使用者的各种尝试操作提供反馈信息。如果空调的温度调节器在你按了升温之后，没有温度显示，你会不会知道你的操作是否成功，是坏了还是锁死了？还是遥控器没电了？产品设计要给用户提供这种尝试可能性，帮助用户走出操作的死胡同。用户在使用产品的过程中出现错误，主要是产品设计中的不合理因素造成的。产品在设计时就要考虑到功能语意符号化设计，使得消费者一看就懂得怎样正确使用产品。

从符号学来说，产品符号系统形成的过程是从深层结构向表层结构的转化，即在产品设计之初首先确定产品的功能目标，其次是确定结构和形态、材质、颜色等要素。"made to start the conversation"正是这款榨汁机的功能目标，显然它成功地完成了产品符号系统的功能编码。产品功能的实现过程就是一个解码过程。所以设计者要针对不同消费群的不同心理因素，采取适当的方式，使得产品的功能能够被广大消费者所理解。

三、情感设计中符号学的应用要素

情感是很复杂的，因为人有认知、联想和想象的能力，每一种外来的刺激都会在人原有的心理基础上引发并存的多种情感。这款经典设计也不例外，自"外星人"问世，趋之若鹜者、破口大骂者和更多疑惑不解者就纷纷争论个没完，比如实用派的用户，他们坚决不会花高得离谱的价格去买这个不能榨汁的榨汁机。如果事先不了解清楚用户状况，就很难掌握这些信息。因此，在成为一个成功的设计者之前，要先是一个善解人意的设计者。针对不同的人群，情感设计可以采用不同策略。

（一）创造的成就感

中国的山水画讲究"留白"，这样更能发挥赏画者的想象力，给予他们对画面进行二次创作的空间。并没有规定如何使用，完全由用户发挥想象力与智慧去创造出属于自己的产品，这样的设计会使得用户在再创造的过程中产生一种成就感。

（二）使用的愉悦感

产品经其形态符号所建立起来的情感表达、传达往往能给消费者带来心理上的共鸣和丰富的联想，给产品的使用带来愉悦。

（三）功能的明确性

从符号认知出发的产品语意中的外延，意指在产品外观造型中的作用，主要体现在视觉交流的象征中体现某种程度的行动经验，使得产品通过形态、色彩、结构、材质等要素来直接跟用户对话，让人一看就懂得如何使用。如圆形的表面凹下去的按钮，暗示用户去"按"而不是去旋转。

（四）心理的舒适感

意大利设计师设计推出的 Lucellino 壁灯，模仿了小鸟的造型，灯盏两旁安上了两只逼真的翅膀。人是自然的一分子，在自然中时处于最放松状态。看惯了高楼大厦、用厌了机械化工业产品，人们渴望情感的回归、自然的回归。这款设计针对当代人们的心理在高科技产品中融入了温馨的自然情调，拉近了用户与产品的距离。

（五）操作的安全感

一般的产品设计都隐含着以正确操作为前提的含义，良好的情感设计应该包含强大的容错功能。优盘的插口是个优秀的设计，插口呈方形，有四种可能的方法可以将其插进电脑，但只有一种是正确的。设计人员已经想到了这一点，首先插口是长方形，这点就限制你不可能从长的那一侧插进去。插口与电脑接口的吻合设计，也使得你不能将优盘上下面反过来插进电脑。不得不说这是一个绝妙的设计。

在了解了以上几点情感需求后，情感设计还应针对用户的不同情况进行专门的设计，用户也可以参与进来，提供更多的个人化信息。符号学是人与产品交流的语言，没有了"语言"，用户体会不到产品的性能、审美等，设计师也不能将自己的设计意图与设计思想传达给用户。情感设计有自己的设计语言，有一套特殊的产品符号系统。如何使产品更好地表达设计者的意图，如何使用户更好地理解与接受设计，种种困扰着人们的难题将随着设计符号学在情感设计中的广泛应用而烟消云散。要更好地实现设计的情感化，以产品这一符号的载体来实现人们的观念交流，让产品成为情感的依托，还需要当今以及以后的设计者致力于研究与开发。

第四节　包装设计中的情感体现

　　现代包装设计的目的和重心发生了转移，商品的包装不仅限于包裹物品的容器，更是一种吸引顾客购买的方式和引导消费的手段，并代表着人们的生活方式和社会文化价值取向。包装设计重心的转移要求设计师更多地考虑消费者的情感因素，重点关注包装的内在含义而非物理作用。包装作为消费者情感体验的物质载体，设计师如何设计出既符合包装的基本功能，又能激发消费者情感体验的包装，成为现代包装设计关注的焦点。

　　情感是人对于客观事物是否符合需要而产生的心理反应。在商品的流通中，消费者对商品的情感体验通常始于对包装的感官认知。商品包装的情感化设计是设计师通过对消费者心理活动，特别是情绪、情感产生的一般规律和原理的研究与分析，在设计中有目的、有意识地激发消费者的某种情感，使商品能够更好地实现其目的的设计。消费者开启包装、使用包装直至最后废弃包装的过程会使消费者产生不同层次的情感体验，情感作为商品和消费者沟通的桥梁，在包装设计中承担着非常重要的作用。

　　本部分针对包装发展演变中情感因素的地位转变、消费者情感化的包装诉求和商品包装的情感化设计特征，通过本能层、行为层和反思层的商品包装情感化设计应用以及情感化设计趋势的分析研究，阐释了情感因素是包装系统化设计过程中不可或缺的一部分，同时，为以后的包装设计实践提供了参考和借鉴。

一、商品包装的功能对情感因素的影响

　　包装在我们的生活中随处可见，假如没有包装，商品就无法到达消费者的手中。包装已经成为商品的重要组成部分。在原始社会，人类利用植物的叶子、贝壳、葫芦来盛装、转运食物和水，这就是我们最初的包装。我们根据包装的最初形式可以发现，承载、运输、保存是包装最基本的功能。在现代经济社会，包装不仅可以美化商品，还可以增加商品的竞争力，它是提高商品价值的有效手段。好的包装可以吸引消费者，能够满足消费者的情感诉求，刺激他们的购买欲。在商品的生产、运输、销售、使用和废弃回收的整个过程中，就商品包装的功能而言，有保护功能、便利功能和商业功能，商品的不同功能对消费者的情感因素具有不同程度的影响。

（一）保护功能

保护和容纳商品是包装最主要的功能。商品从生产领域进入流通领域，要经历运输、装卸、存放和销售这一系列的过程。在这一过程中，商品通过包装材料、结构、造型等诸多方面的因素来保护其不受到损坏，防止其化学性质的改变，这是包装设计考虑的首要问题。若其保护功能出现问题，会给人带来直接的负面影响，以致对商品产生不信任感。

（二）便利功能

包装的便利功能是针对所有接触包装的人而言的。对于生产者来说包装的结构、材质和造型要便于生产加工；对于储藏者来说要便于装卸、整理、仓储；对于运输者来说，便利的包装不仅可以节约空间，提高运输效率，在运输装卸过程中也可以减少包装的破损数量，保证商品质量；对于销售者来说要便于展示和销售；对于消费者来说方便开启的包装能带来愉悦的心情或是刹那的惊喜，便于携带则能够让消费者感到商家亲切、周全的服务。在目前可持续发展的观念下，包装的便利功能还体现在回收分解方面，这也符合人们对环境保护强烈呼吁的社会道德观念。合理科学的包装材料可以有效地进行包装废弃物的回收分解，减少给环境带来的污染。

（三）商业功能

随着超市和货仓式销售模式的出现，商品包装的信息传递、美化商品和促进销售的商业功能越来越明显。在商品流入市场面向消费者时，商品的包装就是商品最好的解说员。优良的包装不仅可以反映出商品的品质，也是企业形象的代表。在商品行销中，包装是最令人关注的因素。包装设计是科学和艺术的结合，更是智慧和技术的结晶。

商品包装随着社会生产方式与科学技术的发展而不断提高，其基本功能与概念在社会的发展历程中不断地变化更新。尤其在目前竞争激烈的市场经济中，商品品种繁杂，而且同质化日趋严重，商品的包装设计将直接影响到顾客的购买行为。商品包装一方面要满足消费者的物质需求，同时要能够满足消费者的内在精神需要。人们对颜色、形态以及图案都存在着心理定式，就比如颜色和味觉的关系，这些心理也对包装物的品质产生很大的影响，包装的形色和包装的功能都能给消费者内在精神方面产生广泛的影响。商品包装不仅仅是一种市场营销机制，还涉及心理学的范畴。对包装设计而言，顾客的精神需要，以及顾客的情感活动直接关系到消费者的购买行为。本课题所说的情感化包装设计本质就是建立商品包装与消费者的情感联结，设计满足消费者内在精神需求的商品包装。

二、商品包装的情感化设计与消费者的关系

(一) 消费者情感化的包装诉求

情感是人在面对客观事物时所产生的态度和体验，它对人心理活动的各个方面都会产生不同程度的影响。在人类不断进化的过程中，那些曾为我们提供了温暖、保护和食物的物体和情境会引起我们正面的情感反应；反之，那些黑暗的、恐怖的形象则会引发我们负面的情感反应。人是情感的动物，如今面临快速的生活节奏，在强大的社会竞争压力下，物质上的富足使人们更加注重精神上和情感上的追求。人们渴望在生活中通过情感的交流得到心灵上的慰藉，无论是商品漂亮有趣的外观设计，还是在使用过程中感受到的关爱和温暖，都可以使消费者得到身心的放松和愉悦，从而有效地缓解人们精神上的压抑情绪。

工业设计诞生至今，设计师纯粹地追求从技术角度去体现产品的功能性，其设计理念过分注重满足人的使用需求而忽略了人的主观感受。在物质丰富的今天，人们对产品的要求早已超越了单纯的机能需求，进入了感性的需求层面，由过去的外部物质满足转向人的内在精神满足。纵观历史，我们可以发现人在不同时期表现出的需求层面也是不同的，需求是人行为的主要因素。美国著名的社会心理学家亚伯拉罕·马斯洛认为人的情感需求是多层次的，马斯洛认为："人至少存在五种基本需要、即生理需要、安全需要、归属与爱的需要，尊重的需要、自我实现的需要。这五种基本需要是从低级到高级、由物质到精神逐渐发展的。"

人们的需求不仅仅限于物质层面，随着生活水平的不断提高，在快速的生活节奏和社会压力下，顾客的消费行为与动机更多地呈现出对满足内在精神与情感需求的渴望。消费者对商品包装的态度也由生理功能转向内在的精神享受、情感愉悦和实现自我价值等高级心理需求。包装作为商品的一部分，是人与产品交流的纽带，是与消费者情感、意识、文化和审美价值交融的媒介。能够带给消费者轻松愉悦的感受、充满人文关怀的包装更容易受到消费者的青睐。越来越多的设计师开始考虑消费者对产品更深层次的内在情感需求。

1. 感官的愉悦

感官层面的情感是人们在与物交互时，通过视觉、触觉、听觉、味觉和嗅觉产生直接的、本能的情感体验。其中，视觉感官层面激发的情感体验虽然属于低级情感，却是最直接、最迅速，也是最难以抗拒的，如画饼充饥、望梅止渴等。在设计中激发人们感官层面的情感体验是非常直观且有效的，也是大众最为理解和接受的方式。

视觉是人们通过包装了解产品信息的主要途径，商品包装的物质形态作用于消费者的

视觉，而后通过视觉反馈商品信息并激发消费者的心灵感应，最终通过情感来做出判断。通常，别具一格的包装形态能够给消费者带来强烈的感官刺激，引起消费者的注意，并产生预期的购买行为。设计师设计的花茶包装就运用了仿生学原理，某款花茶包装就像一朵含苞欲放的花朵，从功能方面来讲，不仅起到了很好的保护产品的作用，而且还具有形象的宣传作用，其独特的包装形态具有很高的观赏价值。

2. 使用的乐趣

愉悦是生活中的最佳体验和享受：感官上的愉悦、身体上的愉悦和思想上的愉悦会使我们的生活变得更加有意义。愉悦是一种积极的情感状态，它使我们的生活更加美好、更具有价值。由此可以看出人们在精神层面对愉悦需求的渴望，人们希望自己在拥有产品和使用产品的过程中感到快乐和舒适。包装的最终目的是为消费者服务，给消费者提供便利。回想一下，我们拿到一件难以开启的包装商品，它在操作上的不便捷给我们带来的负面情感体验，会直接影响到我们的心情。比如，过去玻璃瓶装的水果罐头，携带起来极其不方便，就连打开都是难题，不仅需要借助专门的开启工具，而且在开启过程中铁皮盖很容易划伤手指，食用起来也很不方便。这样不堪的经历会给消费者留下心理阴影，甚至会对类似这样的一系列包装产生恐惧。如今人们在忙碌的生活中对包装所提供的自由感和安全感显得十分渴望，希望在商品的使用过程中感受到关爱，获得心理上的愉悦。

社会心理学家亚伯拉罕·马斯洛的动机理论（即"需要层次论"）认为在人与物的交互过程中，体验到的控制外部世界从而证明和实现自身价值的乐趣是一种极度愉悦的"高峰体验"。它可以缓解和释放人们日常生活中的负面情感，能够宣泄人们在生活和工作中的过度压力所带来的疲惫感。体验令用户与物品发生交互，能选择、改变、控制、操作物品及相应的使用方法，从而获得自我实现的愉悦。

3. 自我情感的实现

在这个张扬个性的时代，越来越多的人追求能够彰显自我的生活方式，希望自己购买的产品与众不同，希望能通过产品显示出自己独特的品位和个性。美国工业协会主席阿瑟普洛斯曾提出当代设计三个值得关注的核心概念：第一是"生活方式"，第二是"文化"，第三是"情感"。随着社会的不断进步和人们消费观念的不断提升，消费者对产品信息的体会和所蕴含意味的理解，使消费者产生深层的情感体验。在不同的人生经历、不同的理解层面以及不同的文化背景等条件下，产品对消费者产生的影响也是不同的。消费者更期待通过自己购买和使用的商品所象征的社会文化意义来体现自身的地位和价值。在选购商品时，除了我们对于商品理性的判断和认识外，更多的是我们对于商品包装"喜欢"或"不喜欢"的情感态度。

自我形象是我们对自身的认识，人们通过言行举止来体现自己的内在品质和修养，也通过着装和所持有的物品来体现自己的身份和地位、个性和喜好以及人生观和价值观。例如，我们通过一个人佩戴的手表便可以判断他的身份、年龄、品位等信息。一款具有巧妙构思的包装产品同样可以在不经意间传递出拥有者张扬的个性和品位。

情感对于每个人而言是长久的，更是弥足珍贵的。但随着时间的流逝，情感也会发生不断的变化。人们善于把特定的情感寄托在某件物品上，再通过这件物品帮助他们唤起那段特别的回忆，仿佛将他们带回到某个特殊的时刻，这种体验是跨越时间和空间的。我们容易迷恋那些独特的能够让人心灵愉悦或深情回忆的东西，就像人们往往不舍得丢掉的旧物，一件玩具、一个铁皮糖盒，或是一张泛黄的老照片，它们或许已经没有任何使用价值了，但由于它们承载着一段美好的回忆，因而具有特殊的重要价值。同样，一款怀旧的包装，或者其设计形态采用消费者所熟知的元素，会带给消费者一种心理上的归属感和安全感，能够从情感上影响消费者。

（二）商品包装的情感化设计特征

1. 商品包装情感化设计的目的性

包装设计属于实用艺术，是商品的重要组成部分，使用性和目的性是它的基本属性。包装设计并不是单纯地为了表达自我个性的创作，而是依附于商品与人之间的设计，在很大程度上是为了商品的推销与推广。包装设计是精神与物质的相互渗透，也是艺术与商品的相互融合。所以，商品包装的情感化设计是与其目的性相关的，它存在着一定的局限性，不能像纯艺术创作一般自由地表达作者个人的主观意愿。包装因为具有安全性、保护性、识别性、便利性、经济性、社会性和艺术性，所以受到许多外界客观因素的制约。设计师首先要关注的是商品的属性和消费者（尤其是目标用户）的审美爱好和情感需求。由于情感和情绪对于人的行为具有重要的驱动能力，所以商品包装的情感设计是为经济服务的，以实现商品价值为目的，是商品达成目的性的重要手段。抓住消费者的心理需求，给消费者带来的情感体验能引起消费者的情感共鸣是唤起消费者潜在购买动机的关键。

2. 商品包装情感化设计的交互性

"人与物与环境直接相互作用，这种互动中的情感体验是设计作品情感的重要组成部分，人们通过与物之间的交互作用可以感知到物的属性及特质，并能够产生相应的情感体验，这些情感体验反之将会影响人的情绪、思维，并引导人与物的交互行为。"

情感化设计不是单方面的传达设计，它使设计变得生动活泼，使消费者与设计者可以建立起良好的沟通。商品包装与人之间存在着自主性和互动参与性，消费者的情感体验依托于包装的造型、材质、图形、颜色等因素，商品包装不再是主被动模式中单方面的传递信息，而是与消费者之间建立交互的传递过程。包装的图形与文字应该让消费者第一时间了解商品并且体验到设计所带来的美感。在购物时，面对琳琅满目的商品进行挑选的过程就是人与包装的一次交互，设计师精心设计的开启方式正是对使用者打开包装过程的设计，在使用包装中的每一个细节都会影响到包装使用者的直观感受。从消费者挑选购买包装到打开包装、使用包装的过程中都充分调动了人的五感，运用多种材料、不同的开启方式和使用过程都体现出情感的交互性，互动的过程应该是有吸引力的、惊奇的、有趣的、有回馈的，甚至是情绪化的。

设计师在商品包装设计的各个环节都需要精心地思考。提高商品包装情感设计的交互性可以有效促进包装与人的沟通，提高商品信息的传达效果，使消费者参与到商品包装的使用中，可以使消费者产生更丰富的感官体验，激发内心的情感，有助于提升人们的思想文化意识和生活价值理念。

3. 商品包装情感化设计的多样性

商品的包装设计不但是一种艺术审美活动，同时还可以激发消费者不同的情感体验。首先针对不同商品的物理属性需要采用不同的包装材料和包装方式，不同的材料与形式带给消费者的情感体验是不同的。其次，针对不同的消费群体需要参考不同的消费理念，比如年轻人较感性追求时尚的心理、中年人较理性追求品质保障的心理。再者，包装设计的视觉语言与非视觉语言同样对于情感有着丰富的表现力，其结构设计可以实现与消费者的互动及进一步的情感交流。

消费者情感的多样性使设计师可以利用多个层面不同的设计方法，来充分调动每个环节中消费者的情感体验，设计出的作品不仅能够激发消费者的好奇、亲切、关怀等情感体验，而且可以引导消费者一定的社会内心活动，比如诚信观、道德观等。由于人类具有多样化的情感体验，这就要求设计师发散思维，形成大量的设计创意；包装设计人员要根据产品的特点、使用性能、档次定位、潜在顾客的消费心理与兴趣来开展商品包装的设计工作。

四、商品包装的情感化设计应用

（一）本能层的商品包装情感化设计应用

人类的本能即本身固有的能力，是一种无意识的行为举止，和人类的第一反应有关。如人们被强光刺到眼睛，瞳孔会缩小，眼睛会自然闭上，这属于人的本能反应，并不受其意识限制。再如我们看到色彩绚丽的花朵时，认为它很漂亮，这也属于人类本能层的判断。在本能层，人们主要依靠视觉、触觉、听觉和嗅觉，注视、倾听和感受这些生理特征起到主导和支配的作用。因此，厨师们烹饪的美味佳肴不仅讲究色香味俱全，还会将食物进行精心的摆放或加以装饰，用心呈现出诱人的食物外观。商品的包装具有色彩、图形、气味等客观属性，它作用于我们的感觉器官，如眼睛、耳朵、鼻子、皮肤等，使我们产生各种不同的感觉，通过这些感觉我们可以认识到客观事物的不同属性。对本能层次而言，产品的外观形态是最重要的，包装图形的颜色和形状、包装材料的肌理和触感等元素会作用于人的感官而引起人们相应的感官体验，将直接影响人们本能层次的情感反应。在消费者的购买活动中，消费者需要通过感觉来获得对商品的初步认识和印象，然后才会对商品进行综合分析，消费者的感官体验对其行为的判断以及购买决定具有很大的作用。因此，本能层的商品包装情感化设计主要通过感官因素的组织和表达，诉诸消费者的情感需求带给消费者综合的情感体验，只有这样才能达到设计的预期目的。

1. 视觉感官的情感化设计应用

人们获得情感体验最直接的方式是通过视觉感官体验。面对众多的商品，消费者通常会被视觉上的第一印象所吸引。如何通过各种视觉因素引起人们的关注，有效地传达商品信息，从视觉情感上打动人，这是商品包装设计为消费者营造感情基调的重要途径。人是有感情的，当人们面对充满情感设计的作品时，不仅会产生情感而且会影响到日常的行为活动，它不像人们得到物质满足那样直观，是属于难以言说的心理层次上的满足，甚至有时面对自己情有独钟的设计作品却无法表达自己喜欢的真正原因。

视觉美感是一个围绕着作品设计和创新的核心问题，对商品的包装设计而言，不仅要满足其保护、运输等基本功能，还要带给消费者美的视觉感受。华盛顿大学神经学家艾森认为："视觉感受占用人们大脑的四分之一部分，即大脑皮层中的四分之一是与我们视觉感受相关的，远远高于其他感觉。"通过对视觉元素进行艺术创作，可以有效地将商品信息形象地传达给消费者，而且视觉语言容易引起消费者的情感态度，以其独特的视觉艺术魅力直接、迅速地带给消费者相应的情感体验。

视觉语言比非视觉语言更容易吸引消费者，并引起消费者的情感共鸣。商品包装主要的视觉因素包括色彩、图形、文字和形状，设计师需要将商品的形象视觉化，合理有效地将商品信息经过这些视觉元素传递出去。

2. 非视觉感官的情感化设计应用

（1）触觉的情感表达

在商品的包装设计中，消费者的触觉感受一方面来自对包装物的直接接触，另一方面是通过视觉产生的，即建立在通感意义上的视触觉。消费者触觉感官的情感体验来自商品的包装材料，材料的情感来自人们对材质的感受，我们将人们对材质的感知称为质感。肌理、色彩、透明度、光泽等都是材料的质感。质感本身是由于人类的感官系统接受相应刺激而产生的各种反应，表示人们通过知觉系统由材料的表面特征所获取的信息，通过人的生理和心理的相互作用所产生的综合印象。不一样的质感给人们带来的触觉体验也不同，人们通过联想对材料产生不同联想层面的情感。在包装设计中，材料情感的表达直接影响到商品的设计风格和消费者产生的心理感受。材料以它自身固有的特性和情感语义成为商品包装情感化设计的重要因素。

（2）听觉的情感表达

在包装设计领域，对无形的商品采用听觉因素的包装设计较为常见，但对于有形的商品而言，直接运用听觉因素进行包装情感化设计极为少见。设计师通常要借助消费者的视觉刺激来引发其听觉联想，即所谓的视听觉。例如在雨天，当我们凝视窗外屋檐上的水滴，就会联想到清脆的滴答声；当我们远远地看到刀剑相碰，脑海中就会激起相应刺耳的金属碰撞声，这都属于人们视听觉的表现。商品包装中的听觉因素设计是交互回馈、信息提示、警告、辅助、分担过载信息的有效手段。包装的情感化设计表达中往往可以通过视觉因素，图形、色彩或造型的变化来引发消费者的听觉联想；也可以利用声音来体现商品的特点和品质，声音的合理使用可以提升消费者对商品的兴趣和好感。

（3）嗅觉的情感表达

基于嗅觉感官的情感表达设计是目前最受瞩目的，对于这一项新技术的研究与应用也相对比较成熟。香味印刷在杂志、广告、明信片、化妆品包装和食品包装等方面都有应用，它可以将视觉与嗅觉自然地融为一体，提高受众的兴趣。研究表明，人们对嗅觉的记忆较其他感觉的持久性更强，嗅觉的吸引往往更使人难忘。例如，一些书籍运用摩擦生香技术，当消费者翻动图书时会形成不同的气味，假若用手触摸书中印制的花卉图案便会散发出此花的香味，这种令人非常愉悦的体验，也大大提高了读者的阅读兴趣。

包装的嗅觉表达使产品和消费者之间建立一种联系，使消费者产生好感以及对产品情感上的信任和依赖。食品包装和香水包装会采用气味油墨印刷来吸引消费者，尤其是女性在购买化妆品时通常会拿起包装快速地闻一下，通过气味来判断产品是否适合自己。营养系统公司生产的饮用水，巧妙地在瓶盖注入不同的水果味，如草莓、苹果、水蜜桃、柠檬等味道，人们在饮用时会有香甜的水果味，而且并没有热量，满足了广大女性追求美与健康的心理需求。日本公司研制了具有水果香味的保鲜膜，用它包装海鲜产品不仅可以去腥，还可以增添食物的香味。

气味会影响人的情绪甚至行为，不同的嗅觉体验带给消费者的情感体验也不尽相同，在这个感性消费时代，包装通过嗅觉表达可以帮助消费者感知商品，传达商品的有效信息进而加深消费者的印象，并为消费者增添几分愉悦的感情体验。

（4）味觉的情感表达

包装的味觉表达是借助视觉传达来实现的，通过色彩、图形等视觉因素引起人们的味觉联想。青色会让人联想到酸涩的青苹果，所以给人酸的感觉；红色会让人联想到辣椒，所以给人辛辣的感觉；粉色或者奶油色则给人香甜的感觉。不同的图形给人的味觉联想也不同，圆润的图形给人以柔软、温和的味觉感，棱角分明的图形给人以干、硬、脆的味觉感。

人对事物的认识过程是通过多感官相互作用而共同完成的，某一感官的刺激会对其他感官活动产生影响而产生另一种感觉，心理上称之为联觉。在包装设计中通过利用多重感官因素来调动人的情感和感受，加深人们对产品的认识。设计者要始终以消费者为中心，根据产品的属性和特征、消费者定位、产品销售环境以及主题氛围进行设计元素定位，对感官因素的选择和运用要相互统一；利用视觉感官与非视觉感官之间的互通性，强化产品主题，发挥它们在表现情感方面的积极作用，旨在传达产品主要的情感基调，满足消费者的情感诉求。

（二）行为层的商品包装情感化设计应用

商品包装行为层次的设计和使用有关，它使用户在使用的过程中能体验到满意、愉悦等正面的情绪。可用性具有主观情感体验成分，它与情感化设计并不是独立的，而是相互关联互为因果的。可用性涉及人的主观满意程度和带给人的愉悦程度。消费者在使用包装过程中产生的情绪和情感体验即行为层次的情感设计，它是商品包装情感化设计的重要组成部分。行为层的包装设计一方面指商品包装的功能性，如"高效率"实现带来的满足感和愉悦感，因此行为层也可称为效能层。另一方面指通过人与包装有趣的互动过程，帮助人们宣泄和舒缓生活中由于脑力劳动过多以及心理压力所带来的疲惫感。商品包装的情感化设计不仅在于它类似艺术作品所激发的情感体验，更在于人在使用包装过程中，人与包装互动产生的综合性情感体验。正如青蛙设计公司的设计师哈特穆斯所说："我相信顾客购买的不仅仅是商品本身，他们购买的是令人愉悦的形式、体验和自我认同。"

对消费者而言，商品包装的整个使用过程包括三个方面，首先是包装的开启方式，其次是消费者在日常生活中对包装的使用方式，再次是包装的废弃回收方式。整个过程都应该让人感到包装所带来的便利。当今大众真正需要的包装，是站在消费者角度考虑、能够深入人们的生活并且满足消费者情感需求的包装设计。设计师需要对包装的功能进行不断的开发和挖掘，使商品包装从选购、使用，直至废弃回收的整个过程都体现出对消费者的关怀，满足消费者的情感需求。

1. 商品包装开启方式的情感化设计应用

商品包装的开启方式是由包装的组织结构所决定的，开启方式设计是包装设计的重要组成部分。商品包装开启方式的情感化设计关键不在包装开启方式本身，而是在于它同消费者之间的互动与沟通。产品到达消费者手中的第一个环节即开启包装，在开启的过程中消费者是存在一定情感的，如好奇、疑惑、充满期待等，这是一个从未知到已知的心理变化过程。商品包装的开启方式设计要重视消费者的生理特征以及消费者的心理特征，不仅要最大限度方便消费者提取和使用包装内容物，满足消费者开启包装的便利性要求，更重要的是让消费者在使用商品时得到"身心愉悦"的状态。好的开启方式会促使消费者产生急切想要拥有产品的欲望，而且能强化消费者对产品的认知和信任，并在使用过程中深刻感受到快捷、便利、趣味、满足等人文关怀。

首先，作为包装开启的主体，商品的不同消费群体需求的差异性是设计师首先要考虑的。从年龄差异来看，儿童商品包装的开启设计要着重考虑安全因素，老年人则要注重考虑其习惯性的行为方式和由于年龄问题造成的生理功能障碍；从性别差异来看，女性比较感性、细腻，男性则偏重理性、粗犷。从文化差异来看，人们由于不同的生活环境和生活方式而导致不同的思维习惯和不同的价值观，如德国人的理性与严谨、日本人的求奇与创新、法国人的浪漫与中国人的内敛与含蓄等。由此可见，消费者不同的年龄、不同的性别、不同的文化差异则具备不同的行为习惯和情感需求。其次，作为开启的客体，商品本身具有一定的属性，如包装的材料、色彩、造型、结构等，都对包装开启方式的合理设计有一定的影响。另外，包装内容物的属性也对包装开启方式的选择起到一定的作用。因此，设计师要考虑到消费群体的差异性、内容物的特性以及包装本身的属性，才能确保形态和结构合理的开启方式。

包装开启方式的情感体验主要通过与使用者视觉、触觉、听觉、味觉和嗅觉的互动来实现。视觉在包装的开启方式设计中具有引导和互动作用，包装中的造型、图形、文字等元素为消费者提供开启信息，信息的识别性和准确性将会直接影响消费者开启包装的情感体验。

2. 商品包装使用方式的情感化设计应用

消费者对于商品包装使用方式产生的情感体验主要通过包装使用者与包装之间的互动来实现，是使用过程中消费者对于包装的信息感知触碰使用者的某种情感引起的情感共鸣。包装使用方式对使用者的行为有一定的引导作用，消费者在使用中会得到一定的信息反馈，该信息反馈的结果对包装的使用过程具有进一步的影响。这就要求设计师针对包装的使用过程设计时，要充分挖掘包装使用者的使用心理以及情感需求。

3. 商品包装回收方式的情感化设计应用

随着低碳经济时代的到来，越来越多的人开始关注环境、呼吁保护地球、反对高污染高能耗，提倡一种健康的生活方式。可持续发展的生活方式对人类的思想及行为具有广泛的影响。例如，消费者心理由原先的盲目消费转变为有节制地健康消费；价值观由自我享受转化为可持续性的合理享受；生产方式由粗放型转向集约型等。尤其是现在新一代的年轻人，具有超强的环保理念，他们认为低碳环保是一种时尚，低碳生活已成为目前最提倡的生活模式，他们购买绿色包装商品时为自己的环保行为而感到骄傲，其环保行为是一种自我价值的实现。因此，基于包装回收方式的设计是包装情感化设计的重要组成部分。在对商品包装回收方式实施情感化设计的过程当中，具体涉及以下几个途径：

第一，使用绿色环保的包装材料，实现包装结构的创新，节约材料使用量，从而实现降低资源消耗的目标。在商品包装设计上，应该尽量选择可回收材料、再生材料或者是可降解材料。基于当前国内发展现状，在包装废弃物回收体制方面尚未健全，一次性商品包装回收率尚未达到世界平均水平，而在选择了可回收材料以及可降解材料之后，则能够有效降低焚烧或是填埋处理对于大气、土质的污染程度；同时，由于我国人均资源占有量较低，使用可再生材料能够降低各项资源的消耗数量，并且达到节约生产成本的目的。再就是绿色环保材料包装可以让消费者体会到原生态、健康的独特情感体验。

第二，科学设计包装结构，最大限度方便消费者拆卸、存放以及回收等，避免废弃包装回收给消费者带来麻烦。针对大部分商品而言，包装是用完即弃的，包装只需要用于运输或携带，在使用完之后就失去了价值。这就要求设计师科学设计精简的包装结构，避免无谓的包装材料和生产能源消耗，以减轻包装重量、方便运输携带以及控制废弃垃圾数量为目的，在精简和功能之间寻找到平衡点。而回收性结构设计指的是在包装设计初始阶段，充分考虑到材料回收的可能性、价值以及处理方法等多个因素，在对包装结构实施可拆卸、可压缩、可折叠以及可卷曲设计的基础上，缩减包装体积，降低占用空间，使之能够很方便地拆卸或是叠放。这样，不仅能够提高运输容量，同时还能够更好地集中与分拣，有利于包装垃圾的循环回收，从而有效强化绿色包装所具备的环保属性。

第三，延长包装的使用寿命和循环周期，对包装施加一定的设计手段，使其功能得到延伸。包装功能的延伸即包装功能的再创造，是在包装的结构、造型、外观上施加一定的设计手段，结合材料、造型、机能等诸多因素，以拓展包装功用、美化包装外观、增添包装趣味为目的，融实用性、艺术性、文化性于一体，将艺术与技术完美结合，促使包装由传统意义上的"一次性包装"转变为现代意义上的"多功能包装",有利于促进可持续消费行为,有助于建立可持续生活方式。

(三) 反思层的商品包装情感化设计应用

这个层次实际上指的是商品包装由于前两个层次的作用,在消费者内心产生的更深度的意识、理解、情感、文化背景等种种交织在一起所造成的影响。反思水平的设计涵盖诸多领域,它注重信息、文化以及商品或者商品效用的意义,能够决定一个包装设计的成败。一件商品对于某一个人而言或许是一段私密的记忆,但对于其他人而言或许就是完全不同的东西。例如,当我们打量他人的着装搭配是否得当时,其实是在对自己的个人形象进行反思。

一件物品的吸引力属于本能层次的表象,这是对物品外表的一种反应。而美则是来自反思层,受到个人学识、文化、经历的影响。当前,商品包装发展程度较高,各种优秀设计相继涌现,得到了广大消费者的认可。但是总体来看,还是有一些不足之处。尤其是伴随着社会发展,人们审美层次有所提升,这就要求设计者不仅要做好包装外形、功能等方面的设计,同时还要重点把握住消费者审美心理,使消费者能够建立自我形象和社会地位。

在反思层的商品包装情感化设计过程当中,设计者应该着眼于商品包装心理策略,基于消费者的年龄段、收入水平、文化层次以及社会阶层等多个方面来做出合理设计,有效把握消费者心理特征,如此才可以出奇制胜。反思水平设计的核心要素,就是"完全反映在消费者头脑当中"。反思水平活动通常包含直接决定消费者对于某一商品包装的整体印象,而在做出总体评价的过程当中,微小失误可以被忽略掉,这就意味着消费者对于商品包装的心理接受程度能够抵消消极经历。那些悉心听取消费者意见的设计者,能够通过以人为本的设计手段来赢得更多的忠实支持者,这集中体现出反思水平的价值作用。反思水平设计不但和个人长期情感体验密切相关,同时还涉及设计者对商品的理解程度。设计者应该综合考虑多个层次内容,尤其是要认清楚思维反思、意识反思以及设计反思,严格按照消费心理的多维性以及差异性来设计商品包装,构建起特殊的精神寄托桥梁,从而达到提高消费者忠诚度与满意度的目的。

反思层的商品包装情感化设计,对设计者的综合素质水平提出了较高要求,不仅是技术应用上的,同时也是思维意识上的。社会不仅仅需要理性的设计者,更需要同时具有多种知识以及拥有责任心、道德感的设计者。

第九章 城市文化在地铁视觉传达设计中的应用

地铁建设是衡量一个国家经济实力和社会发展水平的一个指标。纵观整个地铁建造历史，建造地铁的都是拥有强大的经济实力、人民生活水平较高、城市化发展程度较高的国家。可见，地铁系统发展的状态是衡量一个国家和城市发展水平的重要标准。地铁不仅是一种现代信息化的交通工具，也是反映城市风貌的一道景观。它不仅体现信息城市的形象和文化，也起到推动城市经济发展的作用。作为城市的重要交通工具，世界上所有的国家都将其作为国家和民族文化的展示窗口。

地铁早期以安全、快捷、方便的形式出现在城市中，并逐渐成为现代城市人群出行的公共交通工具。随着社会的快速发展和人们精神品位的逐步提高，许多城市都将以更国际化的姿态展现在世界的眼前。地铁"标准化"的形象已经无法满足时代的需求，以城市地域和个性为主题的文化性发展成为地铁文化设计的趋势。在地铁空间中的主题文化为公众提供了良好的视觉体验和生活方式，同时这张视觉名片也能促进城市形象和文化品牌的推广。

第一节 地铁站点主题文化设计

地铁站点空间的主题文化设计，是对城市文化的一个融合、提炼和加工，它传达出城市的概念、区域化特征以及城市的性格等，可以更好地展示城市文化的特点和特色。地铁站点主题文化设计在地铁空间中不仅仅是一个简单的装饰，而是一个与公众沟通的桥梁，并唤起人们对城市文化生活的关注。

一、地铁站点主题文化设计的主要作用

（一）地铁空间主题文化与城市文化的互动

地铁空间的主题文化一般是从城市或地域的历史文化中衍生出来的，并从地上蔓延到地下，城市文化和历史记忆的呈现，给生活在这个城市的人一种归属感。地铁空间文化的概念将会潜移默化地影响未来城市文化的发展，使城市规划者围绕地铁文化来研究城市布局的发展，引领城市文化的发展趋势。地铁文化与城市文化之间相互作用、相互影响。

（二）地铁站点的主题文化具有认知性和导向性

带有鲜明视觉特征的主题文化地铁站点，可以有效地引导乘客的方向和停留。每个站点都展示了不同的文化主题，让乘客在乘坐地铁时易于辨别。例如，北京地铁站点的设计，8号线北土城站将中国独特的元素青花瓷装饰作为站点主题，6号线南锣鼓巷站是以中国传统风筝元素为主题，展示老北京生活的场景。每个站点讲述不同的故事，带给乘客不同的体验和视觉感受，也能引导乘客辨别不同的站点。

（三）地铁站点主题文化设计可以营造良好的文化氛围

地铁由于建造在地面下，在空间把控上有时会让人感到压抑，将带有文化主题的地铁空间带入单调的冰冷空间中可以营造出浓郁的文化气息和艺术气息。地铁和内部空间、车厢的文化主题的设计，在传达城市文化特点的同时能将良好的视觉体验带给乘客，有效地缓解乘客的情绪。

近年来，随着社会经济的发展和人们对城市形象包装的需求，城市地铁项目将主题文化融入地铁空间的设计中，使得地铁不再是单纯的交通工具，同样也承载着对城市文化传播的作用。北京、上海、南京等城市在地铁空间设计中融入文化主题，建设城市文化的软环境，使地铁空间变得更有文化特色。

二、地铁站台的文化主题分类

（一）以城市文化为主题

以城市文化特色为主题的设计，是城市地铁中最常用的空间文化主题。每一个城市都有其历史渊源和文化特色，这种表达方式可以让乘客感受到强烈的城市文化特色，形成不同于其他城市的文化景观。

以成都地铁4号线为例，其是以"文宗蜀韵"为文化主题。地铁线路的文化基调是"文墨优雅，诗意成都"，主要展示成都历代文宗的风采，蜀文化的魅力风韵，被浓缩为成都文化艺术精华。地铁4号线将历史文化元素运用到每个站点的主题设计中，清江西路站以苏东坡与宋代文化的诗歌为主题，以浮雕艺术形式展现"苏坡桥的故事墙"，讲述了"苏坡桥"的故事；草堂北路站的主题为"草堂文化"，以"竹简"展开诗歌长卷，"国画"传递草堂和杜甫诗的意境；宽窄巷子站以少城历史文化为主题，地铁站内设计呼应宽窄巷子的建筑与文化环境，传承少城文脉；非遗博览园站设计了"蜀派古琴曲韵"文化艺术墙，同时还加入了皮影和川剧脸谱作为设计元素，装饰于地铁文化空间中。

南昌地铁在开始文化主题概念设计之初，希望通过每一条线路的文化主题来展现南昌市独特的文化景观。南昌市独特的文化主题和元素包括红色文化、陶瓷文化、青铜文化、景观文化、名人文化、道教文化和传统戏曲文化等。在地铁站点，站点的出入口、站内的装饰、车厢的装修在设计时都将这些城市文化融入其中。五条主线路，五种不同的颜色主题，每种颜色代表一种文化，1号线以红色为主体代表南昌红色革命文化；2号线以黄色为主体代表南昌传统文化；3号线以蓝色为主体代表现代科技工业园区；4号线以绿色为主体代表南昌自然山水；5号线以橙色为主体代表南昌民间民俗工艺文化。通过不同的颜色显示南昌城市文化和展现江西的地域文化。

（二）以历史故事和人物为主题

南京是一个历史文化名城，它的地铁主题是"文化古都，活力金陵"。南京地铁一号线以"红楼梦"为主题文化，以文化和艺术浮雕墙设计手法，将红楼梦的九个经典场景在九个站点——再现。又如，西安地铁以"丝绸之路"为主题文化，打造"丝绸之路"主题车站，推出"丝绸之路文明号"，通过地铁文化建设再现古丝绸之路的文明史，展示丝绸之路建设新的起点及辉煌成就。丝绸之路以地铁文化墙建设的主题为载体，六节车厢，通过六个不同的主题去演绎丝绸之路的开拓、合作、复兴，展现丝绸之路的历史和文化的变化，打造一个丝绸之路历史文化的主题站点。

（三）以文化名人名事为主题

以名人名事为主题的地铁站点，在有限的地铁空间里将名人的作品和事迹展现其中。张大千诞辰115周年之际，张大千、毕加索两位艺术大师的作品在上海地铁与乘客见面，不仅在列车的面板上显示了两位大师的印刷品，同时还能显现两位大师的图像影像资料。

（四）以艺术音乐为主题

地铁文化作为城市文化的一部分，需要丰富的文化内涵和主题的渗入，艺术和音乐的多样性同样能够营造良好的城市文化氛围。上海"地铁音乐"项目位于地铁2号线的人民广场站，每个星期六和星期日都会上演不同的演唱会，为艺术家提供免费的场地空间和设备支持。另外，在轨交11号线徐家汇站、交通大学站，2号线静安寺站和南京西路站四座车站的站厅或通道，乘客可聆听到来自上海东方广播中心特别结合车站地域文化特征而定期灌录的音乐节目。

（五）以体育科技为主题

以体育和科技作为主题设计的一种形式，也是地铁文化展现常用的手法之一。如上海地铁3号线的虹口足球场站建立了体育和科学的科普角；2号线的人民广场站展示了航海博馆捐赠的沙船模型，让乘客在乘坐地铁的同时，也能了解上海的商业、金融、航运和贸易的发展历程。北京地铁奥运支线和机场扩建工程是奥运文化建设的一部分，设计理念定位于"空间艺术化、艺术空间化"，在地铁空间中，注重艺术化的空间体验和艺术感受，以及地域的地理特性和人文融合的特征。设计师将平面艺术与空间相结合，运用具有较强视觉冲击力的图形元素，贯穿于整条奥运线和机场线，使地铁公共空间实现艺术化，奥运线不只是作为一个站点，更是向世界人民传达中国文化内涵和奥林匹克精神的平台。

第二节　地铁导视系统设计

我国地域辽阔、历史悠久，每一个城市由于其地理位置、气候特征及民族构成形式的不同，表现出了自己独特的历史文化风貌，形成了独特的地域文化特色。然而，随着近年来经济的快速发展和城市化进程的加快以及外来文化的涌入和快速工业化的生产方式的统一，文化特色逐渐消退，地域性特征越来越模糊，"似曾相识"的感觉越来越强。因此，挖掘不同城市的地域文化特征，并将其应用于城市地铁导视系统的设计中，不仅可以提供基本的使用功能，也能满足人们的视觉审美需求，既能丰富视觉导视系统设计对地铁的内涵和外延进行延展，又能给用户留下好印象，展示极具地域特色的城市风貌特色和文化。

在现代城市交通空间中，导视系统设计不是孤单的单体设计或者简单的标牌，而是整合城市形象、交通节点、信息功能，体验城市生活出行乐趣的承载媒介。同时，地铁导视系统不是孤立的，它是围绕着周围环境产生的，应与周围环境相协调。地铁由于其封闭、黑暗的地下空间环境，使人感到不适，造成抑郁、紧张和焦虑。在地下空间环境中的地铁导视系统，应结合地理和文化特征对色彩、文字、图形和形态等元素进行考虑和设计，使其不仅能够满足使用功能，也可以与地下空间环境和谐相处，营造和谐的视觉环境。

一、地铁导视系统设计现存的视觉传播问题

随着我国经济的快速增长和城市化进程的加快，作为城市的重要组成部分，地铁建设正在迅速发展。在这样的背景下，地铁导视系统设计成了人们关注的焦点，它已经逐渐发展成为衡量城市公共服务质量的重要参数之一。地铁导视系统设计不仅具有指示、引导、描述等功能，还可以辅助人们快速、清晰地了解地铁空间环境，规范人们在地铁空间的行为模式，为地铁的正常运行提供有效的保障。此外，地铁导视系统设计还可以体现城市风貌，对城市的人文历史进行很好的视觉传播。

城市文化是由地理环境、生产方式、社会生活方式和历史文化传统所决定的。城市文化是城市自然环境与资源、历史遗迹、生产方式、建筑风格、文化景观等因素在一定范围内长期积淀、发展和升华而形成的反映物质和精神成果的物质文化景观。深入分析城市历史建筑的特点、民俗文化、人群特质等特征，将其分析和提炼，形成具有地域特征的功能、视觉符号，将其融入地铁导视系统设计，以获得真正具有地域特色的设计作品，则会大大地丰富地铁导视系统的内涵和外延。

然而，目前在我国城市地铁导视系统的设计中，过分强调了规范和功能，普遍缺乏城市文化的表达，从而导致地铁导视系统呈现"千城一面"的特点。例如，上海和南京，上海是一个非常现代、国际化的大都市。由于独特的地理位置、中西文化的融合，上海已经形成了其独特的气质、形成了它独有的"味道"。南京与北京、西安、洛阳，被称为"中国四大古都"。"六朝金粉地，金陵帝王州"，南京有十朝古都的历史，故有"十朝古都"之说。由此可以看出，上海和南京的地理文化特征非常明显，有着复杂的异国风情和厚重的历史文化，不同的城市，不同的文化、不同的地域、不同的风情，在地铁导视系统设计上本应将自己独有的文化意识传递给人们，突出城市的鲜明特色，从而树立城市形象，弘扬城市文化，让人们从不同的地方感受到每个城市独有的气息。然而这两个城市的地铁视觉导视系统设计，无论是色彩、图形还是文字等设计元素都呈现出了很高的相似性，使得导视系统设计变得流于形式，没有给人留下深刻的印象。

更为重要的是，我国地铁建设起步较晚，始于 20 世纪 60 年代，虽然城市文化的设计原则已被广泛应用于地铁建筑设计、出入口设计、公共艺术设计等领域，但在地铁导视系

统的设计中往往被忽视，导致了我国现有的地铁导视系统的"同质化"问题十分突出。这些设计存在于不同城市的地铁空间中，它们都可以满足基本的导视功能，但不能反映所在城市的特点，在传播城市文化的过程中，容易引起乘客的视觉疲劳和审美疲劳。"千城一面"的地铁导视系统设计缺乏个性，抹杀了城市该有的文化特点。

二、地铁导视系统设计的原则

地铁导视系统作为引导信息，必须充分发挥交通设施的有效性，将足够清晰的、准确的视觉信息提供给所有乘客，使人们能够生活在一个便捷的交通环境中。为了达到传达视觉信息的目的，需要从多个方面进行分析和研究，主要有以下几大设计原则：

（一）地铁导视系统设计的整体性和规划性

地铁道路标志存在于特殊的环境中，我们对地铁信息的获取大多是受标志的影响。整体性原则是标志设计重要的原则之一。同样地，地铁导视系统的设计也要与周边地铁站的整体环境相互协调和融合，在进行设计时，标志的规模、造型、材质、色彩等方面都要进行协调和整合。结合其功能特点和整体空间环境的协调性，导视标志的造型形态、结构应与环境特征相关联，以实现整体形式的统一。

另外，在地铁系统设计中必须使导视系统与周围环境和谐相处，使人们能够快速准确地接收视觉形象。可见，地铁的导视系统设计是一个非常具有关联性的设计，而不是孤立的。它的设计应与城市的环境设计和规划紧密联系，如在地铁站中的标志分布的方向，如何处理位置关系使之在传达信息时更有效，等等。对不同城市的地铁导视系统也应考虑不同的环境特点和不同的地域风格，实现整体的统一，从而更好地使人们对地铁环境有整体的认同。

（二）地铁导视系统设计的系统性和标准性

地铁导视设计是作为一个系统存在的，通过各种形式为人们提供识别服务信息。地铁导视系统设计将整合各种形式的导视设计，使人们在体验中得到信息的相互补充，从而加强记忆，更有效发挥指示、说明的作用。地铁导视系统设计需要在设计过程中保持统一的标准色、标准字体、统一设计、统一材料、统一规划等，在施工过程中保证设计的准确性和完整性。因此，在地铁这一特殊空间环境中，导视系统的设计必须做到标准化、统一化、规范化，内容清晰准确，以达到最佳效果。目前，地铁导视系统和地面交通标志系统的衔接和过渡还不够，缺乏标准化、系统化的设计和管理，不能满足多样化的信息需求等问题。

（三）地铁导视系统设计的简洁性和适时适地性

无论从位置上或是信息本身讲，地铁导视系统设计都应让受众能够很容易看见，而不是左右找寻未果之后，发现就在身边一个不显眼的地方。为了让要传达的信息能及时被接收，简洁性原则最为通用。所谓地铁导视系统设计的适时与适地，指的是各个标志应该在适当的时间、适当的地点出现，从某种层面上说，这里时间和空间是一个意思，人们在地铁空间的哪个空间点最容易遇到识别导向障碍，这里就是需要设置标志的点，而这个空间点正是关键时间点的发生场所，所以两者是完全统一的。

（四）地铁导视系统设计的双向性和通用性

双向性是所有交通导视系统的一个显著特征，也可以称作互逆性。不光是地铁空间，机场、火车站、长途客运站的导视系统都要遵循这个法则。乘客进站和出站两种行为互逆，导视系统就不能只考虑其中一方，而忽视了另一个相反的方面。信息的通用性相对前面的几个原则略显次要，但是也不能不考虑，即信息系统的国际性，必要时考虑选择两种以上的语言，或者使用标志来指示。

（五）地铁导视系统设计的功能性和艺术性

功能是导视系统设计的核心，所有的设计目标都是在此基础功能上建立起来的，地铁导视系统在功能上应具有较强的识别、指示和方便性。

导视系统设计要选择明确、简洁的符号传达直接指定的意义，通过箭头符号将区域的特点进行指示，并指导目标的方向和位置、辨别不同的场所、危险警告、了解公共设施的功能和属性。地铁导视系统设计时，必须充分利用功能，发挥其实用价值，并发挥准确的指导资源的作用，不造成浪费。同时，保证导视系统设计完整的功能性的基础上，还必须考虑导视系统设计的艺术性，需要在表现形式、细节元素等方面做到人文精神的体现和视觉的美化。地铁导视系统设计的艺术性还包括个性、创意、人文精神的内涵、情感等层面的艺术化的表达。地铁站的艺术化设计和城市文化相结合，将大大改善整体环境，增强整体环境的视觉效果。随着人们对艺术欣赏能力的提高、艺术素养的提升，地铁导视系统设计在功能完善的基础上，需要突破符号和文字的描述，将艺术形式融入地铁导向标志设计中，达到功能与艺术的统一。

（六）地铁导视系统设计的地域性和文化性

文化性设计与地域性设计是相辅相成的，地铁导视系统设计要满足地下空间环境的要求，并反映当地的风格和特色，导视设计的内容信息应体现文化内涵的重要性，向乘客传达传统的历史与文化。如今，设计标准化和国际化已成为一种规则，在给我们的设计带来便利的同时，也产生了新的问题。在国际化的浪潮中，每一个不同的区域文化很可能被同化或丢失，尤其是交通导视系统设计。在进行地铁导视系统设计时，不仅要考虑来自不同国家人们接受信息的能力和习惯，而且还要考虑导视系统设计必须有自己的城市特色，生动地传播自己的城市文化。这样使人们在容易理解和接受信息的基础上，也能反映出地域性和文化性。因此，我们在地铁导视系统设计时应对城市文化传承和创新，在对艺术符号和传统文化的借鉴中，挖掘更深的文化内涵和精神，在促进历史和城市文化发展延续的同时与国际接轨，体现城市文明，反映城市的国际化。

三、地铁不同空间的导视设计

（一）地铁出入口的导视设计

地铁的出入口衔接着地铁地下空间与地面城市空间，也承载着人进入地铁空间的第一印象，地铁站的出入口信息如何表达呢？过于统一的风格建筑会导致地铁站点与周围环境不协调，但如果和周围的环境融为一体，引导性和标志性就太弱。因此，地铁出入口的导视设计既要有整体上的统一，又要与周围的环境相结合。

地铁出入口除了提供进入或离开地铁的主要通道外，还担负着紧急疏散的重要作用，由于地铁是封闭的地下空间，空间密度小，如果有火灾或恐怖袭击，人们将会从出入口通道向外撤离。因此，对地铁的入口和出口的位置、布局、室内空间的合理性提出了很高的要求。

地铁出入口的命名往往以拉丁字母命名，这种形式往往与阿拉伯数字相结合，将同一方向的不同出入口用字母与数字的形式标注出来，如 A1、A2、B1、B2。这种命名方式比较合理，有利于解决多个入口和客源分流的问题，但也存在相应的问题，对于文化水平不高者和老年人群来说就存在一定的理解难度。还有一种方法是综合命名法。所谓综合命名法是指两个或两个以上的命名方法相结合，这种形式更适合现代城市轨道交通。如北京地铁导视系统就采用这种命名方式，首先以东北、东南、西北、西南命名，然后用拉丁字母A、B、C、D命名相配合。

地铁出入口的导视设计原则：

1. 容易识别

出入口明显，容易让乘客看到，是地铁出入口设计最重要的原则。当人们进入地下空间的过程中，接收到的信息是慢慢地展开的，人们在好奇心的驱使下继续前行，从而获得一种令人惊喜的愉悦感。人们的神秘感可以丰富人们的进入和寻找出入口的意义，因此地铁出入口设计必须具有"可读性"。

2. 应提供尽可能多的外部视觉信息

地铁出入口设计应该提供尽可能多的外部视觉信息，特别是外部地标等定位和方向参考。德国柏林地铁站的出入口标志设置的位置就非常醒目，很容易让人们找到地铁站出入口。

3. 不同的入口布局和差异

一些地铁入口有好几个，在引导乘客时所起的作用也各不相同。如果对这些入口没有很好地布局和处理，会使人容易混淆，引起方向性的指导错误。进入地铁的导视性标志应建立在该地区的车站周边，例如公共汽车站站点应设置如何进入地铁站的指标。在所有的入口处，标牌的设置要有一定的高度，视觉上更加醒目，形成统一的地铁导视。同时也应为汽车进入车站广场建立一个指导性标志和引导乘客上下站台的位置标志。

（二）地铁站厅和站台的导视设计

地铁站台和大厅空间就如同是街道，是城市生活和事件发生的场所，也是形成城市形象的要素之一，它可以提高人们方向定位的能力。地下空间的不同区域应具有不同的特点，该区域应该有一个富有意义的名称，应具有一个明确的边界。

1. 站厅导视设计

地铁车站地下大厅的长度一般在100米左右，至少有两个或两个以上的出入口通向该座城市的不同街区或街口，地铁出入口的正确识别及转乘口方向的正确指引，能有效避免大量客流相互穿叉，减少不必要的出行距离，使乘客方便快捷地到达目的地。因此，在地下空间里，良好的方向感和易于识别的导视标志是非常重要的。在设计过程中，要注意空间的"可读性"和视觉的"连续性"，以协调为基础，尽可能提供一些外部视觉信息和定位方向的参考。例如，在地铁站设置具有独特特点和整体性强的标志，给人整体感的形象和良好的方向感，而不是只考虑单个环节的设计。

2. 站台导视设计

地铁站台一般分为岛式平台和侧式平台。岛式平台是指设置在两条运行线路中间的站台乘客换乘由站台的一侧下车，到站台的另一侧上车。地铁站最常见的就是岛式平台，乘客下车后可以从任何一个站口上车，以便于下一步出行。即使乘客没有看清楚地铁行驶的方向，导致往相反方向行驶，乘客也可以在下一站下车后从对面上车坐回来，不必多花钱和浪费多的时间。侧式平台是指设置在两条运行线路外侧的平台（轨道在中间，两侧为站台），乘客可以在不同平台上乘车或下车。在侧式站台上车，必须从行驶方向的站口走到站台上，否则，还须过马路再来乘车。

这两种不同的站台，导视设计自然不同，根据站台的不同属性选择合适的导视设计是必须的。

（三）地铁通道的导视设计

道路是城市环境形象的主要元素之一，为了增加地下空间的环境形象，应突出地下通道系统中主要道路的导视设计，将主要通道看作城市的地面街道而不是传统的走廊。地下空间的复杂性是造成乘客迷失方向的主要原因，因此，主干道要简单明了，呈直线状，对地下通道的标志识别应尽量与地面道路的方向一致，如地铁通道的主要标志设置应连接到主空间和地标，如下沉式广场、室内中庭等。地铁隧道是地面的延续，为了增加人们对地铁通道的亲密感，而不是进入地下空间后产生恐惧和不适，地铁通道在导视设计中应注意以下几个问题：①地铁通道的导视设计应尽可能简洁，呈线形，迷宫式的地下通道会削弱人们的方向感，增加人们的不安全感；②地铁通道导视设计的比例尺寸应注重亲切宜人，给人一种步行街的感觉。东京新宿地铁通道的空间形态和规模及路面材料和颜色的选择都与普通的城市街道相似，而不是让人感觉是地下通道；③试着削弱人突然从地上空间进入地下空间的感觉，从地面、墙面的铺装标志材料上可以模仿在城市室外街道的形式，让人们在行走的过程中感觉是在街道上散步，同时地下通道光线的设置应尽可能运用明亮的光线，以减少地下的感觉；④与地下商场相结合，地铁通道成为整个地下商场的一个组成部分，弱化地下的概念，增强城市社区的意识。

第三节　地铁公共艺术设计

城市地铁已经超越了其最初的功能，逐渐成为一种城市的文化空间和交流艺廊。作为反映当代公众审美意识的重要平台，地铁公共艺术在营造共享公共空间的同时，也传递着不同城市和地区的地域风情和文化理念，形成了具有综合效应的信息交流平台。纵观世界上各大城市的地铁站，无不彰显着各自的地域文化特点；斯德哥尔摩地铁站具有岩洞风貌的自然地理特色，莫斯科地铁站颇具庄重、严肃感，北京地铁站具有类似于四合院、老胡同、京剧戏曲的传统韵味，杭州地铁站所传递出的是温婉清丽、诗意雅致。在全球化进程带来文化趋同的今天，地铁公共艺术成为保存地域文化多样性和特色的有效途径，也成为展示城市新形象的"现代地标"和"城市橱窗"。在从事地铁公共艺术的规划和设计时，如何将地铁站所在的不同地域文化融入空间设计当中，并将其编制成有序的艺术规划体系，便成为地铁公共艺术设计中亟待解决的问题。

一、地铁公共艺术的功能作用

（一）指向性的功能作用

地铁地下空间往往参考物较少，内部环境较为一致和复杂。人们往往会在地铁环境中迷失方向。地铁公共艺术设计中的壁画设置在一个相对统一的地铁环境的墙壁上，可以发挥给行人在地铁环境中指定方向的作用。虽然地铁壁画的方向指引作用并没有像路标一样清晰，但路标太过重复、单调，容易使人感到乏味。地铁壁画与标志相比，在地铁环境中的造型更为独特、规模也更大，具有较强的视觉张力。利用视觉张力的地铁壁画更能清晰地标示出站点，让乘客更容易区分各地铁站。同时，地铁壁画在设计过程中可以添加一些图形来引导人们，因此地铁壁画不仅能为单调的地铁环境起到积极的装饰效果，也能发挥一定的方向性效应，更好地服务于地铁环境。

例如，北京车公庄站附近的地标性建筑是梅兰芳大剧院和国家京剧院，京剧便成为车公庄站公共艺术设计的主题，站内艺术设计与地表剧院上下呼应，将京剧人物造型、传统吉祥图案与北京传统建筑语言相结合，以现代视觉表现手法诠释戏剧艺术和传统审美。运用中国传统民间艺术形式和现代设计理念，将地面的古城文化风貌注入北京城的地下世界，准确标示出该站点。

（二）改善环境质量的功能作用

公共艺术本身具有很强的艺术性，将公共艺术设置在地铁环境中，可以使环境更具艺术性，从而提高环境的质量。在一个封闭的、单一的、阴冷的地下空间中，公共艺术的设置不仅可以美化和活跃周边环境，而且可以使地下环境更加人性化。在地铁环境中，由于周围的环境太过一致，流动线基本上是直线，因此，人们在地铁环境中容易产生焦虑、抑郁的情绪。地铁公共艺术在设计色彩和形式上可以更加鲜明，巧妙地调节单一的地铁环境，从而调整人们在地铁环境中的心理状态，提高地铁环境的质量，使地铁的环境更加人性化。

（三）陶冶大众审美的功能作用

地铁公共艺术，不仅以艺术的形式对地域居民展示地域文化，而且也赋予该地区居民以文化骄傲，它反映了时代的特征、社会审美意识。地铁作为城市人流量极大、人员构成极为复杂的一个城市公共场所，设置公共艺术在地铁环境中作为城市宣传的窗口，可以让更多的人了解城市的文化遗产，提高公众的审美情趣。

二、地铁壁画特性分析

艺术与交通的结合是社会发展的必然趋势，随着经济的发展和社会的进步，人类文明逐渐高度集成化，交通环境已成为不可或缺的环境之一。如今，随着人们生活水平的提高，人们能够将文化、艺术、科技、信息等多元化的因素整合在一起。交通空间除了履行功能性以外，还体现了安全、便捷、高效、舒适，同时也需要考虑通过公共艺术传达地域文化的内容，实现人性化和可持续发展，为城市发展提供更大的可能性。

地铁壁画作为地铁公共艺术中的一种，是运用媒体技术、浮雕以及绘画等手段在地铁站的公共空间内进行设计的作品，一般是经过创作者精心设计以及结合当地的文化氛围进行创作的。地铁壁画是地铁文化不可分割的一部分，在地铁壁画中展示地域文化，与地铁中的人群产生共鸣，以促进地域文化的交流。地铁壁画作为一种典型的交通公共艺术，不是一种新的艺术语境或艺术形式，而是根据地名的使用进行分类。因此，一方面，它具有壁画艺术的共性，另一方面，因为它所处的环境特性，它也表现出一些地域文化特性。地铁壁画艺术的特性主要体现在以下几个方面：

（一）地铁壁画的公共性

地铁壁画属于公共艺术，那么艺术的公共性又是什么呢？公共是相对于隐私而言的。超出隐私领域的区域我们可以称之为公共领域。公共场所不等于大众性，除了场所和环境的含义以外，还包括自由出入、自由交流和接收信息的含义。孙振华先生曾说过："公共性的前提是尊重每一个人，是对每一个社会个体政治方面的肯定，给予经济和文化权利的尊重；对每一个人的自由思想和独立人格给予社会的肯定和尊重。没有这些前提就没有公共性可言。"中国学者普遍认为，公共性是公共艺术的核心，是公共艺术和"纯艺术"的分界点。可以说，公共艺术的"公共性"是指艺术要发挥社会作用，公共艺术要解决的既包括审美问题，也包括社会民主和大众权利问题。

（二）地铁壁画的地域性

地铁壁画是当代公共艺术的重要组成部分，它不同于一般的壁画，是创作者经过深思熟虑、精心设计后，以绘画、工艺、数字媒体等技术手段在地铁交通公共空间中绘制而成。地铁壁画可以提升城市艺术形象，体现出现代城市的地域性特色。在由钢筋混凝土、不锈钢构建的地下环境中，地铁壁画可以通过多种艺术表现形式的设置，营造出一个充满人情味、充满艺术气息和美感的地下文化长廊。

从传承地域文化入手，通过主题壁画内容及其形式加以表现，是地铁壁画设计的最为常见的途径，也是城市文化最有表现力的途径。

（三）地铁壁画具有一定的标志和导向性

地铁壁画不同于壁画，它受其环境的制约，是具有一定形式的功能性壁画，地铁壁画在地铁环境中有一定的标志和指导意义。地铁里人们往往流动性很强，很少停下来观看墙壁上的壁画。因此，在建立壁画时应考虑流动人群的审美习惯。哈密尔顿和瑟斯顿做过关于高速运动时人们的视觉感知方式的研究，他们从研究中推导出五条定理：①注意力加倍集中；②注意焦点引向远方；③视野缩小；④前景细部开始模糊；⑤视觉变得迟钝。基于人们在高速运动时的视觉感知特征，在地铁壁画设计中，应注重公共艺术整体色块的设计，强调外轮廓线及阴影效果，以简约化、大尺度、地标性的公共艺术为主。

同时，在地铁环境中由于环境、设施、色彩的一致性，地铁壁画也需要有一定的标示性和定位性，使人们在地铁中可以更直接地区分出地铁站点和明确的方向。

三、地铁壁画以主题设计为切入点传承城市文化

一座城市的形象塑造并非单靠宏伟的高楼大厦、发达的经济，更为重要的是依靠这座城市所拥有的文化底蕴、公众意识、时代观念等软性实力的打造，或者说城市所能带给人们的一种人文关怀。地铁壁画不仅是对有限的地铁空间进行环境装饰，而且在给人带来视觉愉悦感的同时，使人们增强对这座城市的了解。地铁壁画根据空间环境特点，通过合理的设计运用，表达出具有城市文化代表性的内容，以此来彰显出城市空间的人文环境和城市精神文明的积极导向，使地铁给人们提供的不仅仅是交通工具的功能，而是更多地承载着人们的精神生活。

以主题壁画设计来传承城市文化，通过城市地铁这一重要空间来展示与传播，构建一

种特色的地铁文化景象，已是当前城市文化发展与城市形象塑造的主要途径。地铁壁画以其主题内容向公众进行一种文化上的视觉传播，将本土的、地域的、个性的、时尚的、典型的文化与审美精神，和地铁中的来往人群进行交流与碰撞，达到相互影响、渗透与融通的效应。

（一）以当地自然风光为主题

杭州以西湖而闻名，自然景观是杭州最重要的城市象征。各个站点的壁画中大量使用了自然意象，如武林广场站的阳光葵园的葵花、安定路站的西湖风光、婺江站的鱼群、湘湖站的丹顶鹤、临平站的荷花池。城市的自然景观被运用至地铁空间中，优化了行人的视觉感受，在欣赏过程中，会激发乘客对于真实自然景观的记忆感受，产生共鸣。每个自然景观的选择都满足了最适化的要求，或者反映站点地理位置的历史文化。

（二）以城市精神为主题

现代壁画是以现实为基础，通过对历史传统、地理环境以及思想文化等方面进行提取和总结，以图片的形式来传达，使形象更生动、更容易理解。城市精神像一面旗帜，在一定程度上可以树立并提升城市形象的城市文化魅力，同时也能增强公众的荣誉感、幸福感和凝聚力，从而提高城市内部和外部的不同影响力。

（三）以城市历史为主题

地铁除了是城市的交通工具以外，也是每个城市展现其城市历史、体现城市传统的一个窗口。世界上所有城市都有自己独特的历史和历史文化。一些国外的地铁站，在地铁壁画的设置上很好地展示了城市的历史文化和独特的魅力，值得借鉴和学习。如莫斯科的地铁壁画设计，就需要设计出一些体现历史主题的壁画应用在设计中的。在历史悠久的城市地铁环境中，历史题材的地铁壁画更为常见。

四、地铁公共艺术品对城市文化的传承

现代城市经济的繁荣给艺术设计的发展带来广阔的前景，地域文化已成为当代艺术工作者取之不尽的创作源泉。特别是兼有审美与实用特定功能的公共艺术品设计，更是讲究本土文化背景与现代设计的融合、弘扬民族文化与发展地域文化相协调，从而确立公共艺术品的主体思想、时代精神、文化特征、地域面貌以及公众的理想和情感。许多发展中国家和发达国家的地铁公共艺术品设施建设，较好地融入地域文化元素，有许多值得我们借

鉴的成功例子。例如，纽约地铁的公共艺术品几乎随处可见。有人说，公共艺术品是纽约的文身，说得很形象贴切。从华尔街到第五大道，从洛克菲勒中心到中央公园，总能看见各种各样的艺术展现，有的是雕塑，有的是铜像，有的是海报，风格多样，又无处不在，汇集了来自世界各地的各种形式各种流派的艺术作品，就像是一座城市的文身，醒目地出现在手臂、胸前，甚至是脸上。

第四节　地铁广告设计

随着我国轨道交通建设的快速发展，地铁就像一条巨龙穿越在大中型城市的地下。地铁将人流、物流、信息流和商业流聚集在一起，带动沿线经济的发展，成为城市经济发展的黄金线路。随着交通压力的增加，地铁已成为人们的首选交通工具。人们可以不再选择从电视、广播、报纸等传统媒体接收信息，但只要乘坐地铁就意味着必须接收广告所传达的信息。我们的时代已经发展成为一个多元化的时代，媒体形式也不局限于传统的媒体，地铁广告在抗干扰的局限空间，已逐渐发展成为一个可以让消费者参与的大众媒体，其核心价值在于覆盖面广、成本较低，可以有效地实现信息的宣传。

一、地铁广告的视觉传播形态

作为一个特殊的现代交通类广告载体，地铁兼有普通户外交通媒体与室内POP、灯箱等诸多媒体的传播特性。媒体的多样性决定了广告视觉传播形态的多样性。根据广告与地铁关系的亲疏程度，大致将地铁广告分为三类：地铁车载媒体广告、地铁站台公共空间广告、地铁免费报纸广告。

（一）地铁车载媒体广告

地铁车载媒体广告主要指以地铁车厢为载体的广告。广告形式包括印刷形式的车厢门贴、车窗贴、车厢海报、电子媒体的车载移动电视、列车播音广告以及列车冠名广告等。地铁空间是封闭的，人的视觉特性倾向于将分散的广告信息拼合成大的单位，以减轻狭小空间的压力感，无意识提高视觉搜索的效果，因此地铁内部多种媒体并存形成的立体包围突出了广告主题。车厢内广告的声音、动态和静态的画面能够陪伴乘客全程，造成强制性关注。

（二）地铁站台公共空间广告

地铁站台广告种类繁多，主要包括灯箱广告、通道海报、扶梯、屏蔽门贴、主题站台以及异形广告等。站台广告具有户外广告的基本特征，同类型的广告的面积、大小、形状和分布基本相同，易形成受众阅读的快感，是备受瞩目的广告形态。站台空间是乘客等候列车的场所，相对比较开放。候车大厅人群活动目的性较弱，流动缓慢，适宜自然舒展、轻松活泼的广告视觉形象。LED、液晶显示器以及通道两侧、主题站台和其他形式的广告必须考虑乘客在赶车时对广告不会主动关注的心理，应运用丰富的图像、色彩、造型和光的视觉元素以及动态影像模型和实物展现商品的内容和流行方式，创造广告商品的追随者，最终在视觉符号象征意义上达成共识。

二、地铁广告的视觉传播手法

地铁的主要功能是提供便捷快速的人员运输，作为商业营利手段的地铁广告声音和广告画面都是地铁次要的功能。在以追求视觉为快感的读图时代，地铁广告顺应社会信息的传播具象化、直观化趋势，在传播理念、传播方式和传播内容上体现出独到之处，多元化的媒介表现方式决定了地铁广告的传播手法。

（一）动静结合，突出主题

地铁空间封闭、人流集中，因此广告的受注目程度非常高。地铁媒体的多样性，决定了地铁广告表现手法的丰富性——动静结合，声、光、电、纸都可以成为地铁广告表现的手段。通常认为，动态广告连续的视觉印象产生故事情节，对信息的放大能力强，易形成鲜明的意象，视觉效果好于静态广告。随着技术的进步，地铁隧道广告将呈现更佳的效果。

基于以上特点，地铁广告表现出注重创意的新颖性。如在上海，一个硕大的"饭盒"被"丢弃"在地铁车站角落里，用新颖的创意提醒有此种坏习惯的乘客认识到保护环境人人有责。南京地铁通道里将中国传统视觉元素毛笔绘制在柱子上，在地面写下大大的"谐"字，用文字使乘客增强对艺术内容的记忆，图像创意的编排突出建设和谐社会的广告主题。

（二）色彩鲜艳，对比度高

对地铁特定时空特征而言，地铁广告时效性较强，广告内容会根据企业的营销目标和季节变化调整，也会受到特定事件的影响。但广告表现通常以企业标准色和标准字为基础，根据广告需要有所调整。广告画面表现多强调画面的美感，重视色彩相互对比、相互影响形成的多变与统一的关系。采用纯度较高的色彩可起到提醒的作用，用红色、绿色、蓝色、黄色等色彩可保证画面色彩浓烈鲜艳，另外，可利用光的闪烁增强律动感，追求持续、醒目的视觉效果，以及采用对比度强的颜色可以突出广告主题。

（三）平面广告以图片为主，文案短小

人体接收的外部信息大约70%来自眼睛，可以说视觉形式接收的信息是人类最主要的信息来源，这其中眼睛所看到的图片最能引起人们的关注。因此，在相对封闭的地铁环境里，广告商往往用图片的视觉冲击力来对观者产生"休克"作用，引起观者的兴趣。

同时，大部分时候广告受众对文案的注意力很小，再加上地铁的特殊环境，地铁内的隧道广告往往没有文案，而地铁内的墙体、灯箱、站牌广告即使有文案也会非常短小，大部分都要以图片为主。

三、地铁广告的视觉传播趋势

地铁广告是新近出现的广告媒体，其广告经营模式没有受到中国传统的媒介经营模式和行政管理及法规的过多束缚，经营和管理方式较灵活，发展速度极快。以隧道广告为例，经营模式涉及自主开发、联合运营，合资经营，自主开发、分散经营以及合作经营。可以断言的是随着技术成本的降低和行业竞争规范的完善以及相关部门的积极介入，地铁广告在内容、形式、趋向上的创新将使它焕发出勃勃生机。

（一）立足本土与接轨国际的高度定位

在我国地铁广告的规划设计中，我们始终立足于本土品牌和地域文化，并保持与国际的高度融合。地铁广告定位是指地铁广告业立足于当前的市场经济形势，从最初的创意设计规划到传播策略的发展，实现整个无缝连接的定位。在地铁广告传媒的演变和发展中，通过对本土文化的提取，实现自我品牌塑造。如北京西站地铁走廊上的二锅头白酒类迎宾广告灯箱两侧，与故宫文化元素相结合，使人既有飘浮在城市天空的感觉，也能感受到古代的文化气息。在我国已经开发的城市地铁中，每个城市都有自己的特点，并和地铁广告一起促进当地的商业和文化的传播。

（二）高科技助力的媒介创新优势

在电力、光影和网络信号等科学技术的发展背景下，我国地铁广告出现了三维立体、生动多样的媒体形式。如今，地铁广告在媒介整合和重组的过程中，由单向的传播模式逐渐转向多元化的传播方式，并催生了一种新的广告客户形式。这里所提到的创新媒体主要是指利用高科技生产出的广告：3D广告。

新技术的发展，促成3D广告的出现，改变了地铁隧道的黑暗面貌，也为我国地铁广告的发展开辟了一个新的世界。在早晚高峰时段，人们在压抑、拥挤、闷热的车厢里，看着窗外黑暗的隧道，隧道突然出现了明亮的色彩，让整个黑暗的隧道生动起来，这就是"地铁隧道广告"，它不仅促进了中国媒体技术的创新，而且提供了一个全新的商业和文化的交流平台。隧道广告是一种全新的媒体技术，是将电子科学、电子工程和计算机图形学聚集在一起研发出的21世纪的一种新的数字视频媒体。地铁隧道的墙壁采用韩国最新的高亮度LED，利用地铁在隧道内高速行驶与眼睛的视力的暂留特性，创造出逼真的、连续的、丰富多彩的运动图像，从而提高旅客乘车时的视觉享受。目前国内的隧道广告只在少数城市和区域投入使用，北京地铁1号线以其沿线的环境特点和它的新媒体优势，被人们誉为"长安街上的地下金色媒体"，在赢得了观众关注的基础上，为城市带来了巨大的商业价值。

（三）地铁空间被全部利用

在我国的地铁空间中，通道墙壁、站台的墙壁已得到了充分利用和发展，但地面却成为人们忽视的广告媒介。现在，地面广告被称为"蓝海广告媒体"，它是在地铁站的地面上形成的一种新型的广告形式。在国外地铁空间中，地铁以低成本和创造新风格的广告创意，往往会得到意想不到的效果。国内地贴广告市场相对冷清的原因，主要是由于两个方面，一方面是其耐久性。地铁地贴广告会在短时间内被地铁的巨大人流量严重磨损，另一方面是许多企业受传统的思想影响，不想自己的产品"被人踩在脚下"，认为地贴广告会有损企业的品牌形象。但随着人们思想意识的创新，国内广告市场突破了传统的束缚，开始以一种新的面貌在广告市场里崭露头角。通过查阅资料，不难发现地贴广告在厦门高崎国际机场候车室被广泛运用，让平面广告营造出逼真的三维立体空间效果。上海地铁站的地贴广告也产生了其他媒体不可比拟的效果。

（四）站台空间广告场景化

地铁除了具有公共空间的科学、艺术、相关性等一般特征外，还具有自己独特的特点。广告场景在地铁有限的封闭空间营造了一种环绕式的广告氛围，这是深受人们接受的创新型和值得推广的媒体资源形式。在国内地铁空间发展的过程中，广州是第一次开始尝试的城市，它选择了地铁站18个人流密集的场地进行了装修，装饰成游泳、跳水、跑步等项目的不同场景效果，将广告媒体和地铁空间充分结合起来，创造了充满活力和动感的体育空间。北京奥运支线根据站点场馆的特点，分别将"森林公园"和"水立方"元素应用在地铁空间中，突出了北京奥运会的特点，给国内外乘客留下了深刻的印象。

（五）互动体验的投影广告

互动感应投影系统作为一个多媒体显示平台，结合了虚拟技术和投影显示技术，为用户提供了一个可以触摸到的真实环境的动态交互体验。投影互动广告在香港地铁发展得较为成熟，主要用于数码产品投资期的宣传和推广。这种新媒体主要是以地铁的地面、隧道的墙壁、通道和一个巨大的墙壁贴为依托，使用投影等数字跟踪技术跟随人影产生相应的变化，给观众带来真正的互动体验，营造良好的品牌互动空间。

（六）与手机网络资源的互动对接

随着4G/5G技术的普及，在线和离线媒体相结合的运营模式已经呈现出主要趋势。在我国，城市地下空间里，既有地铁杂志、地铁画报和其他印刷媒体，又有无线网络资源，为地铁相对固定的客运群体和企业建立全面的信息互动平台。现在，通过扫描二维码获取产品广告信息也是企业营销的一种新的方式。

地铁广告随着地铁的兴起与传媒业的发展，成为现代都市特有的文化标志。如何利用好地铁广告，宣传城市文化，塑造城市形象，不仅是广大城市建设者和地铁运营者的责任，也是广告传媒和城市市民应尽的义务，因为我们都是这一文化的参与者和受益者。我们只有更加坚持地铁广告的文化传承与创新，更大地发挥现代传媒效应，同时不断提高自身的文化品位，丰富人们的精神世界，才能使地铁成为城市足以自豪的文化名片，成为人们的心灵栖居之所。

纵观发达国家较成熟的地铁交通环境建设，可以看出，在地铁空间视觉传达设计中蕴含浓郁的城市文化气息，成为城市文明长卷中重要的组成部分。这些视觉传达设计既展示了城市文化历史，也体现出了每个站点的差异，让乘客明确知道身处何站，增强了人们在地下空间中的识别能力。目前，我国地铁站空间呈现出向大型化、综合化、网络化发展的趋势。在这样的空间中，恰当地运用视觉传达设计，能使地铁空间更富于变化，同时有利于人的位置感、方向感的形成，从而创造出更舒适、便捷、高效的地铁交通环境。

第十章 "城市文化"视觉传播战略研究

第一节 "城市文化"与视觉传播的整合

当今时代,电子科技迅速发展,电视媒体及互联网信息技术迅速普及,使人类进入了一个新的视觉传播时代——"读图时代"。"读图时代"的到来,使得社会大众可以通过绘画、摄影、电影、电视作品等视觉形象获取大量的信息,可以说,"读图时代"带来了信息的大爆炸。因此,视觉传播相对于传统意义上的文字传播来说,已经占据了现代生活的主导地位。

在这样一个以视觉传播为主要传播方式的时代里,城市建设的重点逐步转变为"文化城市"。文化则是一个城市不可或缺的软实力,是一个城市独特个性和独特人文的集中体现,是城市的生命和灵魂,是城市不可分割、与生俱来的一部分。而在过去,一味地追求经济上的进步和产业上的革新,忽视了城市文化的重要性,忽视了人们的精神需要和人文生态空间的保护。要大力加强物质文化建设、大力促进制度文化建设、大力加强观念文化建设、大力发展文化事业,而这一切则需要一个适应现代化发展的传播方式进行广泛的影响,将"城市文化"进行视觉传播便是适应现代化传播方式的时代产物。

如何通过视觉设计深度挖掘及传播城市特色文化资源、塑造城市形象、标志城市身份、提升城市印象、彰显城市魅力,则显得尤为重要。在经济全球化竞争日益激烈的今天,城市文化的挖掘对于城市视觉形象的塑造和传播变得十分重要,更具价值和意义。巴黎就是一个很典型的例子,它不仅仅是浪漫的观光胜地,更是一座具有浓厚文化气息的世界文化中心城市。巴黎运用视觉传达设计向世界传播了它的核心价值观,"让文化灵魂引领城市发展"则是巴黎城市文化精神的代表,它是世界上最繁华的大都市之一,也是"世界花都"。它是建筑艺术的代表,整个城市满眼望去尽是中世纪的古老建筑,它是古城保护的楷模,在巴黎市区很难见到现代化的高楼大厦,融入其中仿佛漫步在中世纪的欧洲,它是生态文明的标杆，对树木进行有效的保护，每一株树苗都有自己的认证。在巴黎城市的每一个社区里，随处可见的博物馆、影院、公共花园、喷泉和各式各样的或古老或新潮的雕塑，对文化环境的高度保护形成了整个城市馥郁的文化气息。巴黎人的生活丰富多彩，充满了艺术的灵魂，就像朱自清所述，"从前人说'六朝'卖菜佣都有烟水气，巴黎人谁身上大概都长着一两根雅骨吧"。这正是城市文化赋予人们天生的气质。

而今，城市的发展日趋同质化，无论是东方或是西方，在高新科技的带动下，无一例外地朝着钢筋混凝土的构造发展，逐渐失去了每一个城市里历史人文赋予的特色，这样一个事实摆在眼前的时候，国内外的专家无一不对塑造城市文化的视觉形象传播产生浓厚的兴趣，在西方先行一步的带动下，我国向着打造具有独特城市文化的城市形象稳步迈进。在建造城市代表性的形象上，主要的方式有静态的文化传播和动态的文化传播两种，根据这个时代的鲜明特色，信息传播的准确性和有效性变得尤为重要。

因此，随着现代社会的节奏加快，人们获取信息的方式更加侧重于便捷性和准确性，视觉无疑是人类诸多感官中最为敏锐的器官，而视觉传播理论正是基于现代社会受众接收信息方式的变革而逐步发展起来。在最少的时间内，能够获得最多的信息量，这也是视觉传播能够迅速发展并成为主导的原因，人们也开始认识到它的重要意义和价值。

一、形式上的运用

每一个不同的城市都处于一个不同的地理位置，不同的土壤环境、不同的经济水平、不同的历史面貌造就了城市不一样的性格和独特的文化，要将城市文化融入城市的形象品牌建设中去，设计师需要更多地了解城市文化的深层次的特点，从中提炼出精髓，从城市文化入手，在充分了解当地人们生活的风俗习惯、城市本来面貌之后，再将这些文化元素进行加工重塑，用现代化的方式表现出来。而对于设计师而言，要从形式上进行城市文化元素的运用并不是单纯地将提取出来的要素直接明白地呈现在设计作品中，反而需要更多地加以理解，思考如何将日常生活中稀松平常的事物进行再创作来打动人心。

（一）设计者要善于调动观者的感官体验

在进行设计创作中，设计者要注重调动观众的感官体验，特别是视觉感官体验，刺激观众的视觉敏感点，通过设计中的图形、色彩、文字等要素，以便让观者在最短的时间内尽可能多地获取艺术设计作品中蕴含的信息。例如在进行城市各级会徽图案设计的过程中，设计师可以通过调整配色方案，多加使用符合城市文化精神的色彩，采用图像叠放次序等形式，集中突出设计作品的主题，再通过嵌套文字等形式，提高信息解读能力。

（二）注重增加平面设计作品中的文化元素

现代平面设计工作既追求创新又追求传统，尤其是在人民的艺术修养大幅度提高的背景下，中国的平面设计要走向世界，必须立足于中国传统文化艺术，在中国的传统文化元素中寻找与现代平面设计精神相契合的部分并将其合理地融入平面设计作品中，凝聚成具有中国传统文化特色的作品。例如，在进行城市形象标志设计时，便可以采用这样的形式，注重增加设计作品中的城市文化元素，使城市形象标志既有国际化又不失"中国化"，才能达到最为理想的传播效果，将城市文化、城市精神植入观众的感官体验之中。

（三）避免观众出现信息误读

设计者在设计过程中，要充分了解观众的审美习惯和认知能力，尽量不要使用具有歧义的艺术元素和符号，避免造成信息误读，影响传播效果。例如在颜色的运用问题上，许多国家和地区对于相同颜色所代表意义的认识并不相同，如果不能很好地加以运用，极容易造成视觉传播信息的失实。所以，在进行城市文化视觉传达设计的时候，必须认识到诸如图片、文字、色彩所传达出来的不同含义，在不同城市文化背景下传递出来的不同含义，切实地传达出城市文化的信息，准确地表达城市居民对这座城市发展寄予的希望。

二、产业上的整合

在以城市文化为设计主要内容时，切入点更多的是对当地特色的语言、词汇等符号的提取，对地方特色民族图腾等图形的提取，而这造成的最大问题是缺乏一种人文融合的设计情怀，而这种停留在表面上的设计并没有深入人心，一座城市的形象再塑造，要将设计与产品、与产业相结合才能取得一定成效。所以说，要想很好地将城市文化推广出去，不仅仅需要视觉传播这样一个有效的载体，同时还需要与文化产业在内容上进行深度的、切实的整合。

第二节 "城市文化"视觉传播的实现方法

城市文化是建立在一个特定区域内的城市的文化，也就意味着这个城市的文化是独特的，是与众不同的。在经济全球化、世界各民族文化大融合的今天，挖掘各个城市的独特文化是提高这个城市视觉形象的主要途径和不二法则。只有做到对自身文化的认同和尊重，将个性和共性进行有机的结合，才能使城市视觉形象的传播符合城市性格。而如何使城市自身的文化内涵与视觉传播得到有机的结合，我们将从四大方面来进行阐述，分别是：准确定位城市形象、城市视觉识别创意设计、与其他设计产业的合作共赢以及城市文化品牌的建立。

一、准确定位城市形象

从文化的角度而言，城市形象是指人类对于城市本身以及城市居民素质、民俗习惯、文化气息、服务态度等的感受所形成的城市总体印象，也就是说，城市文化对于城市形象有着十分深刻的影响。城市文化，是当地居民整体的历史进程和生活方式，是城市形象形成的根本和源泉。因此，定位城市形象不应仅仅停留在城市外在的系统设计上，而是创造具有内涵与特色的城市形象。定位城市形象，需要从城市文化内涵着手，具体分析隐藏在城市中的文化特性。

城市形象定位应该遵循的原则：

（一）准确性原则

由于区域条件、经济水平、历史角色、文化底蕴、人文风情、产业优势、发展前景等方面存在很大的差异，定位城市形象应当视具体情况而定，城市所确定的形象必须符合自己的真实市情，决不能名不副实。否则，定位不准确，必然给城市形象的设计和推广工作带来诸多不利影响。所以，在定位城市形象的时候，必须以城市的本质面貌为原型，还原城市的真情实感。这是城市形象定位的首要原则，强调的是城市最终的形象定位方向与自身形象相符合的重要性，主要考虑的是以下三个方面：

1. 城市独特的环境

对于城市所在自然环境的挖掘和发展，创造城市独特的区域环境，充分结合当地特色景点，从自然景观入手，结合地形地貌的特征，结合当地的气候环境，通过自然环境的差异性来挖掘不同的城市地理特色，进而研究环境对于自然文化的影响。

2. 城市历史文化因素

从城市的地方历史、民俗文化着手，每一个城市都有其特色，沿海城市与内陆城市必定是截然不同的。每一个地区在每一个历史时期也会发展出区别于其他历史时期的文化成就和艺术特色，而这也是该城市文化深度的体现。

3. 城市的经济发展

城市的经济建设从另一个侧面体现该城市的文化特征，以农业为主还是以第三产业为主要经济支柱，正是城市文化的支撑力量的体现，在视觉传播中因地制宜，需要根据该城市的经济技术条件进行设计，强调区域特色，创造出极具城市特色的视觉传播。

（二）导向性原则

富有导向性的城市形象，应对广大市民具有激励性，对城市发展具有推动作用。具体来说，城市的具体形象，对内应具有凝聚力，对外应具有吸引力和辐射力，它对城市的繁荣和健康发展应具有引导作用。所以，导向性是城市形象定位不可缺少的原则之一，有组织地进行城市形象定位必须考虑形象的导向性问题，即城市形象不但要清晰地表达城市发展的目标，还需要对当前和未来的城市建设和发展起到引领作用，必须具有一定的前瞻性。

（三）唯一性原则

一方面，选定的城市视觉形象代表如果体现了城市所独具的"唯一"的特色，就可以提高城市的识别价值；另一方面，将城市品牌标志、市花、市树、吉祥物等视觉要素均只设计一个才能加强它们的定位度、识别性和记忆度。多种性的设计如果处理不好就会加剧城市视觉形象定位不清、意义分散、不易识别、推广不利。所以，立足于城市的特点，坚持唯一性原则更有利于城市形象的设计与推广。

（四）具体化原则

城市形象定位应该遵循具体化原则，可以分为两个层面：

1. 含义具体化

就是为城市形象赋予城市个性特点和历史文化内涵，赋予城市精神追求和高尚品质，并用恰当的文字准确表述其代表含义，含义会更加具体。

2. 造型具体化

就是分别将已确定的视觉要素转化为可视化图案，从而便于视觉要素的进一步应用和扩展。

（五）统一性原则

城市形象有总体形象和次级形象之分，但城市形象首先是城市整体化的精神与风貌，是城市全方位、全局性的形象，包括城市的整体风格与面貌，城市居民的整体价值观、精神面貌、文化水平等。所以次级城市形象只不过是根据城市优势的某一方面得出的定位结论，不管它多么鲜明和重要，都绝不能超越和替代总体城市形象，而只能从属于和服务于总体城市形象。在城市文化中，不会只存在一种文化，必然是多元文化的交杂。进行城市形象定位是抓住城市的主流文化，抓住最能体现出城市风韵的特色文化，与其他的风格、精神做到统一。

二、城市视觉识别创意设计

一个城市需要有更有效的城市宣传战略，也需要一个与其他同类城市相区别的鲜明特征，这就是城市视觉识别设计产生的意义。一个城市拥有自身独具特色的城市视觉识别设计，可以从极大的程度上强化社会大众对于该城市的印象，在最大限度上突出该城市的特色，打造独一无二的城市。

城市视觉识别，是一个城市形象设计的外在表现部分，它由三大部分组成：MI 即理念系统；BI 即行为系统；VI 即视觉系统。在这三部分中，理念系统占中心地位，起着主导的作用，行为系统处于第二阶梯的地位，它直接反映理念中的人的行为，当人产生出一种理念之后便通过行为表现出来。最后，视觉系统则是表面出现的部分，属于最外围的部分。城市视觉识别设计就是指，城市理念通过一定的途径将具体化的代表符号进行行为上的传播，从而形成一个系统的、统一的识别设计，传达给观众，以此达到树立城市想要传达给观众的形象的目的。如今，国内外不少城市早已将城市视觉识别设计列入重要的城市建造项目中。整合城市的全面资源，对城市进行精确的定位，塑造独一无二的城市特色，是我们现在城市建设中的重中之重。随着经济发展，城市表现的同质化趋势已经让我们深感不安，对于文化的不重视，对于城市精神的关注度不够，这一局面亟须改变。只有重视，并且采取适宜、正确的措施进行城市打造，调整城市理念，才会使一个城市立于时代的潮流中，获得更多的社会认同。

例如美国的纽约，作为经济文化中心，除去国际性金融中心这一名头，更让人称道的是它对于多种文化的包容从而体现出来的城市性格：时尚、融合。随处可见的纽约市城市口号"LOVENY"（其中 love 由一颗红心代替），热情的红色心形和加粗的字体体现了其热情而时尚的个性，同时，坐落在纽约的洛克菲勒大厦是世界设计史上的经典之作，是历史与现代交融的体现，充斥在纽约街头的各国语言、各色人群，无一不是这座城市海纳百川、包容万千的体现。纽约对于城市的准确定位和视觉传播，日益吸引着世界各地的人们前去一探究竟。一个城市一旦发掘出自己的城市文化作为视觉传播的基础底蕴，便会焕然一新。

由此可见，在城市视觉识别设计中，视觉符号作为现代设计中必不可少的传播符号，与城市形象的传播相结合可以相得益彰。作为具有鲜明城市特色的视觉识别，必须让城市的形象、精神用整体性、系统性、标志性的视觉化符号语言进行传播与识别。在城市整体形象的整体传播上，使视觉设计介入城市形象定位之中，利用符号化的表现手段来传达城市的特征、文化与精神，才能创造有特色的城市形象、人性化的城市环境。因此，推广城市形象设计时，把视觉符号引入城市之中，可以让城市更具魅力，更能体现城市文化。

城市形象一般而言是抽象、概括的，但是视觉识别符号却是具体而细节的。利用城市之中的具有特色的抽象载体，用视觉的符号进行表现，让城市作为一个形象化标志与视觉识别符号来对外进行传播。视觉识别符号的基本作用是快速地与其他概念事物进行视觉上的区分，从而达到识别的目的。因此，作为城市的视觉符号的设计，一定要具有城市地域特色和文化，并形成视觉识别创意设计，这样才可以和其他的城市形象加以区分。可以从城市的地理、历史、艺术、文学、传统习俗等方面着手，分析其中隐藏的文化特性，再以市场需求为导向，从中攫取色彩、符号、图形等视觉传播元素，将城市文化的精神内核转化为可视形象。一个好的可视形象，不仅仅是一个符号，而是一种灵动的视觉语言，可以达到视觉识别的效果，并可以无限地应用。

三、实行"借船出海"，搭载其他设计产业

实行"城市文化"视觉传播战略，是现代城市发展战略中最为突出的一部分。在我国，现代的城市视觉传播战略并没有得到大范围的、整体性的策划和实施，但在一定程度上，小范围地进行城市统一视觉化，实行城市品牌化政策，这一政策的推行正是借助城市视觉传播这一途径来达到目的的。在视觉传播上，通过挖掘城市本身的人文内涵，将之提取出最具代表性的符号进行再设计，将之赋予在各式承载物上，融入人们的日常生活中。

实行"借船出海"，顾名思义，就是把设计的可识别形象和符号通过合理、适度的形式搭载在其他的设计产业上，如城市的地铁设计、吉祥物设计、网页设计、公共设施设计、旅游产品设计、邮票设计、动漫设计等，从而拓展城市文化走出去的渠道，以达到城市文化信息和可视形象均被公众充分认知的传播效果。从二维空间到三维空间，体现在城市的每一个角落，以此方式，让整个城市无时无刻不在传递着城市文化的信息，并在大众的头脑中建立正面的关联、信服且难以忘记。

将城市形象搭载在其他设计产业上，其实际应用价值综合来说，有以下三点：

第一，数量大、种类多，最大限度吸引受众。进入网络时代后，采用统一的图形、符号，可以制作成城市宣传海报、纪念性质的宣传手册、图片资料、人文海报，或者搭载在地方产品上，等等，可以增加城市形象的出现频率，是有效传播城市文化的重要手段，通

过关键信息的重复运用，不断强化视觉传播的效果。

第二，文化产品和服务指的是新闻出版、广播影视、文化艺术等领域生产的文化产品和提供的文化服务。不断加强对城市文化市场的研究，充分考虑国内外受众的认知方式、欣赏习惯和审美情趣，努力打造能够运用城市形象的适销对路的文化产品和服务，会取得良好的经济效益和社会效益。

第三，要达到传播效果的最大化，把握受众心理，以他们喜闻乐见的方式进行传播至关重要。多种艺术化的表现形式，将图形符号和其他艺术设计形式如绘画、雕塑等融会贯通，既符合当代的审美，又创造了新的视觉感受，对艺术风格也是求新求变，不断给人们带来惊喜。

对于一个城市而言，构建整座城市外貌的是建筑和景观，而标志性建筑或景观，就是这座城市的典型微缩代表。一个建筑物之所以可以成为标志性建筑物，并不在于其本身的特别，而在于其所承载的文化和精神。一个优秀的城市标志性景观建筑，则是这个城市的灵魂所在，不仅仅是这个城市的视觉聚焦点，更是情感的汇聚中心。如果能将城市形象与代表性的建筑景观结合起来，其视觉传播的效果真的是以小见大、以点带面。

从构建一个城市的视觉传播的整体举措而言，从各个方面入手，统一化操作，形成整体而全面的对于城市形象的塑造，多角度多方面，无论是人文景观还是城市建筑，抑或是公众互动交流最多的公共空间或轨道交通系统，以及各式的视觉传达设计、产品设计，将统一塑造的城市形象、文化内涵融入其中，全方位形成立体的城市形象，进行文化品质的塑造，借助各方平台的力量，合力而行，从而形成一条特色的城市文化产业链，让人们在生活、出行的方方面面都能感受到浓浓的文化氛围。当人们对这座城市的历史文化、城市精神非常熟悉，并有着美好的印象，即是成就了城市文化的视觉传播。

四、建立城市文化品牌

当一段时间后，城市形象的载体已经超越了城市本体，我们就可以让一个城市丰富的文化内涵与现代城市的发展状态相结合。由此，城市形象、城市文化必须有品牌效应，让文化品牌的概念作为存在于受众头脑中的概念，是与消费者紧密相连的印象或服务的承诺。同时，我们应清醒地认识到城市文化品牌的塑造并不是凭空想象的，也不是政府部门任意指定的，而是在漫长的历史长河中，在数千年的历史积淀下形成的民间文化中提炼出来的。例如中国香港是"购物的天堂"，是因其世界金融中心和商贸中心的特征所形成的城市品牌形象；我们所熟知的成都是"慢生活"的代表，大街小巷的茶馆、麻将桌子，悠闲的生活方式，都在吸引着众多的外地游客前往成都去体验一把放松自己的生活方式。将这样长期形成的生活方式作为城市文化的主打品牌，成都数度成为"最具幸福感的城市"。

说起城市文化品牌，这确实是一个陌生而新颖的词汇，品牌大家都不陌生，是对于一种产品或者服务而言的方式。城市品牌并不是一个独创的词汇，以其为研究对象的城市品牌学正是品牌学中的重要组成部分，并且与个人品牌学、国家品牌学、企业品牌学一起，是对于品牌学研究对象的区分设定。城市品牌是城市经济发展的产物，是一种城市意识形态存在和发展的形式，是一个城市性格和风格的综合概括，也是一个城市对外吸引和对内统一的方式。

在经济飞速发展的今天，一个城市具有自己独特的品牌特征，是其在现代化城市竞争中独具魅力的重要方式，可以更多地吸引外在人群去了解去融入这个集体中。而城市文化品牌，顾名思义，是指以文化为主要指导方法的品牌塑造，是城市文化在发展演变的进程中被符号化的、以此来表现一个城市的精神面貌和城市的独特文化的载体，也是一个城市当代特征和文化特点的综合。文化是一种极为特殊的城市资源，一方面，文化具有价值观的特征，另一方面，又具备经济学的意义，城市文化价值观的特殊性决定了城市文化在城市经济发展中不可或缺的中心地位。由此可见，文化品牌是一个城市发展的软实力代表，是一座城市最具魅力之处。城市文化品牌的打造是将一个城市的历史人文、风土人情、民族特色集中体现的有力方式之一。

此时，我们需要将城市形象和城市文化作为一种有效的品牌来进行设计、宣传，在公共基础设施中、在景观雕塑的建造上、在城市当地的报刊杂志上、在电视广告上为主要的文化品牌传播载体进行推广，一旦确定了与众不同的品牌观点，就应当在大众的头脑中建立正面的关联。优秀的城市形象应符合品牌传播的信号，让城市形象的传播信号传达正面的承诺、实现对城市文化正面的传播，并让受众信服且难以忘记。

反过来，围绕城市文化，继续大力做好城市文化产业、艺术设计产业，努力打造适销对路的文化产品和服务，可以提高城市文化的核心竞争力，并最终可以为这座城市创造更多的财富价值，促进城市经济的长效增长，更可以和全球各国分享文化产品，引导提高文化消费水平和质量，为城市创造较好的文化消费环境。

因此，塑造一个适宜的城市文化品牌是十分有意义的，不仅能快速地向外界传达出城市精神和文化信息，同时也能在城市内部形成良好的视觉感官享受，全方位体现出城市文化的特点，不仅吸引外来人群对城市文化产生兴趣，同时也能加深本地人群对于本地文化的认知和认同感。综上，对于一个城市品牌的构建，城市文化是核心竞争力，现代城市与城市之间的竞争早已经从单一的经济竞争转变为以文化为核心内容的竞争。由此，以文化品牌的推广来促进城市全方位地发展，引领城市的经济发展方向，改善城市的经济发展环境，为城市的经济发展注入新的活力，使得城市在新时期的竞争中占据优势，取得长足的发展。

第三节　城市文化视觉传播的应用原则

城市文化视觉传播，不是无意义地宣扬城市的文化特征，也不是无规则地进行城市文化的宣传展示。城市文化视觉传播的重点在于如何切合实际地表达出这个城市文化的特征，如何将诸多的城市文化元素组合排列在一起，以一种恰如其分的方式展现出来，这样的一个过程是有组织有原则性的。在城市文化的视觉传播上，不能简单地停留在图形设计的表面上，图案、颜色、形状的美观不是最终目的，而是要设身处地地、以城市文化的深层次内涵为主导思想，对于这座城市的人文进行分析思考，要考虑到诸多现实性的因素。一方面，要深刻探索这座城市在发展过程中形成的历史文化和精神内涵，将这些特色的地域文化充分地表达出来；另一方面，在充分调研的基础上，真实地反映人们的审美诉求，增加这座城市对外的吸引力，通过合适的视觉传播方式和途径，达到两全其美的目的。

如何做到最为适宜的视觉表达呢？重中之重是要做到充分地收集资料，要针对城市的历史文化、地理环境、经济发展情况和本地居民的生活习惯做深刻全面的调查研究，从这诸多的线索中提取关键的影响因素，由此，总结出几点方针。在针对性的城市文化视觉传播设计中，需要坚守以人为本的原则，突出城市的地域特色和文化内涵，在城市文化的发掘上进行继承和创新，并且秉承适度性的原则，拒绝过度设计和浪费，以此作为城市文化视觉传播需要坚持的应用原则。

一、以人为本原则

在城市文化的视觉传播过程中，应遵循的首要原则便是以人为本。"坚持以人为本，树立全面、协调、可持续的发展观，促进经济社会和人的全面发展"。"以人为本"是任何设计和创造性行为的基本守则，在设计领域的"以人为本"指的不是一种单纯的要求，而是一种价值观念，其意义是指我们在进行这样一种行为的时候要充分地考虑到人的需求，考虑到人的存在和发展的因素，作为前提和根本，在视觉传播的应用中，要统筹兼顾协调发展，在得到最大化的效果的前提下实现人与社会、人与自然、人与万物的和谐发展。

人是生活在城市中的细胞，是一个城市之所以成为城市的构成力量，同时人也是城市形象的重要组成部分。在城市文化视觉传播的过程中，更离不开人这个主体。我们都知道，人本身具有一定的主观能动性，在城市文化视觉传播的过程中，起到举足轻重的作用。城市文化视觉传播具有一定的特征，这些特征体现在针对功能性的设计、针对装饰性的设计、针对体验性的设计上。而其中针对功能性的设计主要体现在以挖掘和实现城市的使用功能为中心要素上，强调的是一个城市的实际价值以及对于传播信息的功能设计，具有较强的实际使用价值。针对装饰性的设计则注重对于一个城市的内在文化的挖掘，通过运用有意味的形式元素赋予一个城市全新的视觉语境和城市独特的个性特征，以此，传播城市价值美学，实现城市品牌的差异化、个性化。相较针对功能性设计和针对装饰性的设计而言，更加新颖的设计便是针对体验性的设计。体验式的设计是站在人们物质与精神双重需求的基础上，通过对于一个城市的文化内涵、城市的物质文化、城市的精神形象等诸多方面的整合，引导人进入一种精心营造的城市文化视觉传播环境中去亲身感受城市文化的价值，并提供给人与城市精神、城市文化进行相互沟通的机会，从而获得对于城市文化积极而真实的感官和心理体验。城市形象识别系统的主体是人，作为城市主体，人们也有义务和责任加大对城市文化视觉传播塑造这个过程的共同参与，人们在城市文化视觉传播的过程中，很好地进行城市文化品牌建设，有利于扩大城市品牌形象的影响力和知名度。以人为本，进行城市文化视觉传播可以更好地满足人们对城市文化的需求，加大城市文化活动、城市文化资源等方面的参与性。

这里，在城市文化视觉传播的推进过程中始终坚守"以人为本"的应用原则，首要任务是在城市文化特色要素的提取中以人们切身实际的主题为切入点，在进行历史文化元素的研究中，着重考察与人们生活息息相关的事例，着重发掘这座城市人们数千年来生活中继承下来的典型元素。例如，武汉人民的过早喜好和习惯，依江而建的城市的街道结构所带来的生活轨迹的特色，武汉地区夏季高温冬季湿润的气候对于人们生活的影响，等等这样一系列关系到武汉人民生活和发展的因素，正是这座城市的文化元素。因此，针对视觉传播的表达途径，就必须充分考虑到城市里人们日常的生活习惯，在视觉传播的载体和节奏的掌控上充分适宜人们的生活，把人们对于城市品牌传播的需求和城市文化品牌打造的根本利益作为视觉传播的第一需要。在视觉传播的方式上，以人们的日常生活需要为主要轨道，加强在公共交通领域的文化传播，遍布城市各个区域的地铁和公交线路是每一个城市人每天都要花相当多的时间经历的地方，所以在地铁站和公交站、在地铁车厢和公交车上进行合适的具备城市文化特色的视觉传播，可以最大限度地进行广泛的传播，使得每一个使用公共交通的人在等候的过程中都可以感受到城市文化的魅力。

二、突出地域特色

在全球各民族文化大交融、各种文明激烈碰撞的今天，无论是在经济发展领域还是在文化发展领域，我们都要在保持本民族的独特文化的前提下吸收外来积极因素，坚持本土化和全球化共存。特别是在国际上各种文化交流的时候，我们可以惊喜地发现，我国各大城市都在大力地走向国际化的进程中发扬着本土文化。对于城市文化的视觉传播来说，世界上的任何一座城市都有着其独特的文化资源，这种文化资源作为一个城市的精神和软实力发挥着自己的作用，这种文化实力的积累是该城市社会财富的重要组成部分，具有历史意义和人文情怀的城市文化有着其他城市内涵所不可比拟的优势。在进行城市文化的挖掘和再设计时，我们应该认识到城市文化独特性的重要，它与世界上流行的西方文化风格截然不同，但同时又是相辅相成、互相补充的发展。一个城市独特的文化是生长于其独特的地域环境中，不同的地域环境形成了相适宜的地域文化，呈现出万紫千红的盛况。以突出地域特色为原则的视觉传播设计不仅仅是对于一种地域文化的宣扬，更多是通过地域性的差异来表现一个城市未来更多的可能性。

我国国土辽阔，发展至今根据各地的具体情况形成了丰富多样的地域文化，由于自然地理环境的不同，沿海城市的地域文化与内陆地区截然不同。同样，我国是多民族国家，不同的民族聚居地所形成的地域文化千差万别，由此可见，城市文化具有非常明显的地域性，在漫长的形成过程中，相互影响。我们在城市文化视觉传播的过程中要重视文化的地域性特点，就是要立足于所研究的这座城市的地域特征、历史发展、文化交流等，要注重地域的差异性，包括语言的差异性、生活方式的差异性、饮食习惯的差异性等，只有这样，我们才能更加深刻地认识到地域文化所表现出来的特色，并将其运用到视觉传播中。

所以，突出地域特色是实现城市文化视觉传播得到有效实施的不二法则。在对待地域文化上，一方面要做到对于当地文化成果的再设计，从外观、色彩、造型的特色上进行把握，另一方面，从当地文化所传达出来的文化内涵和大力宣扬的城市精神上着手，以精神塑造为主要方向。城市精神是根植于城市内部的灵魂，是引领一个城市走向未来的指导要素。

三、继承与创新

以视觉传播的方式宣扬城市文化，也就是说通过挖掘、提炼城市文化的内涵和要素，以视觉可以感知到的设计方式进行文化传播，在视觉传播的设计表达上，针对城市文化的内涵元素进行概括性表达，主要有图形上的表达、色彩上的表达和文字上的表达三种。这三种方式都会在一定程度上继承城市文化固有的特色和亮点，其中，图形给人以视觉的强大冲击力，通过现代设计的艺术手法，将我们所获取到的素材，如城市的标志性景观、建筑、公共艺术、特色小吃等元素抽象化，形成特定的图形代表，运用全部或者部分造型拼贴组合在一起形成新的图案。在色彩上，城市文化形象的主色调决定了整座城市的品位，同时也为这座城市的规划和布局起到一定的辅助作用。色彩在视觉表达中占据了重要的地位，颜色是感情的象征，通过颜色的直观刺激影响人们的心情和情绪表达。例如，日本设计偏好红、白、黑、灰这几种色彩，表达出一种严肃正经的氛围，而对于武汉来说，夏季的高温和火热的内心所代表的红色以及大江大河所代表的蓝色，恐怕是更加适宜武汉这座城市的颜色。另外，汉字作为中国人的独特文字，传承千年，历久弥新，在中国城市文化视觉传播设计中不可或缺，既是信息的传播载体是文明传承的象征；不同的书写字体也传达出不一样的情感特征，另外，字体也是一种图形设计，适当地将字体与图形结合创造出更加具有阅读性的设计，则更具有宣传的功效。

众所周知，杭州的城市文化定位于"休闲品质之城"。为了配合这一城市文化品牌的定位，杭州成功塑造了一系列相适应的城市视觉传播系统，在这一视觉传播的系统中，充分地将杭州的过去和未来相联系起来。在杭州的城市识别标志中以"杭"字为主要内容，融入了杭州的特色，如断桥、船舶、建筑、园林等，创造性地将这些元素进行有机的整合，运用代表山河湖泊的清新的蓝绿色为主题色调，形成我们现在所看到的杭州城市标志，充分地表现了杭州的地域特色和深刻内涵。杭州城市标志确立之后，出台了一系列的视觉传播方案，对于标志和视觉传播的统一营造工作进行统一策划，各大对外工作事务中充分使用城市标志，进行文化推广，并且向市民发放印刷有城市标志的日用品，通过大面积全方位的视觉刺激，使得城市文化形象深入人心。杭州城市标志的推广成功，使得杭州获得"中国（大陆）国际形象最佳城市"的荣誉，也是国内城市文化视觉传播的破冰之举。

我们不难发现，无论是在图形、颜色还是字体的设计创造上，以城市文化为主要出发点，都是对城市长期以来固有的文化信息的继承。在科技发展进步的今天，除去单纯地继承固有的文化信息和设计模式，我们可以有更多的可能性去实现视觉传播。通过对于新媒体和新媒介的认识和学习，结合特定的媒体形式，在视觉的造型上可以更具创新，在视觉传播的途径上更具新颖，借由新技术的产生，为城市文化的视觉传播和视觉传达设计提供了更多的可能性。新技术对于视觉传播而言，特别指的是数字技术，可以通过计算机来进行操作制作出基于数字技术的视觉传播展示，提供更多的面向大众的可以参与、可以互动的内容传播方式。特别是在城市文化视觉传播中，大众可以通过数字技术提供的新模式来参与到城市文化的构建中，可以更好地切身了解和认识城市文化所代表的内涵。

四、适度性原则

中国有句成语叫作"过犹不及"，其意思就是说做人做事情要保持一个合适的"度"，要"适度"，超过了这个度就会适得其反。什么叫作"适度"？适度的意思就是指要保持一个合适的距离，保持一个适宜的程度。在城市文化的视觉传播中我们也要坚持一个适度性的原则，这里，主要有两个方面，一是针对城市文化的内涵挖掘进行视觉上的设计需要保持一定的适度，在设计上注意度的把握；二是要把握好视觉传播中，人与传播对象的距离。这两点，在城市文化视觉传播的过程中必须得到合理的控制。视觉传播要想达到设想的效果必定要深入人们的生活中去，深入并不意味着无止境地接近，对于信息的传播而言，并不是越近越好，距离太近，会影响到人们对于视觉信息的观看体验，也会影响到内容的传播和感受。适度的距离才会使得人们便于接收也乐于接收视觉信息。

城市文化作为视觉传播的主体内容，是进行再设计的原生元素，来自城市人民生活所熟知的元素和所能代表城市文化的标志性代表物。同时，在进行视觉设计的时候，在固有图形、色彩、字体的基础上，赋予设计师个人的意象创造，二者的结合才能创造出最为符合现代化需求同时又反映了地方特色文化的设计。设计师意象性的创造不单单是主观上的凭空捏造，而是在现实图案基础上的加工改造，结合比拟、象征等手法进行。在依托城市文化的视觉设计上，不能仅凭着想象进行设计，做出一些牵强附会的作品，这样意象完全遮盖住了需要表达的文化内涵，则是过度的表现，适度的意象设计是需要重视其存在的人文环境，并与之协调共存的，需要在人们可接受的情感范围内对固有的文化表现进行改造，这样才能使设计出来的视觉形象既具备城市文化又能够被人们所欣赏。

就视觉传播而言，从传播的对象——人来说，适度性原则显得更为重要。特别是在视觉信息的传播过程中，涉及接收信息对象的背景、职业、受教育程度、社会地位、民族、地域等要素的考量，传播内容和传播途径深受影响。特别是在城市文化视觉传播的过程中，不同国家和地区以及不同的民族文化之间的差异，也将影响到信息传播内容和效果，内容不当便会产生信息的偏差和误解。

第四节　城市文化视觉传播的发展趋势

"读图时代"的发展注定了我们现在城市的文化宣传不能仅仅依靠于文字，更多的是需要视觉的冲击，通过色彩、文字、图形、造型等多方面的结合向大众传播信息，在城市文化的视觉传播中，以城市文化为核心要素进行城市品牌打造，通过多方面视觉传播的形式进行信息的输送，给予大众以全新的城市文化认知。城市文化品牌的成功预示着城市竞争力的增强、城市经济发展的稳步递增，在视觉传播的未来发展中，需要加强对于传统模式的认知，把握时代潮流，在数字时代新技术不断衍生变革的今天，视觉传播从单一的输送和大众的接收转变为多方面的相互参与，视觉信息的传播者和受众之间不再是一对一的传输和接收关系，更多的是二者相辅相成的结合，通过受众的接收和参与来达到信息的最大传递。同时，借由新技术的发展，视觉传播的形式和内容也发生翻天覆地的改变，为适应新的传播媒介的产生，在城市文化要素的提取和再设计上更多地需要结合新的传播媒介的特点和优势进行设计，将设计手法和新媒体技术相结合。这里，设计手法在过去的基础上进行跨时代的升华和发展，更加能够适应新时期人们对于文化、对于信息的接收能力和理解程度，使得城市文化品牌能够顺应时代的进步而不断进步。

一、设计手法多样化

如何恰当地将城市文化进行视觉化的传播，这里，我们需要清楚地了解城市文化的深刻内涵，与此同时在设计方式和手法上多加变化，特别是在科技日新月异的今天，人们的审美水平和审美思想也在稳步提高，对于视觉传播的设计方式方法则迫切需要与时俱进，根据时代发展的潮流进行革新和丰富，在设计手法上更加多元化。在城市文化的视觉传播中，将城市文化的元素运用到城市形象宣传中，这种视觉传播的方式是将城市文化具体化、形态化，将其抽象化的事物实物化的过程。这个过程的设计手法是在继承的基础上进行多样化，可以从图形、文字、色彩、材质、结构、造型等多个方面进行研究表达。而在未来的发展中，这些设计手法不是独立存在的，更多的是相互结合、互相渗透，是可以对人们的视觉观赏起到导向作用的。

在城市文化的视觉表达中，图形的表达是十分重要的方式。图形作为一种符号，与城市文化中提取出来的信息符号相结合，传达出一定的视觉信息，这样具有城市文化特色的图形符号是人们能够直观认识城市文化的一种最为简便的方式，提取城市文化的代表性元素进行图像符号的转换，使之抽象地直观表达出来。什么样的城市文化符号才算是能够充分表现出城市文化内涵的呢？这就要从城市的历史背景、人文情怀和地域特征着手。

在任何方面的视觉传播过程中，传播对象的色彩表达尤为重要。在设计领域，色彩不仅仅是一种呈现效果，不同的色彩倾向也表达了不同的情感倾向。在未来的视觉传播中，色彩依旧会发挥着极为重要的作用，特别是在新技术的运用上，鲜艳明亮的色彩永远会第一时间吸引人的眼球。虽然不同的地域文化、国家特征、民族习惯、宗教背景等因素会影响着人们对于色彩的认知，但是一般而言，人们对于色彩的印象还是保持在一个合适的水平。在城市文化的视觉表达过程中，什么样子的色彩表达并不是制作者能够随心所欲的，这是由城市文化所代表的色彩倾向所决定的，也是由一个城市的内在气质所决定的。江南水乡和黄土高坡所塑造的城市形象必定会截然不同，在其城市文化的视觉传播中所运用的色彩倾向也必定会截然不同，更多的城市性格、精神的塑造都与城市形象的色彩有关。就像是我们熟知的"好客山东"，山东人热情好客的整体形象在全国都是广泛知名的，在山东省的整体旅游形象塑造上，特别是在视觉传播中，纷繁复杂的多彩颜色的运用，使人一眼望去就像是万花筒一般，色彩绚丽的英文符号的组合和汉字的"山东"一起表达了山东人民这一核心的表达元素——"好客"。

在城市文化的视觉传播中，除了提取文化元素通过图形、文字、色彩等手法进行设计，这个排列组合的模式也是需要多加思考的。在城市文化的视觉传播中，能够有效地通过合理、有序的排列引导人们的视觉观看，可以使得信息的接收能够朝着所期盼的方向发展。进行合理的视觉导向处理可以使视觉传播的设计手法更加多元。心理学的研究表明，人们在阅读信息的时候视觉浏览会有着一个自然的习惯，这种心理因素可以帮助我们在制作视觉传播的信息时着重处理重要信息和次要信息的关系，帮助我们可以更加容易地感受到城市文化的魅力。视觉导向研究主要有以下几点：

第一，对于传统设计手法的综合运用。将传统的图形、文字、色彩、造型上的设计综合利用，分清主次关系，形成连贯的视觉流程，这样一来，人们的视线会随着一定的图形文字的导向作用而移动。

第二，对于文化信息内容的指向性。将城市文化的元素提取出来的信息加以图形化，设计成为合适的视觉图像，其中，便会有许多具有象征性意义的图形，这些具有象征性意义的图形便会引导人们的视觉视线，按照设计者的意图从上至下，抑或是从左至右地阅读信息，达到合适的信息感受。

第三，交互式的设计。设计手法的导向性设计倾向除去对于阅读信息的引导作用，相当大的一部分是达到双方甚至多方面的互动交流。人们在进行文化信息的收集过程中，可以有选择性地针对自己所需要的信息进行筛选和调控。

视觉传播的导向性设计手法是在新技术的发展下产生，依托新媒体技术的发展而实现的，它作为一个设计手法，以传达信息为目的，是与城市经济技术和人文科教发展紧密联系的。作为一种设计手段，使得城市文化的视觉传播更显丰富。

在以城市文化为主要内容的视觉传播中，我们对需要研究和发展的新的设计手法进行了归纳和总结,对于适宜使用的设计手法进行了梳理,对于日后在视觉传播中所会运用到的设计手法进行了概括性的叙述。综上,设计手法的变化是为了更好地适应未来城市文化内容的视觉传播,它的各种变化和应用是为了文化信息的传播而存在,合理地使用各种设计手法可以更好、更便捷地达到信息传播的目的。

二、新媒体技术运用

随着数字媒体技术的不断成熟,我们进入了全媒体时代。全媒体是传统媒体与新兴媒体的整合,融合了所有媒体的传播形态。因此,城市文化的视觉传播需要充分利用网络技术和通信技术的发展成果,综合运用报纸、杂志、广播、电视、网络、手机等各种媒介,利用文字、图片、视频、音频、动画、App等多种形式,实现多向实时互动,满足各种载体与传输渠道的传播。全媒体突破了以往那种不同类别、不同形态的媒体之间各自独立发展的模式,实现了不同媒体的融合和合作的新模式。

也因此,城市文化的传播方式早已从普通的二维方式转变到了三维甚至是多维角度。在全媒体语境下,视觉信息的传播也已从平面媒介向着数字媒介发展,同时,新媒体的发展也使得视觉信息传播载体更加丰富,特别是大众媒体的广泛使用,视觉传播不再是单一输送和接收,更多是交互体验式和人人参与的模式。针对城市文化而言,交互式的体验可以使人们身临其境地去了解和体验城市的魅力。数字化的运用使得视觉传播设计的概念、手段、方式与科技相结合,使得城市视觉呈现多角度、全方位的发展。在城市文化的视觉传播中,数字化媒体技术带来的不仅仅是强烈的视觉冲击,更多的是一种新颖的方式来让人们乐于接收信息。

在现代社会,大众媒体的发展使得城市文化资源得到更多的流行,在自媒体高度发展的今天,城市视觉传播的速度更快,信息共享的频率更高。同时动态的视觉信息传播较以往的静态化的视觉信息更适应现代人们信息接收的喜好。动态化的视觉传播可以全方位传达城市的文化内涵,人们可以通过各自的媒体终端来接收信息,这使得城市文化视觉传播更加直观。大众媒体时代,特别是以网络、手机等为代表的新媒体的出现,使得城市文化视觉传播的系统和构造更为复杂。

(一)建立微博、微信公共平台,进行以手机、ipad为移动终端的微传播

当下,琳琅满目的移动终端可以适应大众即时信息消费的习惯,是首选的传播载体与平台。城市文化传播可以通过设立官方微博、微信进行相关信息的权威发布,发起公共话题讨论,使市民就其中感兴趣的内容进行转发和评论,参与城市特色文化的交流和互动,

成为文化传播的主角。并在新媒体平台进行城市文化宣传片以及相关的微电影、影视剧、纪录片等音视文本的精准投放和推送，让更多的市民随时随地接受城市文化的熏陶。当有重大城市文化活动时，还可以通过微博、微信进行直播和线上线下的交流与互动，增强市民的现场感，进一步拓展城市文化传播的广度和深度。

（二）生成二维码，进行数字化传播

二维码面积小、容量大、辨识力强，其作为传统媒体与新媒体融合的尝试，目前在信息传播中已被广泛应用。在全国"智慧城市"建设背景下，城市可以尝试构建基于本地地理信息的文化资源数据库系统，生成二维码，用户通过手机扫一扫就可以获得一幅关于城市历史文化的电子地图，用不同的图层展示不同历史时期的城市文化。用户通过输入检索词即可定位到相关的图示化数据，从而建立起一个全面、针对性强、覆盖面广的城市文化传播系统。率先在国内发布首张县级城市智慧旅游手绘地图的宁波奉化市就设立了涵盖该市旅游宣传片、旅游线路图、地方旅游小吃等内容的二维码，外来游客通过智能手机平台就可以随时随地获取资讯，实现了城市文化信息精准有效的传播，在智慧旅游中塑造了城市品牌。

（三）开发 App 应用，进行虚拟仿真体验式传播

采用虚拟现实技术对城市建筑、景观、文化遗存等进行三维仿真建构，将城市的实体空间向网络空间拓延。同时将城市所蕴含的各种文化特色都融入这个虚拟空间中，并以一定的故事情节巧妙地串联在一起。用户可以通过角色扮演的方式，根据故事情节在这个虚拟城市中"生活"，通过视觉、触觉、听觉等诸多方式感知城市的文化气息，体味城市厚重的历史，还可以对感兴趣的内容进行更深层次的了解。

有研究表明，因为技术的进步和网络的发展，我国新媒体视频行业的发展处在一个新的节点，人们对于视觉传播信息的习惯正处于从传统媒体转变向新媒体的进发中。针对城市文化的视觉传播来看，可以通过举办相应的微电影等主题活动来激发市场效益，特别是在人人都是媒体的环境下，通过互动交流的形式来推动城市文化的视觉宣传。就城市文化的挖掘发展来说，激发人们的兴趣自主对于城市文化的宣传也是有利的宣传模式，发动大众参与城市文化的视觉传播中来，一方面可以引发人们更多的对于城市文化的挖掘工作，引发人们的感受和情感，另一方面，在城市文化的宣传过程中更大化地激发共鸣，可以实现更好的传播。

数字化媒体技术的发展是不可避免的趋势，对于城市文化的视觉传播来说，一方面，

它改变了传统的城市文化视觉传播的方法,设计者不仅要考虑如何把诸多复杂的城市文化信息运用数字化的技术表达出来,要使其准确、明了地进行信息的传递;与此同时,也要考虑到在数字化媒体大势发展的前提下,如何在城市文化元素数字化表达的时候,确保城市文化的独特性。另一方面,数字化媒体技术的出现颠覆性地改变了人们对于信息的阅读习惯,改变了人们的视觉习惯,完全有别于传统的阅读模式,这就要求在城市文化视觉传播中要更加符合现代人的生活方式和生活习惯。综上,数字化媒体技术的产生和发展对视觉传播系统提出了更高的要求,也带来了新的机遇和更多的可能性。

第十一章　新媒体背景下视觉传达设计的发展趋势

第一节　新媒体对视觉传达设计的影响

一、视觉传达设计在新媒体背景下受到的影响

（一）科学与艺术、新媒体艺术与视觉传达的关系

1. 新媒体与新媒体艺术之间的关联

新媒体包括新媒体艺术，新媒体艺术虽然区别于传统的架上绘画、大地艺术、行为艺术等其他艺术形式，但是当其他艺术形式联合数字技术、以电子媒介为主导时，新媒体艺术也包含了其他形式的艺术。换句话来说，当一种艺术形式既可以体现主题观念又掺杂着新媒体元素时，它就可以被称为新媒体艺术了。由于时代的变迁、人们的需求以及科技的飞跃，视觉传达中涉猎了越来越多的新媒体的应用。比如，上海世博会中国馆的动态《清明上河图》的展示方式就非常生动形象地体现了新媒体对架上绘画的影响以及新媒体元素对其他艺术形式的一种奇妙的诠释。新媒体艺术给我们带来了一种全新的艺术形态，它超出了传统媒介所能呈现出的视觉感受也同时超越了审美范畴。而且在新媒体艺术的创作中，作者既是懂得编写程序的科学家又是有一定艺术修养的艺术家，他们不但有天马行空的创作设想也同样能操控新媒体技术。文艺复兴时期，达·芬奇就是将艺术与科学融合的杰出代表。他曾说过："我不知道自己是在为科学创造艺术，还是在为艺术创造科学。"从19世纪初到20世纪，摄影技术、非欧几里得几何学与初步粒子物理学的研究对于抽象艺术产生了不可言喻的重要作用。这些新的科学技术方法对传统观念及概念化的物理世界提出了挑战，这些挑战解放了艺术家的思想，激励了他们去表现新的世界观。然而，艺术对

科学的影响也越来越明显，新的发明刺激了不同领域的艺术实验，包括摄影、电影、录音、电灯、无线电、电子音乐等。科学正深刻地影响着未来世界的面貌，为了更多满足现代社会人们的需求，包括人们对速度的需求、对效果的需求、对时间少空间大的需求、对信息量化的需求，科学技术将在材料与计算机程序上不停歇地发展更新。这也将给新媒体艺术提供强大的支撑，同时也制约着新媒体艺术的发展。科学和艺术的相互影响、相互作用已经使新媒体艺术变成新技术和艺术文化紧密结合的产物，它会顺应着时代的潮流、科技的进步、艺术的沉淀不断改变形式和形态一直延续下去。

2. 新媒体艺术是视觉传达表现的手段、语言的拓展

首先，新媒体艺术具备了视觉传达的功能。它可以大量而准确地提供信息，而且能让信息游走在街头巷尾、楼宇内外以满足信息社会的需求。新媒体艺术又很便携，它可以被装在人们的电子设备里带到任何一个地方展示出来，而不需要特定的会场和展示空间，这样它又大大节省了人们的时间和空间。新媒体艺术作为一种新型的艺术形式，用一种新的媒介承载着人们想看到有趣的、刺激的、耐人寻味的事物的渴望，当人们都越来越依赖于电子科技的存在时，新媒体艺术给人们提供了赏心悦目的色彩、无边无际的想象、缤纷刺激的效果。这些在提供信息的基础上也完全满足了人们对时代新生物的追求、对时尚脱俗事物的青睐、对科技艺术的畅想。

其次，新媒体艺术在体现视觉传达功能的同时又超出了视觉传达的传统属性、范围，达到视觉、听觉甚至触觉的统一。换言之，它将视觉传达的属性和功能发挥到极致并赋予了新的含义。从人的感官来说，用耳朵听或者是用身体触碰都会更加真实证实眼睛所看到的事物，也更多了些互动乐趣。更主要的是，在信息爆炸的时代，在我们视时间如珍宝时，人们可能会被迫接收足够的信息却没有大量的时间又或是不被客观环境允许用眼睛品读或欣赏，这时，声音就更容易起到传达信息的作用。当然，即使人们被容许用眼睛观看，声音和感觉也将会帮助人们去记忆、去体验而且具有声音的画面和文字，更具有生动性。

3. 新媒体艺术是视觉传达发展的延伸

视觉传达本身已经在不断地更新发展中，无论是平面还是展示方面都注入了科技力量也更新了媒介。这些新的力量既丰富了视觉传达的表现形式也丰富了表达内容，都更拉近了人们和信息的认知距离，使人们在生活愈加关注并青睐新媒体艺术无论是视觉传达中的任何功能，比如宣传的功能、导视的功能、美化的功能、知会的功能等都是新媒体艺术可以达到的并且能以声音、图像、影像结合再通过科技终端做出更完美的信息传达表现形式。所以新媒体艺术也可以被称为视觉传达表现手段的综合体。

视觉传达的最终目的是达到与人的沟通，为人服务，而新媒体艺术恰恰更好地贴近人本身，增添了更多的参与性和互动性。在看与听的同时，人们更可以走近新媒体艺术通过机器终端去感受它、融入它并从中找到快感和乐趣。它满足了人们各个感官的需要而不只是简单的视觉感受，这就增加了人们对新媒体艺术的依赖性。这种让人参与、与人互动的艺术形式更多了些人文的关怀，人们不但能与机器互动甚至还可以通过机器达到人与人的交流与配合。这种人与人的沟通不仅是视觉传达想达到的效果，更是整个社会人文关怀、情感需求的互动体现。

（二）新媒体艺术创作工具和学科架构

相对于视觉传达设计的传统工具，新媒体艺术作品更多地运用了数字技术以及更大地呈现了多学科的交融。这些数字技术大致包括两类：软件技术和硬件技术。其中图像处理的软件有美国 Adobe 公司出品的 PHOTOSHOP、ILLUSTRATOR 等；音频处理软件有以下几种：AdobeAuditicn、PRO tools 等；视频处理软件有 Adobe Premiere After Effects 等；三维制作软件有 3DSMAX、MAYA、CINNEMA 4D 等。而硬件产品包含计算机、手机、液晶电视、多媒体投影仪、电子大屏幕、分众传媒等。在科学体现价值的同时，新媒体作品也需要跟更多的学科交融，譬如建筑、环境、历史、社会人文等。因为所有的新媒体作品一定应该适应它们所在的环境、符合历史情境，更加要尊重它们所存在的民俗。新媒体作品有着庞大的科学体系支撑，它的创作工具除了区别于视觉传达传统的制作工具，更重要的是它体现了科技与艺术的交融，这不但得到良好的效果更将会成为新媒体艺术发展的一个重要趋势。

（三）新媒体对视觉传达在创意思维上的开拓创新

1. 新媒体扩大了视觉传达的创意范围

新媒体扩大的创意范围包括创意本身的范围和创意人的范围，首先，受到传达局限的信息可以通过新媒体综合视听的方式得到传达。传统的视觉传达作品虽然也几经改良存在着各种丰富的表现形式，但是也仅限于人们视觉的体验，而且这种体验是瞬间的、短暂的甚至是容易被遗忘的。传统的视觉传达通常是通过色彩的搭配、图片的拼接、文字的设计、构成的多样化来体现视觉冲击吸引人们的注意力从而达到传达信息的目的。而新媒体作品所使用的手段就会相对地新颖、形式多样，它通过动态的图片与视频展播来体现视觉传达的生动性，用对动态图像的处理达到各种符合情景的特技效果来刺激人们的眼球，以多种配乐和配音形式来打开人们的耳朵，更有作品让人们可以通过触摸终端去探究作品神秘的部分。这些视觉传达的综合体完全可以让人们享受到真正意义上的一种视听盛宴，不但更加吸引人们的注意力，满足人们的好奇心，而且更真实地让人们参与其中，与之互动。其次，新媒体成就了许多平常人的奇思妙想。由于人们更多地体验和参与到了新媒体作品的互动，所以就更加对其感兴趣，也被激发了无限的好奇和想象。另外，在电子科技的时代，人们与电子产品的距离拉得更近，对电子产品的研发与使用感兴趣的人的范围在不断地扩大。自此，人们也开始根据自己的需求以及想象力自己动手做一些简单的新媒体作品，比如微博的普及、微电影的拍摄等，这其中也呈现出不少好的创意。

2. 新媒体提供了更平民化的创意方式

数字产品和技术的普及使艺术边缘化和交叉化，使平民的生活尤其是在伴随数字技术的生活中更加接近艺术，也更容易激发出创意。如果是单纯的艺术行为可能限制了大部分人的脚步，因为人们常常下意识地认为艺术离我们很远，很难懂。但是具有新媒体元素的艺术作品就相对容易使大众靠近并接受。新媒体平台给人们提供了多种接收信息和接触艺术的媒介，比如数字电视、移动电视、手机媒体、IPTV等，另有微博、QQ，这些玩弄于人们手掌中的新媒体平台不但拉近了人和科技的距离，也通过电子终端拉近了人与人的距离。在人们通过新媒体平台沟通交流的同时，也在这个媒介中展演了各自无限的想象和对科技与艺术的理解。更多的人不用苦于有好的创意无从施展，不用苦于想要满足人们的需求而无从表现。新媒体作为一种媒介最终将以贴近大众为主要发展趋势成为主流的大众媒体，不但为大众提供一个施展的机会也同时搭建了一个接近艺术和人与人沟通的平台。对于视觉传达的设计者来说，新媒体给他们带来的并非只是艺术创作中技术的改进更给了他们汲取大众养分、生活养分的提示。新媒体元素在视觉传达中的渗透，新媒体元素介入的广告设计中的新媒体，有些是传统媒体的更新，有些是技术层面上的变化，但是最终的目的都是使有针对性、更直接的信息接触到受众，从而达到传达广告效应的商业目的。因为广告的目的是说服消费者购买商品或者服务，所以，广告的实效性很强。这也提醒我们该怎样做广告，要有什么样的创意，选择什么样的媒体才能把广告信息快速有效地传达给消费者。在一个信息急剧扩张的现代社会里，我们是离不开广告的也更不可能拒绝各种传媒和信息载体。针对国家与城市形象这一类的广告，新媒体所提供的不仅仅是一系列城市面貌、城市景观的图片更强调的是城市的精神文化内涵包括它的文化底蕴，那么这些都需要新媒体技术的搭配，比如，体现城市性格与精神的配乐以及对民众以及生物等天然声音的编辑。甚至我们更需要通过新媒体平台采用户外、平面、网络等媒介建立城市形象、城市品牌甚至是城市理念。这种宣传方式不但有效准确地突出了城市形象达到了宣传目的，也极具艺术表现力。对于产品类广告，我们更需要看到展演的过程，产品的使用、标志甚至包括食品的食用性、药品的安全性等，更有很多科技产品，我们也需要通过新媒体平台去多维地了解。甚至科技产品的很多指令性操作，我们更希望通过触摸终端去体验它的操作性。对于公益类广告，它属于公益事业有广泛的社会性，取材于大众的喜怒哀乐和酸甜苦乐，是很值得百姓重视甚至是让百姓尊重的一种广告。它不受利益驱使也很少受到商业影响，最主要是在于对人们的教育和启迪，起到警示、呼唤、教化甚至是鞭挞的作用。公益广告无法用金钱去评估，为了让它更生动、更深刻地引导大众，新媒体此时的作用是赋予它更丰富的创意手段、更鲜明的色彩、更理想的构图、更合情理的音效。总之，新媒体广告更能关怀到受众的情感诉求，更具有艺术感染力，这是新媒体艺术产生与发展的溯源之一。

3. 传统平面设计中新媒体元素的介入

印刷类媒介通常是杂志和报纸，然而为了能提高视觉冲击力更好地吸引受众，传统媒体也逐渐融入了一些新媒体元素，这样不但本身扩大了创意范围使其创意大胆明快，同时更具时代感、科技感以及视觉张力。对于招贴来说，更大的视觉冲击力来自它的制作过程、三维软件的参与、渲染效果的多样，用以立体空间虚拟创造无法在直接拍摄或者绘画上产生的效果，这种效果生成于平面传媒之上的印刷品一定会给受众更大的视觉效果和想象空间（如新媒体元素更体现在与生活的息息相关，文化衫的印刷已经不仅仅强调创意的图形和文字以及斑斓的色彩了，在年轻人的文化衫上屡次出现了声控的音乐柱，它会随着声音的大小而跌宕起伏。文化衫所传播的文化诉求和文化消费本来是小众媒体，但是由于新媒体元素的介入，它的鲜活跳跃开始越来越感染大众而不仅仅是文艺青年的文化消费专利——。就连最能体现传统媒体的书籍设计也正在从印刷品慢慢地投身于新媒体的使用，而且致力于如何将电子书变得更便捷、更人性。电子读物、动态招贴、动态标志等都是打破传统表现形式的新媒体元素介入的尝试，并产生了许多优秀的作品，培养了更加广泛的受众。

4. 新媒体元素介入的导视系统设计

导视系统的最根本出发点是指示和引导，它要求以清晰的方式，在显著的位置给人以提醒、提示以及必要的警告和介绍。高清的指示、人性的关怀以及艺术的表现，这些高标准严要求敦促了新媒体元素的介入，也正因为这样新媒体给导视系统设计带来了福音。导视系统从简单的图形发展到加以声音，而后声情并茂，它的导视功能不但越来越清晰，表达的方式也不断增加。借助科技力量，无论是交通指示、城市引导、环境景观还是通道枢纽都逐渐地明朗起来。地图终端、多点触控、语音系统都将导视系统变得越来越立体，更有些融入光影或是光束等新媒体元素的导视系统带着现代的艺术气息悄然而至。在指示方面，这些发光的树叶形光影清晰并且生动地引导人们前行的方向。从人性的角度看，对于人类关注环境的这个特殊主题，它充分而贴切地表达出来而且深刻、难忘。更让观众在体验行走乐趣的同时关注和反思环境对人类的特殊意义。有效的方位信息不是通过生硬的箭头类符号表现，而是用发光发绿的树叶光影表现，这不但是一种创新更是艺术的一种体现，这也使得新媒体元素介入的导视系统设计逐渐地成为一种雅俗共赏的艺术形式。

5. 新媒体元素介入的版式设计

版式设计是在有限的空间里将诸多的要素，如字体、图片、线条边框以及色块，依据一定规律和内容有效地排列组合在一起。同时要求在汇聚诸多版式设计要素的同时要巧妙地表达排列原理以及给人合理舒适的视觉感受。直接性、人性化、趣味化都是版式设计所追求的。由于新媒体的特性，它并不像平面设计那样是一个静止的单画面，而是有很多图像、动画、文字、音效和视频等构成元素，由这些元素组成的版式设计是一个动态的画面。每个板块不但要色彩、字体相互呼应，而且每个板块动态的穿插也要灵活便捷。网站是一些机构在互联网上向用户和网民提供信息和服务的非常有效的途径。这就提到了我们所了解的网站的版式设计，网页本身就是一种新媒体，它承载着高速、便捷、明快发布信息的任务。网页是通过布局和编排来表现视觉语言的，多站点页面要求把页面之间的有机联系反映出来，而且要处理好页面之间的秩序和关系，要体现充分的合理性才能给浏览者一个舒适便捷的视觉体验。

（四）新媒体给视觉传达带来的新经济增长方式

1. 消费人群增长

新媒体的消费人群从专业的技术人员到传媒工作者到艺术设计师再到广大的青少年甚至更大的年龄阶层。科技工作者是需要媒体的，对于终端的改革创新永远是他们关心和关注的，而什么样的终端能伴随新媒体的流淌和覆盖也是他们始终探究的。传统媒体和新媒体的区分和使用大部分来自传媒工作，他们不断地选择能更清晰、生动地表达信息的媒体，他们关注着媒体的更新和再造，在选择使用新媒体的同时也消费着媒体承载的共有信息。新媒体更受关注的则是以它创造出的艺术作品和艺术行为，它给艺术工作者提供了无限大的创意空间，这种新媒体艺术是简约的、生动的、受欢迎的。说到青少年，他们是不拒绝媒体的，毕竟大多数人不可能拒绝信息尤其是他们所关注的信息，因为我们都有接触网络的途径，而青少年们更是乐于通过各种平台获取信息或是下载音乐、图片或者是视频等。同时另一部分人进入新媒体平台再通过博客、播客以及更多的媒介交流。互联网媒介、手机媒介、数字电视媒介还有动漫游戏产业的蒸蒸日上无不在告诉我们新媒体这个平台不但给我们提供了一个多方位、高时效获取信息的机会，更是给现代社会提供了一个虚拟消费的经济提升机会。

2. 高质、高效传达信息的空间和时间价值

这个时代是数字的时代同时也是高效多变的时代，空间和时间更体现出金钱所替代不了的价值。我们不可能在高大的建筑物上频繁地更换巨幅招贴广告，也不可能走街串巷地张贴或清除纸张信息，取而代之的是楼宇间超大的 LED 屏幕和随时可以在电梯间看到的分众传媒。使用新媒体平台的视觉传达不但信息量大、具有较高的时效性，更主要的是，新媒体技术的视觉传达是灵活的、辐射范围广的也是绿色环保的。通过新媒体所传达出的信息可以轻松地在第一时间被修改和完善，信息也会从不同的终端同步变换。新媒体的互联网平台通过信息的传输给人们提供了各类服务，人们可以足不出户地交流和购物。新媒体终端的重复使用、新媒体技术的便捷操作无论在人力和物力方面都减少了不必要的支出，使整个运营成本降低反而带来了更大的消费群体，也使众多的投资商有了更高的价值回馈。

3. 经济价值的提升

对于有新媒体技术的视觉传达来说，直接的经济利益体现在人员最少化雇用和材质成本的降低，这种经济价值还包括消费人群的电子潮流消费以及通过电子商务运营投资者高额的回报。而这种科技的最后带来的是商业化的进程，潜在的经济价值则更将成为新媒体市场的一个发展趋势，它体现在对新兴产业的挖掘，当新媒体艺术展现在人们面前时，新媒体艺术制作、新媒体艺术评估以及新媒体艺术监管等新兴产业开始油然而生。这不但是新媒体发展的方向也更使新媒体所带来的虚拟经济得以枝叶繁盛。

二、视觉传达设计在新媒体背景影响下的发展趋势

（一）人与媒体的互动性

1. 新媒体更加强调人的视听感受

新媒体给我们创造了一个有声音、有感受的模拟现实环境。逼真的感官环境是通过电脑程序将投影机设置成为放射视觉图形的终端，同时用扬声器发出的环绕声音做听觉互补来营造的创作者为传达一个主题营造一个模拟的真实空间，给人以运动感。这样，主题创作就会与感官之间产生互动。这些新媒体设置包括电子远程传播和电子机器人以及虚拟真实场景。艺术家们可以运用这些新媒体技术和高科技终端为自己的作品渲染一个动态的背景环境，例如动画场景、游戏环境、艺术展示空间。新媒体给人的视听感受更适合广泛地

用在信息的传达、广告的宣传、品牌的推广、空间的导视、艺术作品的展示等。

2. 新媒体在向触觉、嗅觉等其他感官体验拓展

如果依据新媒体的特征来看它的发展走向，那么新媒体的整体运营应该也正在逐渐地从服务模式、情感等各个维度关注体验。媒体的发展趋势：其中一是配置参数退居次席，消费者更关注体验；二是企业越来越有创意，新奇服务模式不断涌现；三是情境感知服务大放异彩。在这样的大环境下，有科技的支撑和创新的运营模式，视觉传达所体现的更多的体验式的传达和交流。这种传达清晰、真实。

（二）科技力量的最大化植入

1. 传统媒体在原有基础上的更新

视频新媒体是以电视播放形式为原型衍生，它曝光速度快、针对性强，而且越来越多地抢夺电视观众。它抢占了很多公共空间和互联网信息平台，视频新媒体正在强势崛起。除去优酷网、土豆网等一类的专业视频网络平台，新浪、搜狐这些互联网信息平台也开始开采视频新媒体市场，其中包括与电视台之间的台网联动以及发展动漫视频的市场。视频艺术的蔓延依赖着我们身边和手中的移动设备，而这些移动设备的传播已经成为一种社会化媒体。由于信息传播较快，这些社会化媒体俨然形成一种星星之火可以燎原的态势。从人们把持移动设备的时间、频率以及社会化媒体多元化的形势来看，视频新媒体更加呈现着高发展、宽发展的趋势。近期各大互联网网站又开始争先恐后地抢拍微电影吸引人们的眼球。

2. 新媒体的应运而生

新媒体的多样化衍生了更多的新媒体终端，就拿移动设备来说，移动设备的使用时长超电视、赶网络。移动设备的使用时间贯穿全天各个时段；移动设备对男性和女性在不同方面各有吸引力；手机上的广告比电视或者网络广告更让消费者动心；移动设备在整个购物链条中对消费行为影响明显。

（三）受众的量化发展

1. 不同文化层面的受众接受心理的改观

面临各个层面的人和不同的思考方式，人们也必须采取不同的处理信息的方式。美国人文主义心理学家马斯洛的动机理论说："人的基本需求从低到高排列为七种：生理需要；安全需要；爱和归属的需要。自尊的需要；审美的需要；认知的需要；自我实现的需要；层次越低的需要越具有优先地位，只有当较低层次的需要得到满足时，才会出现较高层次

的需要。"我们对包括新媒体在内的消费也是建立在自我内心需求的基础上的。起初，新媒体的消费也许仅限于懂得操作的技术人员以及电子爱好者们，而随着新媒体的逐渐成熟，受众群体也随之改变，青少年们开始追逐潮流文化和满足精神世界的娱乐方式，由于他们接受新事物的能力比较强，所以很快成为新媒体消费的一个强大阵营。今天，我们从新媒体的发展趋势来看，它正不断地完成电子商务的运营，更加贴近人们的生活甚至想方设法满足更多人的基本需求。同时，它不断地追求互动和体验，以最基础的感官和肢体体验做最简单的操作，新媒体终端操作上的简化无疑扩大了新媒体消费群体，使更多层面的受众不惧怕它、愿意去接受它并且有更多的机会接触它。

2. 创作者与受众

新媒体艺术最明显的特征便是互动性了，大部分新媒体艺术家将关注重点放在协作和沟通上，受众也并非仅仅在远距离观看而是全身融入其中，与系统互动。新媒体艺术作品本身也更多地体现了它的形成过程，通过创作者的意识转化呈现出最终的影像，传递给受众新的思维体验、新的人类经验以及新世界的可能性。

以互动性的装置为例：它首先要做的是有吸引力和感召力，通常这样的艺术作品是来源于生活的，与之互动也从侧面体现了受众的感知态度，在互动中无形地拉近了装置与受众的距离并且极有可能互换信息、沟通交流。作为互动者的受众可以通过装置配备的传感器或者其他附件通过感官或者肢体去改变装置系统所呈现出的内容，这时，互动者变成了创造者。一个变幻莫测的新媒体作品可以满足受众进行互动的欲望，引起受众的兴趣，也许会在一瞬间的视觉刺激而激发人们对生活或者生命的深度思考。新媒体装置艺术所呈现的虚拟空间结合了东西方艺术的表达形式，却不失传统艺术文化的审美性。相对而言，它更开放，结构性更强，也更容易使受众理解和参与。新媒体艺术作品从作者的思维到作品内容再到受众感受形成了展现、体验和反馈，也为这三者建立了一个良好的沟通渠道。通过感应的多维空间和可交流的网络作品去更生活化地表达作者的概念和受众的理解。作为生活本身的反馈和这种互动的普及，更多的受众愿意参与其中甚至成为创作者去向更多的人传递他们的情感与想象。

（四）视觉文化上的深入挖掘

1. 媒介对视觉文化的传播

媒介从来都是视觉文化传播必不可少的工具，而媒介也不断在更新，为了更好更完善地传播视觉文化。新媒体艺术透过媒介可以让人体会平静也可以让人去体验动感的节奏。虚无主义者说，生活是灰色的、无感觉无意义的，是转瞬即逝的过程。新媒体艺术对虚无态度的否定在于：尽管新媒体艺术作品看起来是实时播放的、未经沉淀的，实则它可能在不经意间产生，但体现的文化寓意却可永存于世。所有的艺术都来源于生活，表现形式不同而已，只是新媒体艺术把生活的满溢体现得更加饱满、更加生动。当我们渴求文化和想倾诉生活的深厚时，新媒体艺术把我们置身其中，让人们享受那个灵动的空间、感受着那样的艺术，人们可能并不能清晰地解读它的艺术语言，但是却能通过动着的声色世界理解其艺术内涵。也是新媒体艺术这种视觉的享受，让人们体会到了一种文化的存在，虽然它的形式新颖，但是韵味却仍然可以朴实、深刻。它更将人们的视觉文化品位提升了一个档次，与视觉文化共生、共融、共发展。

2. 新媒体艺术对视觉文化的消费趋向于平民化

新媒体艺术的数字化传播带来了"艺术平民化发展的新契机"，也使艺术脱去高贵华丽的外衣回归平实。通过与人的沟通、和人的互动，新媒体艺术告诉人们：它不再是少数艺术家或是技术操作人员等小众所能享受的，而是承载着更多人的渴望和憧憬。从传达的角度来理解新媒体艺术，它既是一场视觉革命又是一场艺术平民化革命。新媒体艺术以操作的简便性、互动的趣味性以及电子设备的普及性为依托拉近了大众和艺术的距离，用心地诠释着创作者对生命和世界的感悟，以寻求大众的共鸣。数字化技术大大地简化了艺术的创作、传播与接受过程，使艺术俯下身来与大众对话。同时，数字化技术应用下的新媒体艺术在创作过程和传达方式上大大降低了成本，更加平易近人又大大提高了大众的审美能力。另外，创作者无须将自我封闭起来沉醉于纯粹的自我表现中。网络传播的多触角、宽领域、全方位，告诉创作者艺术必须面对大众、为大众服务。只有这样，艺术作品才能真正具有生命和现实意义。

3. 新媒体带来的美学价值

新媒体是一种媒介，它建立在计算机技术和互联网信息基础上，作为一种信息传播媒介依赖数字化媒体和互联网技术以更广阔的思维传播一些艺术行为。新媒体所带给人们的审美特质不同于传统媒体，它通过复制数字信息来实现多媒体交融和交互传播，从而使得新媒体艺术为人们提供了前所未有的参与感和深度体验。新媒体艺术的审美本质有以下几大特征：一是审美的趣味特征。对于视觉艺术的表达，新媒体完全有能力汇集多种媒体，使它们有机整合共同编辑艺术语汇，给人们带来一种新的审美口味和艺术追求。二是审美的美感刺激特征。新媒体将不同媒体的功能有机结合利用资源共享的平台把各种艺术功能综合起来，降低了创作门槛。一个公众的审美平台更加能刺激人们的参与性，使得创作和欣赏不再泾渭分明。三是审美意识的变革。新媒体艺术汇集了多种学科，展现了更多的艺术形式，也渗透了不同文明和文化。这种艺术形式的交流和文化的交融，既是一种碰撞也是一种整合，新媒体所提供的环境让更多人提升了审美意识和艺术理想。

（五）世界性的文化连接

1. 传达的直接性与时效性

如果用一个实例说明新媒体传达的直接性与时效性，那便是惠特尼·休斯顿去世的消息是第一时间在 Twitter 上发出的，比传统媒体早了 45 分钟。在消息传递速度上，新媒体已经远远超过了传统媒体。然而这也引起了传媒界的争议，他们开始质疑传递速度和真实性并不一定成正比。这也提醒我们在新媒体快速的平台上我们同样要建立信任、甄别消息真伪，梳理混乱庞大的信息，这样才能使信息更直接、更有效。

2. 沟通的无界限

在新媒体创作中，我们能够选择不同的叙事方式，这种叙事方式的艺术风格、艺术内容、艺术手段等方面也许是不分界限甚至有时是趋同的；不止于此，连同媒体艺术所追求的内涵及所体现的价值观念也越来越相似——本土文化的表象化所导致的经济生产与文化创造的更大范围合流。新媒体作为一种前沿艺术，传达的不只是某一个人的意识和思想，而是传达了具有代表性的艺术家所体现的人类共同的理想、愿望。通过一次次的交流和沟通，新媒体艺术家们在一些方面能够成更广泛的共识。譬如，澳大利亚新媒体艺术家在创作中尝试融合一些民族文化，而我国也恰恰是个民族文化丰富繁荣的国家。我们的民族元素都很多，这不但为中澳新媒体艺术家提供了更多元的素材，也使他们找到了一个新的发展方向，从而更能通过新媒体作品传达文化的交替、民族情谊以及人们共同的渴望。

（六）新媒体的商业化

1. 新媒体将带来的新消费增长点

在商业社会大发展时代，过度的商业化和技术化有可能会制约新媒体艺术的体系和品质，比如一些过度的生产和复制。但是仅以科技一个分支"新媒体"来说，它在一段时期内都将给商业社会带来新的产业化链条以及激烈的商业竞争。对一些企业来说，它们开始要制作网页的手机版，一是因为移动用户在增长，它们有很高的期望；二是移动网站影响用户的态度，体验好能带来更多的商业机会，还能帮助吸引竞争对手的用户；三是手机网站体验糟糕，相当于把用户送到竞争对手怀抱；四是体验好站点，用户做出响应更及时。总体来说，科技与创新的竞争是给新媒体带来新消费增长点的重要原因之一。新媒体平台下的艺术形式开始向人和装置配合完成方向发展。对于艺术产业来讲，新媒体带来的是更多艺术形式的展演以及强大的视觉刺激，它得到了更多商业演出以及舞台效果的宠爱，它们提高了电视的收视率甚至提升了地域的文化形象。

2. 多学科以及多种媒体创建的共赢局面

这是个数字的时代，经济全球化的趋势势不可挡。当然，媒体作为最大和最平易近人的平台决定着它一定会成为商业竞争的核心体。新媒体如何整合资本实现更大的运营体现在它必须将数字化技术作为主要发展平台。这不但赋予传播和传达新的商业理念，而且有效加强了经济交流。同时，经济的全球化发展也反作用于新媒体产业多维度的发展。在大的经济环境下，新媒体所涉及的多学科的整合被纳入经济领域，对最大效益的追求也是它生存的必然保障。在中国，中央电视台和凤凰卫视都拥有电视、平面媒体、电影和网站，在某种意义上说已经具备了多媒体经营的结构，并且运行也进入良性发展阶段。从它们的运营可以看出，多媒体经营首先注重的是主要板块的业绩积累。这样既能便于增强资本的稳定性，又能够打造出品牌效应以便巩固其核心竞争力。第二，多媒体经营并不需要盲目地大融合而是循序渐进，有法有章地进行，这样才不容易埋下隐患。第三，多媒体经营多以市场引导为主。对于引导性政策的关注和利用是重中之重。多媒体联营将以高科技技术传播的不同媒体收购到自己旗下，使电视媒体与广播、电影、网络等合作起来能极容易地实现资源共享，其中广告资源的有力销售也带来很大的市场份额。

（七）新媒体艺术的监督管理

1. 新媒体艺术的互动和播放

新媒体艺术的数量在不断上升，参与的人群也日渐增多，但是新媒体产业尚未成熟稳固。我们必须为新媒体艺术创造一个良好的空间和环境去辅助其发展，而在发展的过程中，为避免其无序发展而制定一些相关政策和制度也是必然的。就时下火热的微博平台来说，在微博尚未商业化之际，实名制大限即将到来。

2. 新媒体艺术的监管

新媒体艺术以计算机技术和互联网平台为依托，虽然它给人们带来了无限的视听享受和空前的体验感受，但是新媒体艺术的发展必须遵循时代的发展、人的需求以及伦理道德的边界。我们现在还没有专门的针对新媒体艺术的法律法规去规范新媒体艺术市场以及它的创作和传播，暂时还只能依托有关的网络立法。新媒体以及互联网营造的虚拟世界源于现实世界，同时也影响着现实世界。虚拟世界中所体现的无非是现实世界某种社会关系和情感世界的延展，所以，更需要现实法律法规的规范。对于新闻类的传播，我国有专门的立法对网络新闻信息类传播负责任，而且对其的管理非常严格。然而，由于各个部门之间法规的交叉，很难避免多头管理或者冲突管理的情况发生，尤其在互联网这个特殊的传播环境中，网络法规对强制管理和保护网络主体的权利还未达到强力有效。目前，网络广告、游戏等新兴产业已获取巨大利润成功融入商务社会中，而对其的监管却仍然停留在初级阶段，新媒体以及互联网平台需要监管部门把控其出入信道、制定市场准入标准以及具体责任形式。而今，我们也看到了在新媒体艺术展览中，监管部门做出的努力。

新媒体影响下的视觉传达更多地给人带来体验和互动，这也使人更加依赖这种新媒体艺术，越依赖就会越需求，这使得新媒体对视觉传达影响的深远意义更加值得人们思考。从对新媒体本身的剖析可以看到：它是快速的、新鲜的、活跃的，是可以与人互动、供人体验的。然而，我们也看到视觉传达需要的是与时俱进的发展、它更应该具有社会职能、体现人的诉求。我们把新媒体和视觉传达千丝万缕的关系一层层拨开，从中整理出新媒体对视觉传达影响的发展规律，探寻其发展趋势之路。

我们积极的了解各地新媒体在视觉传达领域的应用和探索，感受新媒体的强大力量；我们也站在另一角度去重新梳理科学和艺术的关系；我们设想了受众的深度反馈以及角色的转换；我们也探讨了新媒体对视觉传达在视觉文化与美学价值等方面的影响；我们分析了新媒体影响下的视觉传达带来的所能想象的潜在经济价值；我们也试图针对这种新媒体艺术提出一些道德准则和法律法规方面的倡议。总之，新媒体对视觉传达影响的发展是不可避免的也是长久的，我们希望这种发展趋势是符合时代需求的，更是符合人的需求的。立足于视觉传达的持久、与时俱进的发展，我们愿意一直为之努力！

第二节　新媒体背景下视觉传达设计的展望和思索

新媒体背景下视觉设计也呈现不同的趋势，以下从两个方面谈视觉传达设计发展的趋势。

一、新媒体背景下视觉设计低碳化

（一）低碳设计概况

1. 低碳设计的兴起

随着生活水平的提高、生态环境的日益恶化，人们对环境的保护意识在不断地增强，绿色、低碳、节能、环保等名词已经成为人们关注的热点。其中，低碳无疑是当下最热的一个词语，它与人们的生活息息相关。因此，低碳设计成为当下设计界关注的重点问题，它是低碳经济时代的必然产物，对产品设计、建筑设计及视觉传达设计等起着重要的影响作用。

能源包括两种类型，一种是可再生能源，另一种是不可再生能源。可再生能源像太阳能和风能的开发与应用越来越广泛，但是在现阶段对不可再生能源像天然气、石油等的使用仍然占据主导地位。"根据国际可再生能源组织的报告显示，预计到 2030 年太阳能光伏产生的电力额度只能达到世界电力供应的 13%。"而煤炭、天然气和石油三种不可再生能源在全球范围内的储量岌岌可危，若不加强保护将分别会在 100、60 和 40 年内消耗殆尽。所以，低碳经济的发展模式在资源匮乏、污染严重的今天成为第一选择。从碳素燃料体系到完全转向太阳能体系的过渡需要几十年的时间，低碳经济则是这段过渡时期的主要发展模式。一方面，低碳经济将会降低对化石能源的消费；另一方面，低碳经济为可循环再生能源的开发、利用和普及提供时间上的保障。

现如今低碳经济的发展在我国已经处于非常重要的地位，对于低碳经济人们也不再陌生。而"低碳经济"一词的首次提出要追溯到 2003 年英国的一份政府文件中，它就是能源白皮书《我们能源的未来：创建低碳经济》。低碳经济就是在坚持可持续发展理念的前提下，生产方式低污染低能耗、经济模式低排放，通过努力开发新能源技术、不断优化产业结构、创新发展技术，使人们的生产生活观念真正得到转变，使经济发展与环境保护得到双赢。低碳经济是世界经济的发展趋势。在这样的社会经济背景下一系列相关的新名词随之而来，如"碳足迹""低碳技术""低碳生活"等。其中的"低碳生活"与人们的日常联系更加密切，是指生产生活提倡减少碳排放、重视回收利用、节约电气的使用，真正把低碳生活作为一种生活态度、一种时尚观念、一份社会责任。

低碳经济和低碳生活是实现可持续发展的主要方式，也是低碳设计的根本目标。设计不但为生活服务，也可以引导生活甚至改变生活。低碳设计因低碳经济和低碳生活而产生，又对低碳生活方式具有引导作用。

2. 解读低碳设计理念

美国设计大师、著名设计理论家维克多·帕帕奈克出版了其最重要的著作《为真实的世界设计》，书中强调了"设计的目的是为人民群众服务，设计应考虑生态环境，节约地球资源"等一系列新颖的观点态度。这些观点态度虽然在当时是具有一定争议的，但时至今日仍是最重要的设计理论之一，它对随后的绿色设计理论具有直接的影响作用，也是现代设计目的性理论和现代设计伦理研究的重要开端。绿色设计针对一切环境问题，具体来说可以分为十大种类：全球气候的变化，悬浮颗粒物、铅、一氧化碳及二氧化碳对大气的污染问题，工厂违法排污及垃圾随意丢弃导致的水污染和海洋污染，臭氧层的破坏问题，生物多样性急剧减少，大气污染直接导致的酸雨问题，森林覆盖面积减少，土地荒漠化及其导致的水土流失，放射性、毒性废弃物问题。

在上述所提到的世界十大环境问题中，首当其冲的便是全球气候变暖。气候变暖的事实是无法改变的，但可以通过人类行为的改变将其变化的速度减缓。各行各业研究开发减缓技术，政府在经济和政策上给予支持，国家相应地调整发展路线，从而为缓解气候问题做出实质性的行动。在这样的社会大背景下，"低碳"理念首先在各发达国家产生和运用，通过国家政策的具体落实，"低碳"开始走进各行各业，开始与人们的日常生活息息相关。

低碳设计不等同于绿色设计，它不是绿色设计的另一个名称。虽然低碳设计也是为保护环境目的而服务的，但是它和绿色设计的范畴是不同的。低碳就是减少这些以二氧化碳为主的温室气体排放，所以说低碳设计要解决的问题就是气候变化的问题。气候问题是环境问题之一，低碳设计是绿色设计的一部分。低碳设计从产品的整个生命周期角度考虑，在满足产品的质量要求、功能需求、成本因素的基础上，降低温室气体的排放，实现生态可持续发展。产品生命周期就是产品在市场中的寿命，它包含了从产品开始投入市场使用直至被淘汰所经历的所有过程。从设计的角度来说，产品生命周期由产品的设计研发、制造加工、储藏运输、市场销售、客户的使用以及回收循环利用多个环节组成，各环节之间具有相互影响、相互促进的作用。

低碳理念能够实施的关键首先在于技术上的创新应用，包括低碳能源和节能环保技术。其次，低碳理念的贯彻需要国家政策的支持和法律的保障。再次，低碳理念的落实需要人民的自觉行动，把"绿水青山就是金山银山"的思想与生产生活紧密联系起来。最后，针对低碳理念科学技术的理论研究与实践经验也是保护生态安全不可或缺的因素。

设计离不开生活，文化和生活方式是设计生长的土壤。生活离不开设计，生活中的任何一件物品都需要设计，设计可以满足人们物质与精神上的需求，使生活便捷、舒适，增添幸福感。因此，社会的富强文明、生态的可持续离不开设计的力量。设计的门类有很多，例如视觉传达设计、环境设计、应用设计、产品设计等，它们正是低碳理念能够贯彻实施的具体途径。

设计与低碳理念在本质上具有统一的关系。设计的目的是为人服务，设计是"以人为本"的；低碳理念是随着时代和生活环境的变化要求而产生的，属于"非人类中心主义"，然而二者并不是表面上看到的对立关系。"以人为本"与"非人类中心主义"的相同点在于，都是以人为出发点进行定义的。不同点在于，"非人类中心主义"相较"以人为本"而言更加注重生态环境的保护。但"非人类中心主义"正是因人类生存环境的恶化而产生的理念，实质上也是以人为中心。所以，设计是低碳理念的重要实施途径，低碳理念是设计的重要考虑因素。

（二）视觉传达低碳设计方法探究

艺术家陈逸飞先生认为，人们追求视觉的满足和享受是本能的体现。生活质量随着对视觉要求的提高而不断改善，中国综合实力的增强、经济的快速发展为视觉艺术的茁壮成长提供了坚实肥沃的土壤。

视觉传达设计由平面设计发展而来，但随着时代的进步和科学技术的快速发展，视觉传达设计所包含的内容也产生了较大变化。视觉传达设计范畴很多，它既有平面设计所涉及的所有内容，像字体设计、标志设计、产品包装、书籍装帧等；随着新媒体的产生和快速发展，又包含交互设计、网页设计、UI 设计等一系列与电脑、手机、电视、电影相关的传播媒介设计；还有与环境设计艺术相关的导向设计。可以将低碳时代的视觉传达设计范畴按照不同的媒体传播方式分为三大部分：从印刷的传播方式上看包括包装设计、电视、书籍装帧设计、标志设计、画册设计、广告设计等，从影像的传播方式上看包括电影相关设计和摄影相关设计，和多媒体、新媒体相关设计。总之，从数字媒体的传播方式上看包括互联网相关设计视觉传达设计范畴随着时代的进步越来越广泛也越来越具体，涉及人们生产生活的方方面面。

新媒体是科学技术不断进步和更新的产物，它被称为继电视、书籍、广播和报纸四大传统媒体之后的"第五媒体"。新媒体的内容很多，像手机、电脑、电视等数字化电子产品都属于新媒体的范畴。新媒体应时代的需要产生，因此具有鲜明的时代特点：首先，新媒体使得各种媒体之间相互联系、相互促进，削弱了媒体间区分的界限；其次，新媒体使得信息的传递和更新速度大大加快，削弱了国家间的界限，增加了城市间的交流，拉近了人与人之间的距离；再次，新媒体成为各种新型群体的启发者，例如自媒体的产生。新媒体的出现让信息传递精准顺畅，传播方式丰富多样，开启了视觉传达设计艺术发展的新篇章。

1. 低碳设计理念

视觉传达设计中的低碳设计可以从两个层面去理解：一个是在设计内容上对低碳理念的传播、对大气环境保护的呼吁，通过以低碳为主题的海报招贴、电视广告、纪录短片等传播载体的宣传实现，用具体的传播媒介唤醒人们的低碳环保意识；另一个是用"以自然为本"的低碳理念为指导进行设计生产，从构思、设计、加工制作设计的开始，到产品使用、回收利用设计产品生命的结束，做到人与自然和谐相处，把以自然为本的理念落到实处。后一种对低碳设计的理解显然更为深刻彻底，而对人与自然关系的研究在中国传统文化作品中早有记载。

"亦欲以究天人之际，通古今之变，成一家之言"是《后汉书·司马迁传》里对于人与自然关系研究的记载。"天人合一"是中国最传统的哲学理念，意思是天和人是一个整体，即人与自然是和谐统一的关系。"域中有四大，而人居其一焉。人法地，地法天，天法道，道法自然"是《道德经》里对于人与自然关系研究的记载，根据这句话的内容，人、道、天、地为"域中四大"，而人是最渺小的，人无论做什么事都应遵循自然规律、道法自然。老子"天人合一""道法自然"的哲学思想对于当今时代的发展仍然具有深刻的指导意义。

设计遵循"以自然为本"的理念继承发展了老子的哲学思想，指满足人对设计的需求的前提是充分考虑到如何能够遵循自然规律、如何对自然环境有益的，在产品生命周期的每一个环节都能符合可持续的原则。人具有自然属性，是自然界的组成部分，设计"以自然为本"正符合了人的自然属性。这并不代表设计是不为人考虑的、是不美观不舒适的，而是摒弃为了人的发展可以牺牲一切的片面思想，因为没有了自然环境也就没有了人，又何谈发展。"以自然为本"也许在短时间内或某段时间会影响一部分人的利益，但长远来看它是促进人的发展的。所以说，低碳设计的最大影响在于作为一种新的思想和新的态度对于固有思想的冲击，低碳设计引导的价值观是积极向上的、生产生活是生态可持续的。

2. 低碳设计语言

密斯·凡德罗是德国著名现代主义艺术大师，"少即是多"是他最具代表性的设计语言。他主张设计要抛弃繁复冗杂的无用装饰，使用简单直接的设计语言。"Back to Basics"是欧洲在 20 世纪 90 年代的设计主张，提倡设计时使用简洁的字体、图形，用简约的设计直观地表达出所要传递的信息。设计语言的化繁为简，避免了形式的烦琐、脱去了表面的伪装，使设计内容直达心灵，这使人在眼花缭乱的商品世界中感受到难得的清新与惬意，同时也为低碳环保探索出可行的新路。简约设计符合低碳设计的环保理念，一方面，低碳设计要求设计应避免对环境的破坏，设计应在节约资源的前提下进行，并尽量减少对材料的加工处理环节，在保证产品质量的前提下减少碳排放量；另一方面，将科学技术融入低碳设计之中，以创新思维提升产品的附加值，使设计简约不简单，而不是一味地做表面装饰，这样才能满足人们不断提升的物质需求和精神需求。

视觉传达设计中设计语言的简洁首先应该在表现形式方面做到简洁，但在传达的信息内容上是饱满丰富的。如果单纯为了追求简洁而使信息传达不完整、主次不分，则是舍本求末的做法。语言的简洁其次表现在字体的编排、色彩的搭配、图形的设计等设计元素的合理使用，而不是为了简洁而失去了美观，合理恰当的装饰如同点睛之笔，会为设计带来亮点。最后设计语言的简洁传递出低碳环保的新型理念，既能作为产品卖点吸引消费者，又为提倡低碳理念、低碳生活起到良好的宣传作用。

原研哉是日本优秀设计大师，其简洁的设计语言符合低碳的设计理念，例如原研哉为日本公立刘田综合医院设计的导视系统。这套导视设计沿用了原研哉一贯的简洁风格，信息内容设计直观合理，最大限度地发挥了导视系统的指示性作用。在色彩运用上，选择了鲜艳的大红色，与医院白色的背景放在一起产生明快的对比效果，使文字内容清晰明了。在文字内容上方标出指示箭头，简单易懂，为患者和家属找到科室的方位提供了便利。在医院通道交会处采用十分简洁的红十字的图形，既巧妙解决了指明不同方位科室的功能，又贴合医院救死扶伤的主题。该导视系统的设计，不仅印刷在墙面上，还印刷在地面上，为着急就医的患者节省了抬头找寻方向的时间，也为医院节省了空间。整套导视系统设计没有多余的装饰，没有额外的材料使用，整洁美观、功能性强，是优秀的低碳设计作品。简洁的设计语言有时需要一点巧妙的构思，这种将产品直观展示出来的包装设计，不但减少了加工程序、降低了碳排放量，也将产品的特质轻松地表现出来，为生活增添了乐趣和新鲜感。随着社会的进步、经济的发展，人们的物质和精神生活越来越丰富，简洁的设计无疑是纷杂视觉世界中的一股清泉，低碳环保的理念将迎来越来越多的共鸣。

3. 低碳设计形态

设计离不开形和态的支撑，形态是传递物品特质的骨架。低碳设计提倡科学合理的形态设计，而不是片面追求用物质堆砌出来的视觉享受。分割与组合是在设计中表现形式美的主要方式，其中蕴含着"契合"的美学思想，在包装设计中是最常用的形态设计方法。设计形态寻契合之美，追求分割与组合的各部分之间富有变化、灵动不死板，同时从整体上观赏又具有统一性，体现出和谐之美。在包装设计中，分割是把完整的整体分成几个部分，这几个部分具有相对独立又相互联系的关系。组合是把分割开的各部分，通过合理地排列重新组成一个整体。分割为重新组合、创造新的形象打下了基础，组合实现了包装形态功能性、美观性的提升。根据不同的性能侧重点，包装的设计形态可以分为功能性分割与组合形态、互动性分割与组合形态及实用性分割与组合形态三种。

（1）功能性分割与组合形态

功能性分割与组合是指包装的分割组合了为了实现更多的功能性，将形态分割为不同的部分，每一部分都具有各自的功能性，组合成为一个整体时又具有新的功能。功能性分割与组合形态的优点是使用方法灵活多变，既可以将整个包装同时使用，当整体包装有所损坏时，又可以将完好的部分拆开来单独使用。功能性的设计形态增加了包装价值，无形中提高了使用率，延长了使用寿命，实现了资源高效利用，但这种设计形态要求商品与包装具有较高的统一性。随着科技的发展，包装形态的设计中不断融入科技元素，改善提高了其功能性，例如新型环保材料和先进制作工艺的使用、人机工程学原理的运用等。人文内涵的注入也为包装增加了吸引力，它帮助商品在已有物质价值基础上实现精神价值。

（2）互动性分割与组合形态

互动性分割与组合形态中的互动性具有双层含义：一个是消费者在使用时与包装的互动；一个是商品和包装之间的互动。消费者与包装的互动，是指通过对包装拆分组合方式的新颖设计增添商品的趣味性和益智性，从而吸引消费者的注意力。商品和包装的互动，是指通过巧妙设计的商品与包装成为一个有机整体，互为前提而存在。互动性分割与组合形态的使用，首先应该是设计能够满足目标人群的需求。设计之初应做好充分的市场调查和研究，明确消费者的物质需求和精神需求。其次趣味性的增添是吸引消费者的重要因素，激发消费者的兴趣并为其提供片刻休闲娱乐的时光。最后要为设计注入丰富的情感因素，使之引起情感共鸣，成为情感的寄托。这样才能产生积极的互动，让消费者感受到包装所带来的乐趣。

（3）实用性分割与组合形态

实用性分割与组合形态是指从商品的生产、运输到最后的销售、使用，包装设计满足这整个过程中的实际需求。实用性设计既强调使用的方便快捷，又要求满足消费者的审美需求。如果一味地为了追求实用性而牺牲了外观的欣赏性，那么就会失去市场竞争力，不是成功的设计。因此，实用性分割与组合形态需要在设计之初进行创意的构思，既能满足市场需求又要保持美观性；以科学技术为指导，在运输中发挥包装的保护作用；通过对造型、排版、色彩及材料的精心设计满足消费者的审美要求。

4. 低碳设计材料

设计材料生态可循环体现在两个方面，一方面在设计之初倾向于环保、可循环材料的选择，避免相对匮乏资源的选择；另一方面是指在设计过程中，综合考虑到材料的加工制作、交通运输、使用寿命以及回收利用等多重因素。相对环保的设计材料包括自然材料，例如木材、纸张，还有容易循环利用的设计材料，例如玻璃、塑料。

用于商品包装的废弃物体积占据商品本身体积的1/4，重量接近商品的1/5，同样材质的废弃物与发达国家相比回收率要低20%。对于回收的废弃物，由于处理方法较为落后，仍会产生对环境的破坏，增加碳排放量。可见材料的合理使用和高效回收在我国的重要性和艰巨性。针对材料使用和回收的低效率，在设计中应选择回收便利的原材料，避免使用严重污染环境的材料；尽量减少所使用的材料种类；在对材料的加工制作上减少使用黏合剂等化工原料，缩短加工和回收的时间，减少空气污染源。

（1）自然材料

自然材料是指设计材料直接从自然中得来，不对材料进行加工处理或者只做简易的加工，与人工合成这种需要多道程序和化工原料的材料相对，属于低碳环保的材料。自然材料分为有机和无机两种，视觉传达设计中用到的多为有机材料，例如树木、花草、石墨、沙土、石子、煤炭、铁等；无机材料像大理石和花岗岩多用于建筑设计和室内设计之中。在对待自然材料的态度上，要保持敬畏的心态，尽量还原其自然生态的美感，少一些人为的表面装饰和机器加工的痕迹。在自然材料中，不同的材料具有不同的特点，需要根据具体的设计需求选择适合的材料种类。同一种材料也会有不同的呈现方式，例如木材是书籍设计和包装设计中常用的自然材料，它的可塑性和接纳性较强，容易设计出不同的造型并与其他材料共同使用，在书籍装帧中它以纸质的状态呈现，而在包装设计中常以稍作加工的木块或木条呈现。所以在自然材料的使用上需要注意以下几点：首先要充分了解所需材料的特点和属性，能够将其使用潜质充分挖掘出来；其次能够根据材料特性合理设计结构造型，贴合设计主题；再次加工生产时应兼顾材料的使用寿命和回收情况，实现低碳环保的设计目标。

（2）可回收材料

低碳设计原则要求提高材料的回收利用率，但是污染物的产生是不可避免的，不管是对自然材料还是合成材料进行回收。因此在材料进行回收处理时，要考虑到需要消耗的能源和资源，如果处理回收的能耗高于生产商品的能耗，同样是不符合低碳要求的。材料的有效回收利用还可以配合政府的强制性政策实现，通过政府颁布相关的鼓励优待政策和惩罚政策，引导正确的环保理念和低碳生产。

对可回收材料根据不同的材料属性采取不同的回收方式，例如包装设计中常用的纸制品、塑料、玻璃以及金属等每种材质的循环利用是具有较大差异的。纸张回收之后通过化成纸浆可以制成再生纸制品，可以利用其软、韧兼具的特质用作保护商品的缓冲纸垫。塑料的回收上，应深入研究降解新科技，例如利于牛奶包装袋回收利用的铝塑分离技术的成功研发，为废弃的牛奶包装袋找到了新的用途；再如目前利用微生物与有机废弃物相结合的办法对塑料降解新型技术进行的研究，将会明显改善塑料降解效率。玻璃与金属材料的废弃包装，多可用于物品的存储，稍加切割修饰制成手工艺品容易呈现出艺术效果。

设计中减少使用的材料种类便于生产加工和回收处理，能够提高生产效率、节约时间成本。以往设计中的材料选择，多由现有的技术手段、经济效益决定，并且追求视觉享受。往往一种商品使用多种材料，生产环节繁多，须使用多种混合剂、化工原料，无形中加重了环境负担。设计中较少地使用材料种类，不但能够减轻环境压力，在视觉呈现上也比较整体统一。

（3）无毒害材料

低碳设计需要在设计的整个过程中考虑到环境的保护、资源能源的节约，在设计材料上选用无毒害材料，保证了设计源头的低碳环保。例如在印刷时使用环保型大豆或水性油墨，不仅在产品生产阶段保护了大气环境，在印刷废弃物回收处理时也会减轻环境压力，减少碳排放总量。

5. 扁平化风格的低碳网页界面设计

随着科学技术的不断进步，新媒体发展迅速并且越来越人性化。网页界面设计中简单的技术已经不能满足人们的视觉需求，将美学元素融入网页界面设计之中是时代发展的要求，已经成为视觉传达设计的主要内容之一。与传统的网页界面设计相比扁平化风格是简洁明确的，不需要多余的装饰，能够准确、快捷地传达信息内容。而时下流行的微渐变网页界面设计风格，也是在扁平化风格基础上稍加改变发展而来，所以说扁平化是经典的网页界面设计风格，是顺应低碳时代发展的产物。扁平化风格网页界面设计的突出特点是信息划分区域集中、信息层级简化，加强了使用的功能性。这需要在设计时从装饰性的图形和色彩中提炼出简洁的表达语言，为不同层级信息的准确传达服务，使得用户能够方便快捷地获取想了解的内容。扁平化风格在视觉传达设计中属于极简的设计类型，图形和字体都避免复杂的呈现效果，重点文字不需要通过描边和阴影来强调，图片不通过羽化和透明渐变来处理，界面中的一切元素简洁清爽，为信息的高效传达服务。扁平化风格的网页界面设计与非扁平化风格的网页界面设计整体效果呈现显著的差别。信息层级是扁平化要表达的本质内容，用以少代多的方法使主次信息得到明确的划分。突出主要信息的方法不是用以往的描边、阴影使其强化，而是弱化次要信息来衬托出主要信息。整个界面中的表达重点是信息内容不是装饰元素，图形处理、色彩搭配和文字排版等基础的设计方式全为信息层级的建设服务，从而实现信息扁平化。信息扁平化为用户的使用节约了时间，使其在打开界面时不用点击操作就能够阅览到主要信息，次要信息的阅读由用户根据具体需要自行对文字、符号或图片进行主动点击阅览，用户不需要的次要信息就不会显示出来。扁平化风格网页界面设计通过版式设计来实现，如何在满足信息的层级要求的同时满足用户的审美需求做到时尚美观，具体来说需要从图形、色彩、文字三个部分进行分析。

（1）图形处理

图形是视觉设计中的重要元素，尤其是在广告网页界面中，需要结合文字信息展示商品真实样貌。在扁平化界面中使用的图形，都是经过提炼概括的简洁图形，看起来是平面的，没有立体和凹凸的感觉，图形元素是为信息的传达而服务的，可以引导用户阅读，帮助对文字信息的理解，而不是作为增加视觉效果的装饰元素。

去底法是将真实的商品图片扁平化设计的重要方法，是指将图片中嘈杂的背景去掉把主体物留下，运用在扁平化界面设计中能够突出商品的主体地位，使商品成为用户打开界面后的第一个视觉落脚点。例如 I DO 官方旗舰店网页界面设计，戒指经过图片去底法能够在广告语的红色背景下凸显出来，戒指作为第一层主要信息、广告语作为第二层主要信息的层级感就能够体现出来。一般的图形由于色彩倾向和内容复杂的问题，使用的范围具有明显的局限性。而去底的图形能够生动灵活地与各种文字信息和图形搭配使用，局限性较小。去底的实物照片搭配平面的文字或图形，可以产生强烈的对比，增加网页界面整体的立体感和层次感。

（2）色彩搭配

色彩的运用是网页界面设计的重要内容，扁平化的界面设计中较少使用拟物化的图形元素，多使用高度提炼的色块为层级信息而服务。这就要求色彩搭配既要与信息内容相符，又要高级、美观，满足用户视觉体验需求。

将色彩的情感导向运用于扁平化网页界面的设计中，使色彩搭配契合信息内容。例如 ADREAM 欧美原创家居生活的网页界面设计，床上用品的销售和展示需要安静、舒适、幽暗的氛围。界面的整体色调是蓝灰色，搭配商品和文字的粉色作为点睛色，营造出适宜休息、睡眠的氛围，也符合 ADREAM 的品牌形象。性别感是色彩情感之一，关于男性的色彩搭配常用明度较低纯度较低和偏冷的色系，例如蓝色、灰色、黑色等，有关女性的色彩搭配常用明度较高纯度较高和偏暖的色系，例如红色、橙色、白色等。LILY 商务女装的官方网页，色彩中使用年轻女性喜爱的暖粉色系作为产品的主题色，另外搭配有商务、冷静感觉的紫色和蓝色，使用的色彩丰富但色彩间的明度和饱和度跨度较小，使界面色彩给人灵动柔和、整体统一的感觉。巧妙运用色彩饱和度，将不同饱和度的色彩合理搭配，能有效传递。白色和黄色属于较低饱和度的颜色，传达出稳定、安静的感觉，可用于衬托主体内容信息的大面积背景中。蓝色和红色属于相对高饱和度的颜色，多用于主体内容信息的传递中，容易吸引用户的注意力。将同色系不同饱和度的色彩进行搭配，容易达到整体和谐的色彩效果，并将商品主体凸现出来。例如 SK 官方网页界面设计，将红色系中高饱和度色彩与低饱和度色彩进行搭配，低饱和度的粉红色占据界面的大部分面积，相当于界面的底色，深红色饱和度较高是主要信息和产品的颜色，这样饱和度的变化为界面造成远近不同的层次感，使信息栏和产品自然凸显出来，在第一时间吸引人们的注意力，引导关注。

（3）文字排版

文字在设计中可以起到点、线、面的构成作用，少量的文字就是点，成行成列的文字就是线，成段成篇的文字就是面。巧妙的文字的排版设计既是网页信息内容的需要，也增加了设计感。通过对文字色彩、字体、字号等的合理运用，为扁平化网页界面增加灵动感和空间感，扁平化网页界面中的文字不会使用过多的装饰效果，在字体颜色上，可根据界面的整体色调灵活调整，主要信息像一级标题和二级标题常用蓝色或黑色作为字体颜色，而不做过多的艺术加工和处理。在字体选择上，多选用笔画简洁、结构规整的字体，并与扁平化的整体界面设计风格相符，宋体、黑体、微软雅黑字体简洁大方、易于辨认，是界面设计中常用的字体。一个网页界面中不同的字体选用一般低于三种，只用一种字体时可利用字体的加粗、变细和字体大小来表现主次信息的层级区别。具体的字体选择还要和表达的信息内容相符合，因为不同的字体具有不同的特点，拥有不同的情感色彩，例如在扁平化网页界面设计中常用的宋体和黑体就有很大不同。宋体笔画较细，文字偏长，传递出清秀、文雅的感觉，字体放大后耐看、不呆板，在网页界面中常作为一级信息内容的字体。黑体字的笔画粗细均匀，是最为醒目敦实的字体，将其用于商品信息介绍的文字中给人真实可靠的感觉。微软雅黑和正黑是扁平化网页界面设计中使用频率最高的字体，用于成段、成篇的内容中，显得规整利落。如 Microsoft 官方网页中宋体字与黑体字的使用。在字号编排上，根据主次内容的需要灵活调整，可以帮助传达信息、活跃界面氛围。一级标题的字号一般为最大，二级标题次之，具体的介绍性信息内容为最小号文字，这与印刷品的字号使用原则一致。不同字号的使用，可以帮助快速信息分级，提高用户的浏览效率。扁平化风格网页界面设计用简洁醒目的方式为用户准确高效地传达信息，从图形处理、色彩搭配及文字排版等方面为节约能源、降低碳排放量做出了努力，是低碳可持续的设计。视觉传达设计的发展与人们的生产生活息息相关，随着科学技术的发展和人们生活水平的提高而不断进步。具体来说，首先科技的迅速发展为视觉传达设计增加了表现方式，使得印刷出版媒体和网络新媒体的设计语言丰富多样。其次随着人们物质生活水平和文化素质的提升，使视觉传达设计关注的内容全球化、社会化。

在视觉传达设计的设计语言上，新媒体的快速发展为视觉传达设计注入了无限活力，出现了网页界面设计、电视广告设计、电子书等新型表达方式。新媒体将视觉设计的不同内容串联为一个不可分割的整体，各部分相互联系和依托，呈现出丰富精彩的视觉景象。新媒体从出现到被接受面对了无数质疑和挑战，要得到良好的发展需要不断地努力，要敢于抛弃固有的技术手段和方法，勇于接受新科学新技术，培养和运用灵活敏捷的思维方式。科学技术丰富了视觉传达设计的表现方式，使其由平面静态的设计变为立体动态的设计，表现性更强、综合性更强。

在视觉传达设计的设计内容上，一方面科学技术为视觉传达设计增添了设计语言，新媒体的发展为信息的传播、义化的交流提供了便利，使得人们精神上的需求不断提升。传统设计能满足视觉上的审美需求，但不注重理念精神的注入。因此，将新鲜的设计理念和文化内涵融入设计中，成为推动视觉传达设计发展的重要方法。另一方面随着物质需求得到满足，人们对生活质量和生活环境的关注度不断升高。视觉传达承担的内容不仅是传递和美化信息，还肩负提高人们生活质量、促进社会发展的重要责任。因此，视觉传达设计除了满足基本的信息功能，还具有社会功能，必须密切关注社会的需要、人类的需要。熟练的设计技巧、华丽的设计语言能够吸引视觉注意力，而最质朴、简单的想法和表达才能真正地走入内心世界。

设计不同于艺术，它是为人服务的，含有利益的性质。但设计与艺术又有共同之处，它与人紧密联系、与自然息息相关，是时代发展的一面镜子。如今自然环境问题日益严重，如大气污染、森林破坏、稀有动物濒危、植物种类不断减少等。面对严峻的环境问题，视觉传达设计应该担负起其社会责任，通过自身的低碳行为，为人与自然的和谐发展做出努力。

二、视觉设计中 UI 设计的发展趋势

（一）UI 设计概念简述

UI 是指对软件的人机交互、操作逻辑、界面美观的整体设计。从人机交互的角度来说，UI 是人与机器（计算机设备等）之间传递和交换信息的媒介，是用户和系统进行双向信息交互的支持软件、硬件以及方法的合集。

UI 设计师其实是工业产品设计师和视觉传达设计师的结合体，在视觉传达方面表现在 UI 界面设计上。工业产品设计师负责科学客观地设计实体，视觉传达设计师负责拉近用户和产品之间的距离，可以说 UI 设计是建立在科学性之上的艺术设计。

UI 起初只是服从于人机技术的，其是伴随着计算机信息技术的发展演变而来，UI 这个词虽然产生于 21 世纪初，但其实自 20 世纪电器的出现开始就有了 UI 的雏形，UI 设计师的前身应该是工业设计师，我们日常使用的如早期电子手表、冰箱空调控制界面，现在普及的 ATM 自助取款机、地铁自动售票机等都是 UI 设计的典型，它们都具备了人机交互、操作逻辑和界面美观的三大特性。而随着人机设备的升级、操作逻辑的优化和大众审美的提升，UI 设计才真正地作为一个新兴设计门类出现了。

（二）UI 设计和视觉传达设计的关系

视觉传达设计是指根据特定设计目的，对收集的信息归纳分析，然后通过文字、图形色彩等视觉要素来进行设计工作，最终将设计成果以可视化的形态传达给用户的一个过程，其核心是让用户获得认知和体验。传统的视觉传达设计一般以平面设计的概念来认知，从概念内容上来说，视觉传达设计相当于平面设计的升级版本，如同平面设计一样，各种带有视觉符号的东西将从平面上表现出来。随着科技的发展，平面设计已不再是单一的平面输出，而多了许多立体多维的表现方式，因而平面设计的说法也在渐渐地被视觉传达设计所取代，这是事物发展的必然趋势。如今视觉传达设计顺应时代发展，借助数字化媒体的普及和软件技术的提升，让设计变得立体，UI 设计更是利用这种优势让设计作品、创作者和使用者之间达成一种需求平衡的关系，它将设计流程展现在用户眼前，让用户参与其中，因而更具个性化和人性化，除了"内心感受"之外，视觉表现依然是最重要的。

从 UI 设计的名称"用户界面设计"可以看出来其实 UI 设计的落脚点还是界面设计，界面设计是视觉传达设计的一个重要表现方面，不同的是 UI 设计前面强调了用户，虽然视觉传达的最终设计结果也是按照用户需求，设计出用户满意的视觉输出作品，但 UI 设计仿佛是一种工具，让用户在使用的时候可以根据自身喜好来使用，人机交互使得界面不是一成不变的，而是充满了主观和个性化元素。当前 UI 设计行业的不成熟使得许多从业者常常自嘲为"美工""界面狗""图标搬运工"等，说明了界面设计工作没有被重视，很多公司甚至让 UI 设计师变成了高薪虚职的代表，在整个 UI 流程中没有很好地发挥他们的作用。殊不知一个友好的界面会给人带来舒适的视觉享受，吸引受众，为商家创造卖点，在"颜值"当道的今天更是如此。UI 设计不应该只是单纯的美工图标设计，它需要配合用户的各种交互信息，分析定位用户需求，最终以视觉的表现形式展现给用户，用户需求和反馈决定 UI 设计的好坏。

种种联系说明视觉传达设计和 UI 设计是一种相互成全的关系，本书论述 UI 设计在视觉传达方向的应用前景，是将两者作为一个整体来讨论的，所要表达的是我们要如何在视觉传达这个范畴之内更好地表现 UI 设计。

（三）设计在视觉传达方向的应用前景

UI 设计主要应用领域当前主要有五个方面：网页 UI、移动端 UI、智能（穿戴）设备、PC 端、游戏 UI。

网页 UI 是使用量最大、发展最为成熟的领域，是 UI 设计的前沿阵地。随着互联网的发展，移动端会越来越受重视，无论是设备的多样化还是功能表现的规范化都会逐步全面。移动端 UI 相较于网页 UI 由于界面大小有限，所以主要要考虑到五个基本原则：界面清晰易辨别、保留用户习惯、界面风格美观统一、操作逻辑统一、考虑移动设备的响应速度。智能穿戴设备是工业界、计算机界和设计界都在积极推广的研究应用领域，但是由于造价成本高昂、技术要求复杂、设计理论薄弱等因素，当前还处在积极探索的阶段。PC 端 UI 设计还有大量未挖掘的地方，移动互联的兴起，让大众更多地关注移动端 App、Web 网页而忽略了 PC 端。游戏 UI 更加考验 UI 的功能性，因为那是吸引玩家去玩的唯一指标。

　　UI 设计的研究方向是十分广泛的，总的说来无论是移动端、PC 端、游戏 UI 还是智能穿戴设备，其研究还是主要集中服务于两个方向：移动互联和电子商务。移动互联包含了移动端 UI、智能（穿戴）设备和部分移动端的游戏 UI，电子商务作为商业驱动的主要产物，其在网页 UI、PC 端等方面都有着重要表现，它们共同的载体一个是 Web，另一个是 App。

　　在 Web 上，所有的平面类设计都不可缺少，如今互联网的盛行，网页作为视觉表现的一个重要媒介一直都是所有设计人员的重要阵地，UI 设计最主要的视觉输出也是来自网页。网页 UI 的建设和兴起始于各大门户网站巨头，UI 的商业性使得大量的商业网站开始重视 UI 网页设计。近些年开始，每年淘宝、天猫、京东等电商企业举行的"双十一"活动都吸引了大量的买家消费，商家们为了提高商品的吸引力在商品页面广告上可谓下足了功夫，各种设计风格层出不穷，一些优秀的产品设计页面甚至可以体现当前最前卫的 UI 设计趋势，大量的 UI 设计师也涌入这场设计大战当中。除了商业竞争的 UI 设计，一些不为经济利益而建立的网站也开始使用 UI 界面设计，诸如图书馆、公共设施网站甚至是一些较为严肃的官方性网站都在提升自己的界面美观和功能性，尽可能地提高网站的推广和互动功能。

　　手机等新兴媒介传输终端的普及让 UI 设计没有停留在 PC 端，A 即的盛行使得网络交流、用户体验从静止的电脑转向移动的通信娱乐工具，人们随时随地的都能通过这些工具浏览网页、聊天游戏。可以说 UI 催生了 A 即的产生，也可以说 A 即的发展推动了 UI 的盛行。个性化需求只会随着社会发展越来越大，A 即也许只是其中的一种手段，以后也许会出现 B 即、C 即等类似的工具，但至少在今后很长一段时间 A 即会是 UI 设计的重要应用领域。

　　UI 设计从本质上说和视觉传达是有差别的，传统的视觉传达设计师的设计目的是作品饱含创意和个性，能够使人眼前一亮，准确地抓住用户的需求心理，因而大多数成功的设计师都会建立起自己的设计风格，例如人们能很容易地识别出原研哉、靳埭强等人的设计作品；UI 设计师更偏向于服务，他们的作品多以不察觉、有层次、清晰、依从的形式表现出来，总的来说就是形式依从于内容。UI 设计师代表了协调，一般都是团队作业，共性较强，例如全球最著名的社交平台——Facebook 的设计界面都是比较从众而清晰的，但是他们的 UI 设计师人们甚至都叫不出名字。尽管如此，UI 设计的界面表现现在也慢慢朝着视觉传达的特点发展，由于手机界面大小有限，加上如今飞快的生活节奏，完全形式依从内容很难抓住用户的眼球了，很多 A 即从 1090 设计到具体的每一个界面设计都会做得十分精美，其表现形式依然是布局、色彩、文字和元素符号四大类。

布局是 UI 设计中最特别的一项，手机屏幕和 PC 端相比小了太多，在这样的一个界面上要处理好操作逻辑、交互和视觉美观的确是很不简单的事，因为小小的一个布局差异会影响到用户的操作习惯和操作行为，拟物化图标向扁平化的转变、卡片式页面的流行、隐藏滑动栏的应用都是为了让 UI 设计有更好的视觉表现。色彩是任何界面表现必不可少的一个部分，充分顺应大众的色彩心理学，灵活运用色彩心理学是让界面图标能吸引用户的不二法则。文字是设计中最直接和准确的表达方式，很多界面 A 即图标设计中往往只须加入文字元素（无论是何种语言文字）便能吸引用户的眼球，比较有名的如知乎、百度。元素符号可以算得上是网页界面的小点心，它们不喧宾夺主，只作为设计主体的陪衬，偶尔一些俏皮创意还会收到意想不到的效果，比如加载缓冲元素符号的一些设计在用户等待的时候能够缓解用户的焦急心理。

无论是电子商务的蓬勃发展还是移动互联的广泛应用，都在昭示着未来各个行业将由"产品思维"向"用户思维"转变。"产品思维"针对是针对用户需求，用产品的形态性能来满足用户需求，以产品特定性、功能最大性、满足需求最多性来实现其价值；"用户思维"是围绕用户的整体需求，用心去满足用户需求的一种思维模式，以人性化、个性化和多样化让用户对需求产品满意。这两种思维方式看似截然相反，事实上确实如此，前者聚焦点在产品上，本质是"物"，是工业时代的典型思维模式。信息化数字化技术普及之前，这种产品思维所倡导的统一化和标准化生产有利于提高生产力水平、降低生产成本，提高市场竞争力，相反那些个性化需求所需成本似乎成了一种"浪费"，因而在这种思维模式下很难去满足人性化和个性化；后者聚焦点在用户上，本质是"人"，这是随着市场经济的发展、大众的生活消费水平提高产生的，它能满足用户更高层次的需求。这两种思维的转变是社会发展的必然，由于大众的整体需求是共性远大于个性的，因而"产品思维"不会消亡，"用户思维"的发展也将建立在"产品思维"之上，很简单的例子便是手机的兴起和普及。手机从 20 世纪末开始出现，在当时算是比较稀有的只能满足少数人的产品，而且其设计原则也主要是为了方便某些用户群体，相较于碗筷等日常用品算是一种

"用户思维"的产物，随着社会经济发展，到如今几乎人手一部手机，成为日常必需品，它便成了"产品思维"的产物了，开始大批量生产。UI等设计的本质是一种"用户思维"，它以设计的手段给手机等产品注入新的用户需求功能，让这些产品在两种思维里不断转换，形成一种良性循环，是未来大多数行业的一种发展趋势，而且UI设计也将应用到更多的行业领域当中。

由于UI的兴起是伴随着媒体形式的升级，和视觉传达类似，其产品表现媒介从纸质到电脑，再到如今的移动端，只要媒体形式升级的脚步不停止，UI设计的应用前景就是广阔的，我们可以从产品形式和行业类型来列举当今UI设计的一些应用发展趋势。

在产品形式方面，本书主要列举了四类产品来表现UI设计的应用范围。

第一类是车载移动设备。特斯拉汽车作为车载系统的先行者，正在引领未来汽车车载新潮流，以其热门车型Models为例，其车载系统主要通过中控台一块17英寸的触控屏来展示，而它也几乎囊括了整车的所有功能，包括调节车载空调、电源开关、座椅天窗，操控驾驶模式、娱乐设备等。随后宝马、奥迪、奔驰等汽车界巨头纷纷效仿，并开发出类似的人机交互系统，它们意识到随着平板电脑和智能手机的迅速普及，数字设备用户早已习惯了人机智能转换这种产品使用环境。新技术和硬件的提升和更加成熟的UI界面让产品的可控性和便捷性更加突出，然而这一部分市场只不过是冰山一角，还远远没有开垦出来，未来的汽车需求仍然巨大，因而这类UI模式的车载系统将有广阔的市场。

第二类是智能家居。智能家居是在互联网影响下物联化的体现，作为一个新生产业市场消费观念还未形成，但随着智能家居市场推广普及，优秀的智能家居生产企业愈来愈重视对行业市场的研究，智能家居已经成为今后家居领域发展的必然趋势。这个领域的范围之大、前景之广是十分令人震惊的。智能灯光可以用遥控等多种智能方式实现对全宅灯光的开关调光，或者定时远程控制，并结合节能、环保理念；智能电器类似的可以对家用电器进行更安全高效的控制，比如可以避免饮水机在夜晚反复加热而影响水质、外出断电排除安全隐患、远程操控空调让人到家后便能享受舒适的室温等；智能安防可以通过与公安机关等安全部门建立远程联系，让视频监控系统不再只是一个"盯着罪犯看的眼睛"，而是能够及时准确地发起报警提示功能；除此之外，还有智能背景音乐、家庭影院、视频共享等都是未来UI设计大展拳脚的方面。

第三类是可穿戴设备。最有名的莫过于苹果公司生产的智能手表Apple watch，支持电话、语音、回接短信息、地图导航、音乐播放器、测量心跳、计步等几十种功能。

第四类是VR（虚拟现实）和AR（现实增强）产品。虚拟现实技术是一种可以创建和体验虚拟世界的计算机仿真系统，它利用计算机生成一种模拟环境，是一种多源信息融合的、交互式的三维动态视景和实体行为的系统仿真，使用户沉浸到该环境中。VR 艺术是伴随着"虚拟现实时代"的来临应运而生的一种新兴而独立的艺术门类，在《虚拟现实艺术：形而上的终极再创造》一文中，关于 VR 艺术有如下的定义："以虚拟现实（VR）、增强现实（AR）等人工智能技术作为媒介手段加以运用的艺术形式，我们称之为虚拟现实艺术，简称 VR 艺术。该艺术形式的主要特点是超文本性和交互性。"这种智能设备以其丰富的感觉能力和 3D 现实环境而成为视频游戏的理想工具，当然在军事模型、室内设计甚至医学方面都有着巨大的前景。

我们都知道腾讯、阿里巴巴、百度、网易等互联网巨头是 UI 设计兴起和不断发展的前沿阵地，但事实上在企业类型方面 UI 设计的应用前景不局限于互联网企业，生活中我们发现一些看似和 UI 毫不相干的企业部门也开始用 UI 来宣传自己了，这些企业归纳起来可以分为两种：传统的非设计类企业和严肃的政府类部门。

从当前的发展状况来看，UI 设计要达到的目标表现在三个方面：

1. 稳固 UI 设计的根基，确立应用规范

俗话说"无规矩不成方圆"，UI 设计现状仍然是一个混乱的行业，在它的身份定位、功能性、后备人才等方面都没有一个好的规范，这样下去，其应用也将是杂乱无章、无序发展的。

2. 继续增强情感化交互设计，让用户决定产品

美国设计师普罗斯说过，"设计除了具备美学、技术、经济三大属性之外，还包含第四个维度——人性"。如今的 UI 设计基本情况可以说包含了前三个属性，正在往第四维度发展，因为个性化和用户体验是 UI 设计区别于其他设计的一个重要特征。因而，UI 设计的应用前景应该着重体现在人性的渗入上面。

3. 设计外行业的 UI 应用

国内的 UI 设计大多还停留在专业设计领域，而在国外，一些设计者已经将 UI 应用到了诸如科学、医疗、卫生等领域。这些可能是 UI 设计未来应用前景中最重要的，让各个行业摆脱掉单调的机械化，在行业设施中加入 UI 设计的情感化元素是十分重大的突破。

三、视觉设计的情节叙事化

信息时代的到来，使得信息成为炙手可热的社会资源。拥有信息资源的获取优势，在信息的主导与把控中占据优先权，成为人们的关注点。当信息传播方式的变革开信息之滥觞，海量的信息汹涌而至，信息的甄别与选取便成为人们的当务之急。当然，作为信息的设计者更应该去考虑如何有效地设计信息。视觉感官是人最为重要、普遍、敏锐的感知器官，在人们认知世界的过程中占据着首要地位。当今的信息时代，人们也是首先考虑到信息的视觉呈现与传播的问题。"信息可视化研究的是关于信息资源的视觉呈现，信息的表达基于对信息的处理，信息可视化中信息的处理过程是从抽象信息映射到可视形象的过程。"因此，视觉信息的设计即信息的可视化设计便早已成为普遍的议题。

视觉设计在专业设置与社会普遍称谓上为视觉传达设计。视觉传达设计，强调的是传达即媒介与传送过程，表现的方式是视觉。视觉信息设计，在概念的层面上，它属于信息设计的一类，是视觉化的信息设计。它强调的是对信息本身的设计，以视觉化的方式来呈现，而不限于信息的媒介（载体），不只是单向的信息传送，而且关注到信息的设计者与受众之间的双向互动过程，关乎反馈、交互与体验。

视觉信息的情节叙事是指在视觉信息的设计过程中，充分运用情节叙事的设计思维与方法，使得视觉信息的最终设计效果以叙事性的形式呈现，从而为受众的认知创造出一定的交互与体验过程。"交互性是指在具有人机互动的操作环境下，信息接收者可以根据自身的需要对信息交流的方式和过程进行调整、控制的可能性和能力。"视觉信息的情节叙事其实就是解决视觉信息设计的叙事薄弱问题。无论是之前的平面设计还是现在的视觉传达设计，都离不开图形、影像、文字、色彩这些基本要素。图像的叙事性在早期叙事性艺术的研究中一直被忽视。早期的学者认为，叙事性必然附着于一段时间过程，而图像体现的是时间的节点，是时间的碎片，因此不具备叙事性。直到后来随着对叙事艺术研究的不断深入，这一观点逐渐被改变。对古代岩画的叙事研究、对插画的叙事研究、对平面广告的叙事研究等逐渐开展起来。由此可见，现在对叙事性艺术的研究已经超脱了"时间"的束缚，为失去了"时间性"的空间艺术重建语境，叙事性艺术的研究进入了更加深入的理论层面。视觉信息以更为广泛的概念视野，聚焦于人们认知的主体——"信息"。因此，视觉信息的情节叙事将会站在一定高度的理论层面，以较为宽广的认知视野展开。

情节叙事是叙事方式的一种，它以情节的转折、递进与顺承等关系为叙事逻辑，通过视觉的形式作用于人的认知感官系统，然后经过人的形象思维与逻辑思维的共同作用形成完整的叙事过程。情节叙事在电影中的运用较为典型，是非常重要的电影叙事方式。美国著名的图像理论专家米歇尔认为，图像叙事包括情节性、时间性和空间性三要素。由于情节叙事在视觉传播的过程中具有独到的价值和优势，因此利用情节叙事的方法进行视觉信息的设计可以使视觉信息的认知更加具有叙事性、逻辑性、有效性。

信息资源的剧增、信息的识别与认知方式也须快速地跟进以应对信息的处理问题。海量的信息资源如何以更易于认知的方式呈现，是人们现在处理信息时的最初愿景。视觉认知是人们首要的，也是最为普遍和基本的信息认知方式。因此，视觉信息的设计即信息的可视化设计便是人们需要优先解决的问题。"视觉信息传达设计，是将信息进行视觉化表述的设想、处理、改造、实现、策划或重新建立。它是一种以视觉形态作为信息传达的设计，是一种以视觉化的语言、艺术与传播做载体的设计形式，或者说是以人的生理现象——眼睛形成的视觉感觉，心理现象——视觉的知觉、思维、记忆和情感等视觉认知，同时作用完成信息传播和交换功能的设计类型。'视觉'表明传达的手段；'信息'表明传达的实质内容；'设计'表明传达的定性、定量化程度。"

"所谓符号，必须是以一种事物形态代替另一种事物形态，是可以复制、储存的物质媒介，其能指与所指具有群体社会的意义关联性与公共约定性，可以跨时空学习与传播。"视觉符号是信息的视觉化代码，是信息经过视觉化设计的直观、概括的表征，是信息的视觉传播载体。视觉符号是意义的建构单位，同时也是设计外在形式的构成要素。"记号就是由一个能指和一个所指组成的。能指面构成表达面，所指面则构成内容面。"视觉信息的设计，其实就是根据具体的意义创造出承载着相应的信息量的视觉符号。因此，视觉符号具有象征性，它是既定意义的指代。视觉符号只有在相应的语境中才有其相应的含义，语境不同意义很难确定，或相同、或相近、或不同。于是，视觉符号又表现出一种多义性和对语境的依附性。

视觉语义是视觉符号的意义实指，也是视觉符号经过视觉认知后的意义释读。视觉语义作为受众的读解内容，它的读解程度决定着视觉信息设计结果的最终实现情况，它既是符号形成之前的最初含义，又是符号被受众破解的"秘密"。理想的状态是，后者等同于前者，这意味着视觉传播的真正实现。如果后者少于前者，属于读解的信息缺失；如果后者不同或多于前者，属于信息的匹配失败，是对符号语义的曲解和误读。当然，在这个符号的读取过程（信息匹配过程）中，影响视觉语义正确读解的因素有很多，诸如设计师的设计水平、受众的文化素养与认知水平、视觉符号的呈现方式以及环境、时间等诸多不确定因素。现实中，各种情况都有出现，但随着设计师设计水平与大众文化素养、设计审美水平的提高，视觉信息传播的准确性与有效性逐渐增强。

视觉思维是一种形象思维与逻辑思维相结合的思维方式，既有感性成分又有理性成分。视觉思维是将现实中的材料诉诸感性的视觉感官的认知形式，是一种化复杂为简单、化腐朽为神奇的"超能力"。视觉思维能力的养成与提高，需要长期训练才能实现。拥有视觉思维能力的人，可以将日常生活中观察到的复杂多变的景象巧妙地转化为形象、直观、感性的视觉形式表现出来。这是一种集概括、抽象、具象、分析、归纳、演绎、表达等多种能力于一体的综合能力。正如画家可以将自己观察到的景色，通过筛选、构图，然后用笔触和颜色表现在画面上。这种将可见之物浓缩到画面之上的思维就是视觉思维，然而这却不是任何人都能掌握的，需要长期专业性地训练和实践。

依赖于人的感官，信息的传播方式有很多诸如视觉、听觉、嗅觉、触觉，但排第一的应当是视觉。英国艺术史学家约翰·伯格在《观看之道》一书中讲："观看先于语言。儿童先观看，后辨认，再说话。"当然，除此之外还有创造出更多的感官体验的联觉。但是无疑，视觉认知是最为普遍的，因此信息的视觉传播是最为广泛的传播方式。信息的视觉传播大致分为以下三个阶段：

信息的始发是视觉传播的第一个阶段。这是一个有目的、有受众、有方向的行为，经过了信息的编码，带有一定的预期，以视觉化的符号发出。

信息的接收，指的是视觉信息的目标受众对视觉符号的"捕获"与"破译"。在受众的形象思维与逻辑思维的共同作用下，通过个人经验与理性认识对视觉符号进行读解，还原符号所承载的信息。"视觉感知并非记录刺激物质的被动过程，而是大脑的主动关注，视觉是选择性地工作。对外形的感知包括对形式分类的应用，因其简单性和一般性又被称为视觉概念。感知与解决问题密切相关。"

信息的反馈是在受众对视觉符号读解之后进行的。它体现了受众对符号的读解程度，对视觉信息传播的成功与否进行定性，然后将对视觉符号的真正认知情况如实地反馈给信息的发出者。信息反馈实际上表现为受众与信息发出者之间实现"沟通"。

"'沟通'是一个信息互换的过程，它要求受众认知视觉信息后通过操作反馈给信息发生源本身，并需要基于操作后的反馈提示来引导进一步行为的发生。"

参考文献

［1］赵虹著. 视觉传达设计与设计思维［M］. 长春：吉林大学出版社，2017.

［2］吴婷婷著. 视觉传达设计中的创意表现及发展［M］. 长春：东北师范大学出版社，2017.

［3］李谨男，李铁杰著. 现代视觉传达设计基础与原理研究［M］. 长春：吉林大学出版社，2017.

［4］吕青著. 版画技法与视觉传达艺术研究［M］. 西安：西安交通大学出版社，2017.

［5］谢薇著. 当代艺术设计与视觉传达［M］. 北京：中国原子能出版社，2017.

［6］黄兰，唐铄，徐先鸿著. 视觉传达设计专业教育研究与教学实践［M］. 广州：暨南大学出版社，2017.

［7］余雅林著. 新视域中国高等院校视觉传达设计十三五规划教材装饰图案设计与表现［M］. 上海：上海人民美术出版社，2017.

［8］李雷，马靖著. 视觉传达设计探究［M］. 广州：广东世界图书出版有限公司，2017.

［9］韩冬楠，边坤主编；张佳会，陈佩琳，杨轶副主编. 视觉传达设计第2版［M］. 北京：中国水利水电出版社，2017.

［10］刘伟丽. 视觉传达设计原理［M］. 哈尔滨：黑龙江科学技术出版社，2017.

［11］关国红，杨新编著. 市场、设计与诉求视觉传达设计者需要了解的市场调查［M］. 北京：北京理工大学出版社，2018.

［12］张靖编著. 广告设计与视觉传达［M］. 芒市：德宏民族出版社，2018.

［13］马丞娟，闫天予，王明增著. 平面设计与视觉传达研究［M］. 长春：吉林人民出版社，2018.

［14］杜士英著. 视觉传达设计原理升级版［M］. 上海：上海人民美术出版社，2018.

［15］李如冰著. 视觉传达的造型要素与创意应用［M］. 北京：中国原子能出版社，2018.

［16］徐丹著. 广告平面设计与视觉传达研究［M］. 北京：国家行政学院出版社，2018.

［17］黄玮雯著. 视觉传达情感理念设计表现研究［M］. 长春：吉林美术出版社，2018.

［18］张珍变著. 视觉传达中的造型要素研究［M］. 北京：北京工业大学出版社，2018.

［19］陈洁著. 视觉传达设计要素分析与 UI 创意设计［M］. 北京：中国商业出版社，2018.

［20］陈丽著. 新媒体时代下视觉传达设计发展趋势研究［M］. 长春：吉林美术出版社，2018.

［21］［中国］柳瑞波. 品悟视觉传达设计［M］. 长春：吉林美术出版社，2019.

［22］刘洋著. 视觉传达设计的要素分析与创意整合［M］. 北京：新华出版社，2019.

［23］余琴著. 文化产业背景下视觉传达设计研究［M］. 长春：吉林美术出版社，2019.

［24］［中国］张磊. 创新与突破视觉传达种的新媒体设计与应用研究［M］. 长春：吉林美术出版社，2019.

［25］田静著. 视觉传达设计思维与民间美术元素运用研究［M］. 长春：吉林人民出版社，2019.

［26］［中国］郑翠仙. 视觉传达设计中民族元素的运用与创新［M］. 长春：吉林美术出版社，2019.

［27］贺亚婵著. 解构与整合视觉传达设计中的元素分析与实践应用［M］. 合肥：安徽美术出版社，2019.

［28］白亮编著. 视觉传达设计［M］. 长沙：湖南大学出版社，2019.

［29］尹美英编著. 视觉传达设计［M］. 北京：世界知识出版社，2019.

［30］程亮著. 视觉传达设计与创意［M］. 长春：吉林教育出版社，2019.